국제기술자격증

CADTC 가이드북

캐드설계기술관리사

이명재 · 박종건 저

CADTC 가이드북
PREFACE

정보화 사회의 기술이 진보함에 따라 컴퓨터로 제품이나 건축설계, 기계설계도를 정밀하게 제작하는 것이 가능해졌습니다. CAD(Computer Aided Design)는 현대산업의 설계 과정을 완전히 변화시켜 모든 제품의 계획, 수정, 최적화를 더욱 쉽고 간편하게 할 수 있도록 해주고 있습니다.

현대산업의 생산성 제고와 비용 절감, 품질개선 및 신뢰도 향상을 목적으로 컴퓨터에 의한 직접설계 및 생산(CAD/CAM)시스템이 광범위하게 이용되고 있으나, 이를 수행할 전문인력이 부족한 현실입니다. 이에 향상된 캐드설계 기술관리 분야의 적합한 설계, 수정, 보완을 담당할 인력 확보를 돕고, 도면작도의 표준화로 숙련된 기능인력을 양성한다는 목표로 (사)한국정보과학진흥협회에서 CADTC(캐드설계기술관리사) 자격시험을 시행하고 있습니다.

특히 캐드설계기술관리사(CADTC)는 아시아 및 유럽시장 진출에 따른 국제자격으로, 향후 세계 캐드설계 분야 산업표준화를 목표로 하고 있습니다. 현재 국내에서는 '캐드설계기술관리사'라는 명칭으로 한국직업능력개발원에 민간등록되어 있으며, 파트너사와의 MOU 협정에 따라 국제기술자격증으로 시행되고 있습니다. 이미 전국적으로 90여 개 이상의 교육장 및 시험장을 확보하고 있으며, 현재 기계·디자인·건축 관련의 대학에서 자격 취득시험이 시행 중입니다.

이처럼 공학에서 필수적인 CAD를 접하는 많은 사람들은 어떻게 시작을 할지에 대해 지침을 주고 실무에서 사용이 가능한 수준을 이룰 수 있는 교재를 원할 것입니다. 이런 요구에 부응하여 필자는 CAD가 도입되면서부터 대학생, 직장인, 직업훈련생을 가르치고 CADTC 자격증반을 운영하면서 얻은 노하우를 바탕으로 입문자가 좀 더 쉽게 이해하면서 학업 성취도를 높이고, 이것이 실무능력 향상에 이를 수 있는 교재를 기획하게 되었습니다.

머리말

본서는 CAD 습득과 동시에 자격증 취득까지 이룰 수 있도록 다음 5파트로 구성되어 있습니다.

PART 01 | CAD 명령 및 실습
PART 02 | 기초제도 및 삼각도법
PART 03 | 국제기술자격 CADTC 분석
PART 04 | 기초도면 실습예제
PART 05 | CADTC 기술자격증 기출문제

이 책을 집필할 수 있도록 아낌없는 도움과 격려를 보내주신 많은 분들과 출판을 맡아준 예문사 관계자 분들께 감사를 드리며, 끝으로 이 책이 CAD에 입문하거나 CADTC 자격증을 취득하려는 독자 여러분들에게 요긴하게 쓰이길 바랍니다.

이명재

CONTENTS
이 책의 차례

PART 01　CAD 명령 및 실습

SECTION 01　AutoCAD 작업환경
01　AutoCAD 작업환경　10

SECTION 02　LIMITS 설정, 확대/축소
01　LIMITS(도면한계)　12
02　ZOOM(확대/축소) [단축키 : Z]　13

SECTION 03　LINE, 좌표계, CIRCLE, 제거 및 복구
01　LINE(선) [단축키 : L]　14
02　좌표(Coordinate)　15
03　CIRCLE(원) [단축키 : C]　16
04　제거(delete, erase) 및 복구(undo)　17

SECTION 04　OSNAP, ORTHO, SNAP, GRID
01　OSNAP(객체스냅) [단축키 : OS / Osnap〈ON/OFF〉: F3]　18
02　ORTHO(직교) [ORTHO〈ON/OFF〉: F8]　19
03　SNAP(스냅) [SNAP〈ON/OFF〉: F9]　19
04　GRID(모눈)명령 [GRID〈ON/OFF〉: F7]　19

국제기술자격증 CADTC 캐드설계기술관리사 **가이드북**

SECTION 05 TRIM, OFFSET, FILLET, CHAMFER

01 TRIM(자르기) [단축키 : TR]   20
02 OFFSET(간격 복사) [단축키 : O]   21
03 FILLET(모깎기) [단축키 : F]   22
04 CHAMFER(모따기) [단축키 : CHA]   23

SECTION 06 ARC, ELLIPSE, POLYGON

01 ARC(호) [단축키 : A]   25
02 ELLIPSE(타원) [단축키 : EL]   26
03 POLYGON(다각형) [단축키 : POL]   26

SECTION 07 COPY, MOVE, ROTATE, MIRROR

01 COPY(복사) [단축키 : CO]   28
02 MOVE(이동) [단축키 : M]   29
03 ROTATE(각도) [단축키 : RO]   29
04 MIRROR(대칭) [단축키 : MI]   30

SECTION 08 SCALE, EXTEND, STRETCH, LENGTHEN

01 SCALE(축척) [단축키 : SC]   31
02 EXTEND(연장) [단축키 : EX]   32
03 STRETCH(신축) [단축키 : STR]   33
04 LENGTHEN(길이조정) [단축키 : LEN]   34

CONTENTS

SECTION 09 BREAK, ARRAY
01 BREAK(끊기) [단축키 : BR] 35
02 ARRAY(배열) [단축키 : AR] 36

SECTION 10 LAYER, LTSCALE
01 LAYER(도면층) [단축키 : LA] 38
02 LTSCALE(선간격 조정) [단축키 : LTS] 39

SECTION 11 HATCH, XLINE
01 HATCH(해치) [단축키 : H] 40
02 XIINE(구성선) [단축키 : XL] 41

SECTION 12 STYLE, DTEXT, TEXT, MTEXT, DEDIT
01 STYLE(문자 스타일) [단축키 : ST] 42
02 DTEXT, TEXT(단일 행 문자)와 MTEXT(여러 행 문자) [단축키 : DT, T / MT] 43
03 DDEDIT(문자편집) 44

SECTION 13 치수 기입
01 치수 기입 45
02 일반공차 및 기하공차 기입방법 56

SECTION 14 출력
01 Polt(출력) 61

PART 02 기초제도 및 삼각도법

SECTION 01 기초제도 규격 ... 66
SECTION 02 삼각투상법 ... 70

PART 03 국제기술자격 CADTC 분석

SECTION 01 응시조건 및 시험 접수방법 ... 76
SECTION 02 CADTC 설정방법 및 TIPS ... 79
SECTION 03 유의사항 ... 90

PART 04 기초도면 실습예제 ... 96

PART 05 CADTC 기술자격증 기출문제

3급 기출문제 ... 134
2급 기출문제 ... 161
1급 기출문제 ... 188

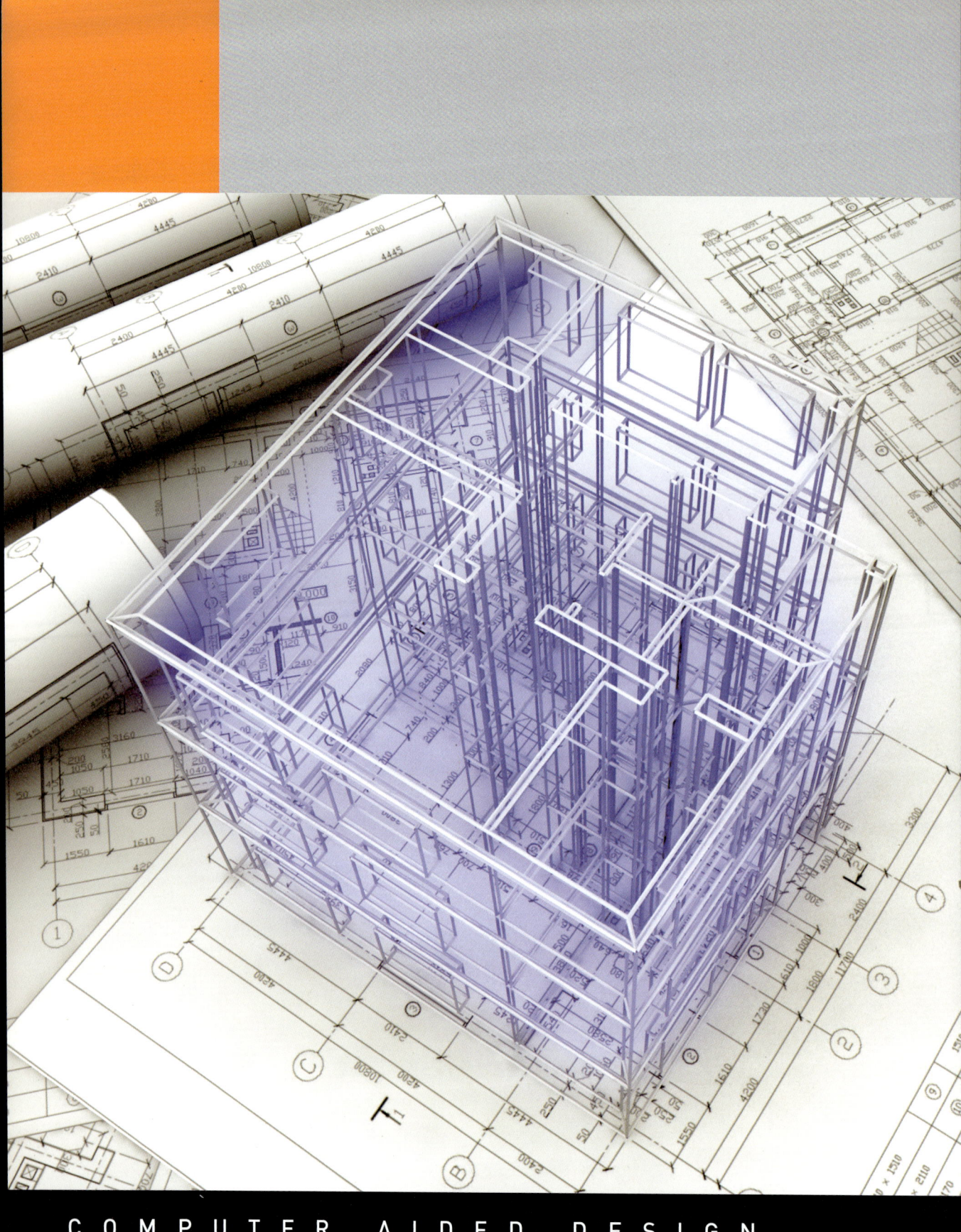

COMPUTER AIDED DESIGN

PART 01

국제기술자격증 CADTC 캐드설계기술관리사 가이드북

CAD 명령 및 실습

SECTION 01 | AutoCAD 작업환경
SECTION 02 | LIMITS 설정, 확대/축소
SECTION 03 | LINE, 좌표계, CIRCLE, 제거 및 복구
SECTION 04 | OSNAP, ORTHO, SNAP, GRID
SECTION 05 | TRIM, OFFSET, FILLET, CHAMFER
SECTION 06 | ARC, ELLIPSE, POLYGON
SECTION 07 | COPY, MOVE, ROTATE, MIRROR
SECTION 08 | SCALE, EXTEND, STRETCH, LENGTHEN
SECTION 09 | BREAK, ARRAY
SECTION 10 | LAYER, LTSCALE
SECTION 11 | HATCH, XLINE
SECTION 12 | STYLE, DTEXT,TEXT, MTEXT, DEDIT
SECTION 13 | 치수 기입
SECTION 14 | 출력

01 SECTION AutoCAD 작업환경

01 AutoCAD 작업환경

| 작업공간 | AutoCAD 클래식 | 제도 및 주석 | 3D 모델링 |

1 **AutoCAD 클래식** : 가장 기본적인 환경으로 아이콘 사용이 용이하며 초보자에게 가장 적합하다.

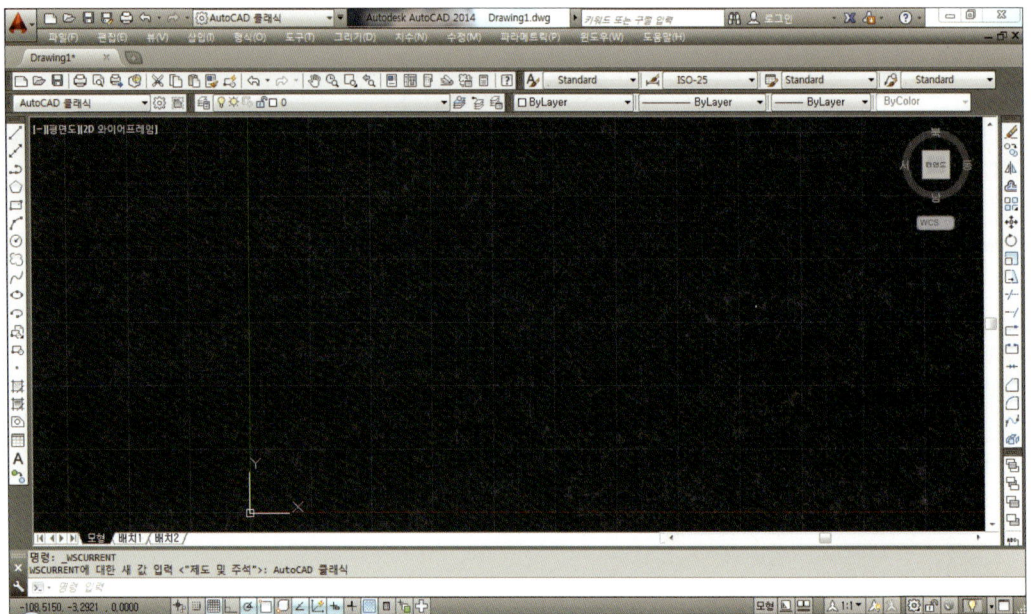

2 **제도 및 주석(리본메뉴, Ribbon Menu)** : 아이콘이 태블릿 형태로 되어 있어서 MS프로그램을 많이 쓰는 사용자에게 적합하다.

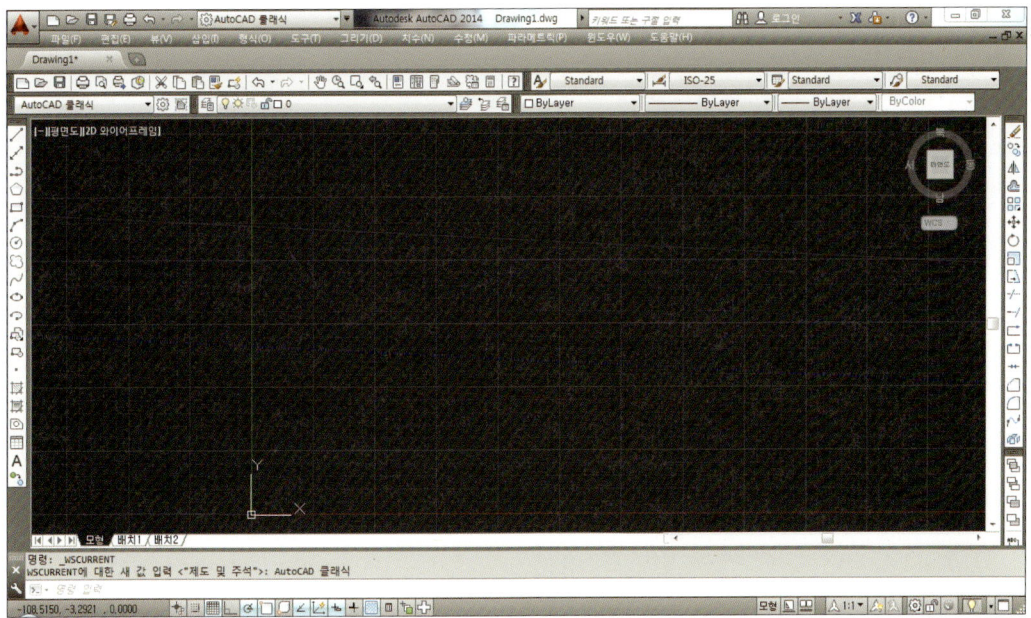

3 **화면 구성 요소**

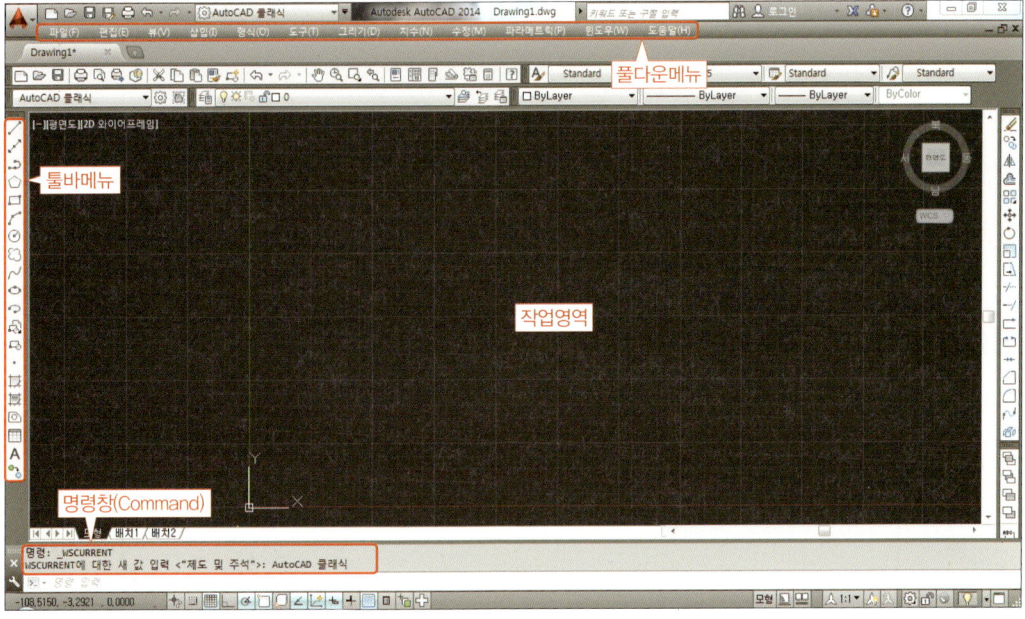

TIP

- AutoCAD 프로그램은 제도를 목적으로 하기 때문에 명령어 줄에 단축명령을 입력하여 Drawing을 하는 것이 가장 적합하고 효과적이다.
- 명령어 줄이 사용자에 의해 간혹 사라지는 경우 Ctrl + 9 를 누르면 다시 나타난다.

02 SECTION LIMITS 설정, 확대/축소

01 LIMITS(도면한계)

도면의 한계를 설정한다.

1 명령(Command) : LIMITS ↵

- 왼쪽 아래 구석 지정 또는 [켜기(ON)/끄기(OFF)] 〈0.0000,0.0000〉 : 0,0 ↵ (시작점 선택)
- 오른쪽 위 구석 지정 〈420.0000,297.0000〉 : 297,210 ↵ (끝점 선택 : A4 사이즈로 변경)

TIP

하위옵션 [켜기(ON)/끄기(OFF)]
① ON : 도면의 한계를 지정한 범위에서 자료를 처리할 수 있다.
② OFF : 도면의 한계가 벗어난 곳에서도 입력자료가 지정된다.

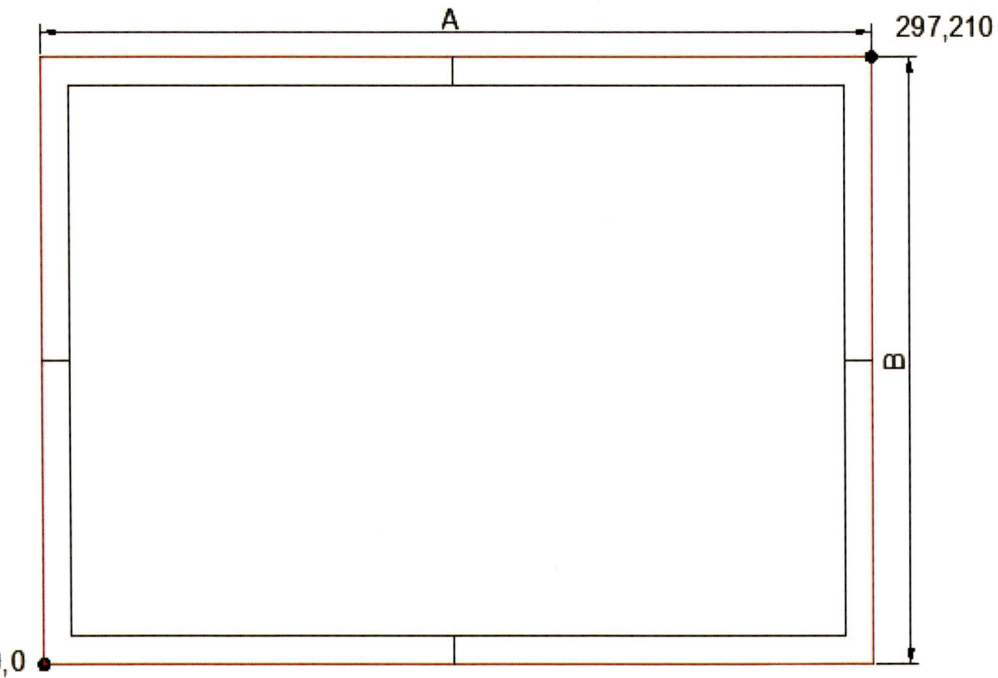

■ KS에서 규정한 제도용지 사이즈 (단위 mm)

용지 사이즈	A0	A1	A2	A3	A4
A×B	841×1189	594×841	420×594	297×420	210×297

1) 작업창 화면설정

초기 LIMITS(도면한계) 설정영역은 모든 점의 좌표에 비례하여 커지거나 작아지게 되므로 ZOOM 명령을 약속처럼 적용해야 한다. [View ➡ Zoom ➡ A 또는 All]
: limits 명령시 작업창 화면은 변경되지 않는다.

TIP
AutoCAD 프로그램에서 명령창의 〈 〉는 현재값을 의미하고, [ ]는 하위옵션을 의미한다.
〈 〉와 [ ]의 쓰임을 정확히 알면 스스로 응용할 수 있다.

02 ZOOM(확대/축소) [단축키 : Z]

1 명령 : ZOOM ↵

윈도우 구석을 지정, 축척 비율(nX 또는 nXP)을 입력, 또는 [전체(A)/ 중심(C)/ 동적(D)/범위(E)/ 이전(P)/ 축척(S)/ 윈도우(W)/ 객체(O)]〈실시간〉: a ↵ (전체 선택(A) 선택)

TIP
하위옵션
① 전체(A) : 작업창의 모든 객체를 보여준다.
② 범위(E) : 화면에 작도된 객체만 보여준다.
③ 축척(S) : 지정된 축척비율로 보여준다.
④ 윈도우(W) : 선택된 특정부위만 보여준다.

SECTION 03 LINE, 좌표계, CIRCLE, 제거 및 복구

01 LINE(선) [단축키 : L]

선을 그린다.

1 명령 : LINE ↵

- 첫 번째 점 지정 : 화면 임의의 지점 클릭 ↵
- 다음 점 지정 또는 [명령 취소(U)] : 두 번째 지점 클릭 ↵
- 다음 점 지정 또는 [명령 취소(U)] : 세 번째 지점 클릭 ↵
- 다음 점 지정 또는 [닫기(C)/명령 취소(U)] : ↵

TIP

하위옵션
① 닫기(C, Close) : 시작점과 연결하여 닫힌 도형을 형성하고 명령어를 마무리한다.
② 명령 취소(U, Undo) : 명령어 실행 중 마지막에 그린 선분을 취소한다.

02 좌표(Coordinate)

CAD를 이용한 객체 그리기는 좌표값을 입력하여 그리게 된다. 이러한 작업에는 2차원 좌표 (x, y)와 3차원 좌표(x, y, z)가 사용되며, 표현하기 위해서 WCS(World Coordinate System)와 UCS(User Coordinate System)가 사용된다.

1 좌표계

절대좌표		모든 절대좌표는 도면의 원점(0,0)을 기준으로 한다.
상대좌표		도면의 최종점을 기준으로, 이로부터 상대적인 값으로 나타낸다. 입력방식 : @ x, y, z 예) @10, 10
극좌표	절대 극좌표	기준점이 원점 입력방식 : 거리〈각도 예) 10〈30
	상대 극좌표	도면의 최종점을 기준 각도를 정할 때는 반시계방향(CCW)은 (+), 시계방향(CW)은 (−) 입력방식 : @거리〈각도 예) @10〈30

1) 극좌표 방향 이해

극좌표는 X축과 주어진 직선길이 사이의 각도로 나타내며, 절대극좌표와 상대극좌표로 구분된다. 방향각은 X축을 기준으로 반시계방향이 +이고, 시계방향이 −이다.

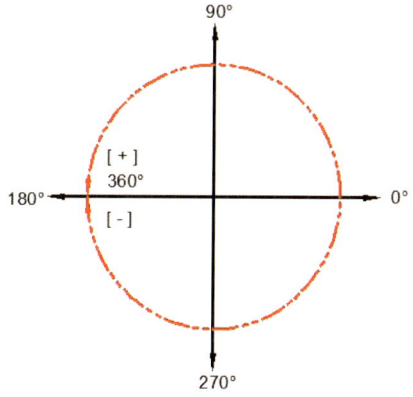

2 상대극좌표계로 사각형 그리기

1) 도면영역의 크기(LIMITS)를 297, 210로 설정하고, LINE 명령을 실행한 후 좌표값을 입력한다.

2) 명령 : LINE ↵

- 첫 번째 점 지정 : 0,0 ↵
- 다음 점 지정 또는 [명령 취소(U)] : @150〈0 ↵
- 다음 점 지정 또는 [명령 취소(U)] : @150〈90 ↵
- 다음 점 지정 또는 [닫기(C)/명령 취소(U)] : @150〈180 ↵
- 다음 점 지정 또는 [닫기(C)/명령 취소(U)] : c ↵

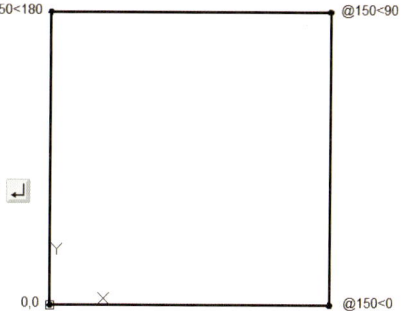

03 CIRCLE(원) [단축키 : C]

원을 그린다.

1 명령 : CIRCLE ↵

- 원에 대한 중심점 지정 또는 [3점(3P)/2점(2P)/Ttr - 접선 접선 반지름(T)]
  : 임의의 지점 클릭 ↵
- 원의 반지름 지정 또는 [지름(D)] : 반지름 값 입력 ↵

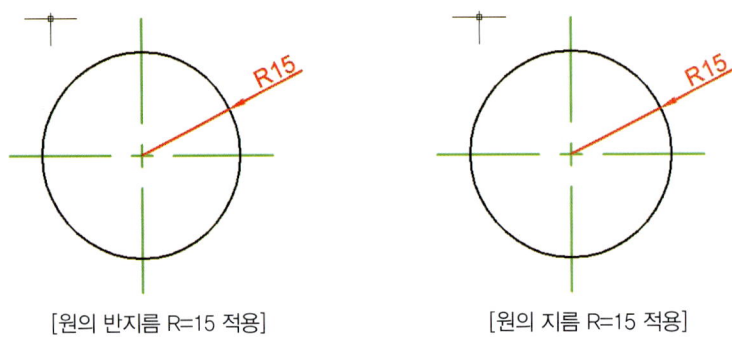

[원의 반지름 R=15 적용]　　　　　[원의 지름 R=15 적용]

TIP

하위옵션(쓰임이 다른 원의 하위옵션은 꼭 한 번씩 사용해본다.)
① Center of circle, radius : 원의 중심과 반지름 지정
② Center of circle, diameter : 원의 중심과 지름 지정
③ 2Point : 두 점을 지름으로 하는 점
④ 3Point : 세 점을 지나는 원
⑤ TanTanRad : 두 접선과 반지름으로 된 원
⑥ TanTanTan : 세 접선으로 된 원

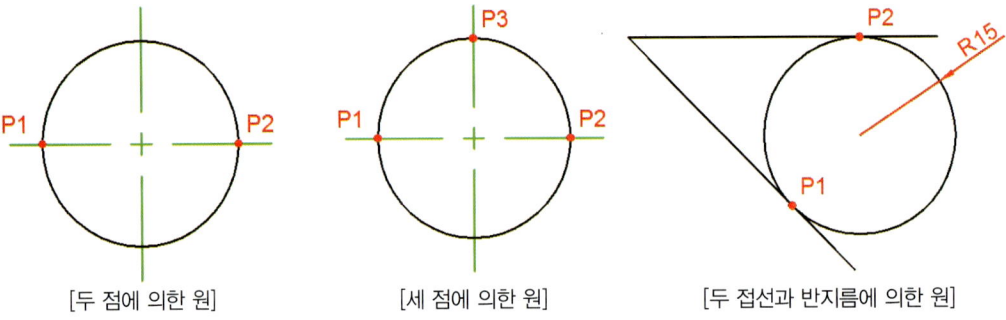

[두 점에 의한 원]　　　[세 점에 의한 원]　　　[두 접선과 반지름에 의한 원]

04 제거(delete, erase) 및 복구(undo)

객체를 제거하거나 복구한다.

1 명령 : ERASE ↵ [단축키 : E]

- 객체 선택 : P1 선분 선택 ↵
- 객체 선택 : 여러 개인 경우 반복 선택 ↵

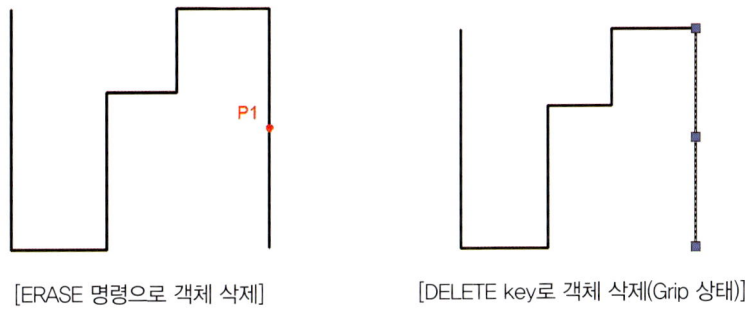

[ERASE 명령으로 객체 삭제]   [DELETE key로 객체 삭제(Grip 상태)]

2 delete key로 객체 삭제(Grip 상태에서 사용 가능)

delete key를 사용하여 객체를 삭제할 경우 명령행에 명령어가 없는 상태(Grip)로 객체를 선택한 후 키보드 delete key로 삭제한다. 전부 지우기 Ctrl + A → Del (delete key)

3 명령 : UNDO ↵ [단축키 : U]

취소할 작업의 수 또는 [자동/조정/시작(BE)/끝(E)/표식(M)/뒤(B)] 입력 : 양수를 입력하거나, 옵션을 입력하거나, Enter 키를 눌러 단일 작업을 취소한다.

UNDO는 명령창에 명령 또는 시스템 변수 이름을 표시하며 해당 명령을 사용한 지점 이전으로 돌아간다.

TIP

여러 객체 선택방법으로 crossing(걸치기)과 window(윈도) 두 가지가 있으며 가장 많이 사용하는 방법은 crossing(걸치기) 방법이다.

① window(윈도) : 범위 안에 포함된 객체만 선택된다.
② crossing(걸치기) : 범위 안에 포함된 객체 및 걸쳐진 객체까지 선택된다.

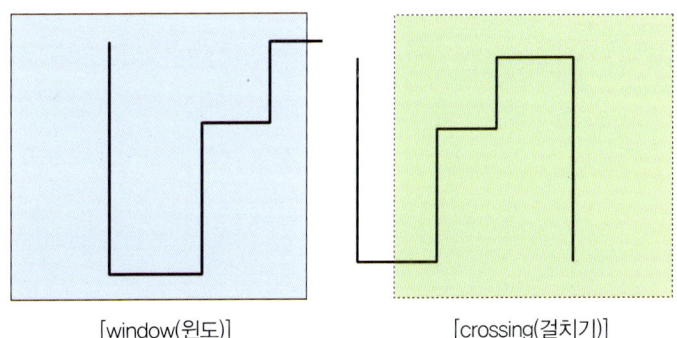

[window(윈도)]   [crossing(걸치기)]

SECTION 04 OSNAP, ORTHO, SNAP, GRID

01 OSNAP(객체스냅) [단축키 : OS / Osnap〈ON/OFF〉: F3]

객체스냅은 이미 그려진 객체의 특정부분에 대하여 정확한 지점의 좌표를 지정할 때 사용한다. AutoCAD에서 OSNAP을 사용하지 않으면 선분이 연결되지 않기 때문에 반드시 사용하는 것이 좋다.

1 명령 : OSNAP ↵

Osnap 대화상자가 나오면 필요한 기능을 선택하여 활성화시킨다. 객체스냅 상자에서 체크한 스냅은 최우선적으로 적용된다. 여러 개 선택해 놓으면 가장 가까운 접점에 스냅한다.

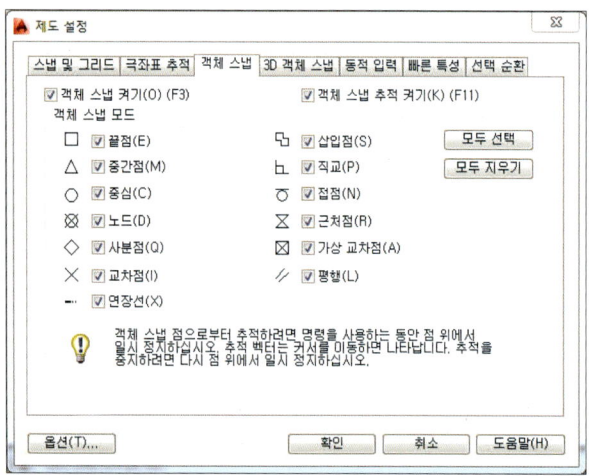

옵션	명령(command)	설명
끝점(E)	ENDpoint	객체(선, 호)의 끝점에 스냅한다.
중간점(M)	MIDpoint	객체(선, 호)의 중간점에 스냅한다.
중심(C)	CENter	객체(원, 호)의 중심점에 스냅한다.
사분점(Q)	QUAdrant	객체(원, 호)의 4분점에 스냅한다.
교차점(I)	INTersection	객체(선, 원, 호)의 교차점에 스냅한다.
직교(P)	PERpendicular	객체(선)의 수직하는 점에 스냅한다.
접점(N)	TANgent	객체(원, 호)의 접점에 스냅한다.
근처점(R)	NEArest	객체(선, 원, 호)의 근처점에 스냅한다.

02 ORTHO(직교) [ORTHO〈ON/OFF〉: F8]

마우스를 수직, 수평으로 이동하게 하여 드로잉을 빠르고 정확하게 할 수 있다.

03 SNAP(스냅) [SNAP〈ON/OFF〉: F9]

마우스를 지정한 간격으로 이동하게 한다.

1 명령 : SNAP ↵

스냅 간격두기 지정 또는 [켜기(ON)/끄기(OFF)/종횡비(A)/기존(L)/스타일(S)/유형(T)] 〈10.0000〉: 10 ↵

하위옵션	설명
종횡비(A)	스냅의 X축(수평) 간격, Y축(수직) 간격을 결정한다.
스타일(S)	스냅 표준(Standard) 형태와 등각투영(Isometric) 형태 중 선택한다.

04 GRID(모눈)명령 [GRID〈ON/OFF〉: F7]

화면에 격자점을 표시하고 그 간격을 조정한다. 이때 화면의 격자점은 출력과는 상관이 없다.

1 명령 : GRID ↵

그리드 간격두기(X) 지정 또는 [켜기(ON)/끄기(OFF)/스냅(S)/주(M)/가변(D)/한계(L)/따름(F)/종횡비(A)] 〈10.0000〉: 10 ↵

SECTION 05 TRIM, OFFSET, FILLET, CHAMFER

01 TRIM(자르기) [단축키 : TR]

교차되어 있는 객체 자르기 명령으로 가장 많이 쓰인다. Trim의 조건은 반드시 선분이 교차되어 있어야 가능하다.

1 명령 : TRIM ↵

- 객체 선택 또는 〈모두 선택〉 : 자르기 경계로 이용할 객체 P1 선택 ↵
- 자를 객체 선택 또는 Shift 키를 누른 채 선택하여 연장 또는 [울타리(F)/걸치기(C)/프로젝트(P)/모서리(E)/지우기(R)/명령 취소(U)] : 자르고자 하는 객체 P2 선택 ↵

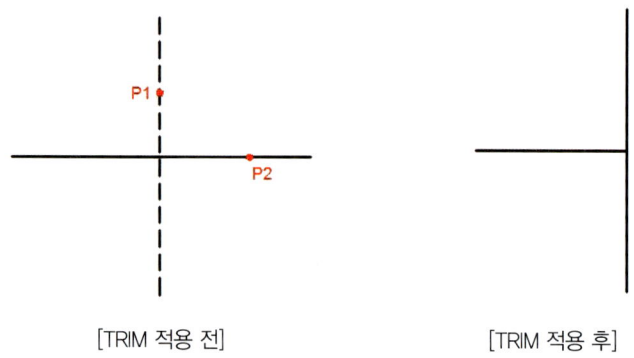

[TRIM 적용 전]   [TRIM 적용 후]

TIP

여러 객체를 한 번에 삭제하고자 한다면 자르기 경계로 P1을 선택한 후 crossing(걸치기)을 사용하면 된다.
이때, P2에서 P3까지 범위를 지정하면 범위 안에 포함되는 객체가 한 번에 삭제된다.

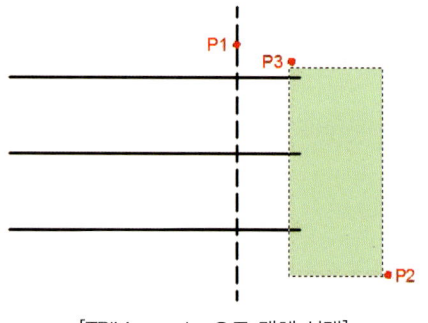

[TRIM crossing으로 객체 선택]

02 OFFSET(간격 복사) [단축키 : O]

일정한 간격을 두고 객체를 복사하는 명령으로 trim과 같이 가장 많이 사용하는 명령이다.

1 명령 : OFFSET ↵

- 간격 띄우기 거리 지정 또는 [통과점(T)/지우기(E)/도면층(L)] 〈통과점〉 : 5 ↵
- 간격 띄우기할 객체 선택 또는 [종료(E)/명령 취소(U)] 〈종료〉 : 복사할 객체 P1 선택 ↵
- 간격 띄우기할 면의 점 지정 또는 [종료(E)/다중(M)/명령 취소(U)] 〈종료〉
  : 복사될 방향 P2 선택 ↵

TIP

하위옵션
① 다중(M) : 현재 간격 띄우기 거리를 사용하여 간격 띄우기 작업을 반복하게 된다.
② 통과점(T) : 지정한 점을 통과하는 객체를 작성한다.
③ 지우기(E) : 원본 객체를 간격 띄우기한 후 지운다.

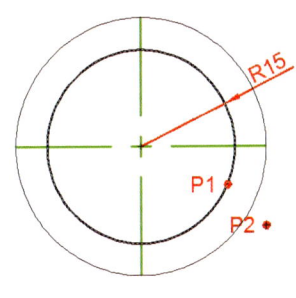
[원에 Offset 적용 전]

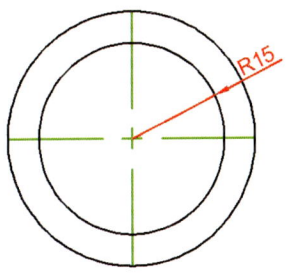
[원에 Offset 적용 후]

※ 원의 경우는 간격의 크기가 반경에 대한 것이다.

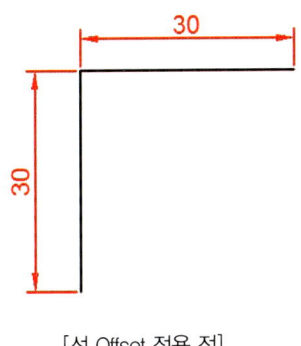
[선 Offset 적용 전]

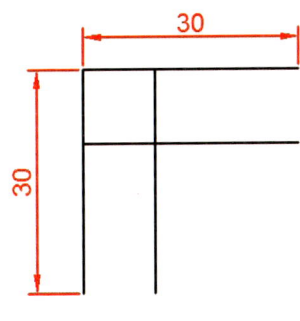
[선에 Offset 적용 후]

※ 선의 경우는 간격의 크기가 거리값에 대한 것이다.

03 FILLET(모깎기) [단축키 : F]

두 객체를 지정한 반지름 값만큼 둥글게 라운딩한다. 반드시 두 객체여야 하며 라운딩이 들어갈 수 있는 거리 값이 되어야 한다.

1 명령 : FILLET ↵

- 현재 설정 : 모드 = 자르기, 반지름 = 0.0000
- 첫 번째 객체 선택 또는 [명령 취소(U)/폴리선(P)/반지름(R)/자르기(T)/다중(M)] : r ↵
- 모깎기 반지름 지정 ⟨0.0000⟩ : 15 ↵ (반지름 값 설정)
- 첫 번째 객체 선택 또는 [명령 취소(U)/폴리선(P)/반지름(R)/자르기(T)/다중(M)]
  : P1 선택 ↵
- 두 번째 객체 선택 또는 Shift 키를 누른 채 선택하여 구석 적용 또는 [반지름(R)]
  : P2 선택 ↵

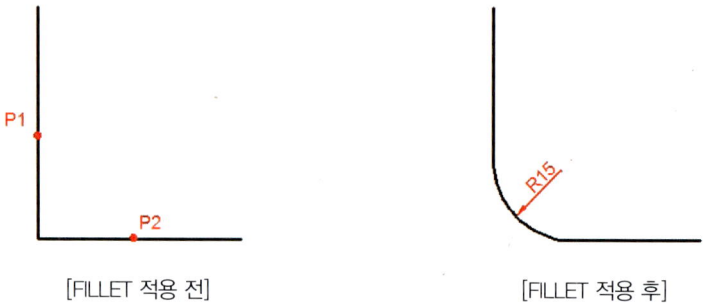

[FILLET 적용 전]　　　　　　　[FILLET 적용 후]

TIP
하위옵션

현재 설정 : 모드 = 자르지 않기 모드로 되어 있을 경우 아래의 그림처럼 모서리가 존재하는 상태로 라운딩 처리가 된다.
명령 : FILLET
현재 설정 : 모드 = 자르지 않기, 반지름 = 15.0000
첫 번째 객체 선택 또는 [명령 취소(U)/폴리선(P)/반지름(R)/자르기(T)/다중(M)] : r ↵
모깎기 반지름 지정 ⟨15.0000⟩ : 15 ↵
첫 번째 객체 선택 또는 [명령 취소(U)/폴리선(P)/반지름(R)/자르기(T)/다중(M)] : P1 선택 ↵
두 번째 객체 선택 또는 Shift 키를 누른 채 선택하여 구석 적용 또는 [반지름(R)] : P2 선택 ↵

[자르지 않기 모드 FILLET 적용 선]   [자르지 않기 모드 FILLET 적용 후]

04 CHAMFER(모따기) [단축키 : CHA]

두 객체를 지정한 거리 값만큼 45°를 기본으로 커팅한다. 기계제도에서 C10의 의미는 가로, 세로의 거리 값이 10mm로 같다는 것이다.
거리 값이 가로, 세로가 다른 경우도 모따기가 가능하다.

1 명령 : CHAMFER ↵

(자르기 모드) 현재 모따기 거리 1 = 0.0000, 거리 2 = 0.0000
- 첫 번째 선 선택 또는 [명령 취소(U)/폴리선(P)/거리(D)/각도(A)/자르기(T)/메서드(E)/다중(M)] : 거리(D) 선택 ↵
- 첫 번째 모따기 거리 지정 〈0.0000〉 : 15 ↵
- 두 번째 모따기 거리 지정 〈15.0000〉 : 15 ↵
- 첫 번째 선 선택 또는 [명령 취소(U)/폴리선(P)/거리(D)/각도(A)/자르기(T)/메서드(E)/다중(M)] : P1 선택
- 두 번째 선 선택 또는 Shift 키를 누른 채 선택하여 구석 적용 또는 [거리(D)/각도(A)/메서드(M)] : P2 선택

[CHAMFER 적용 전]   [CHAMFER 적용 후]

TIP

하위옵션

현재 설정 : 모드 = 자르지 않기 모드로 되어 있을 경우 아래 그림처럼 모서리가 존재하는 상태로 모따기 처리가 된다.
명령 : CHAMFER ↵
(자르지 않기 모드) 현재 모따기 거리 1 = 10.0000, 거리 2 = 10.0000
첫 번째 선 선택 또는 [명령 취소(U)/폴리선(P)/거리(D)/각도(A)/자르기(T)/메서드(E)/다중(M)] : 거리(D) ↵
첫 번째 모따기 거리 지정 〈15.0000〉 : 15 ↵
두 번째 모따기 거리 지정 〈15.0000〉 : 15 ↵

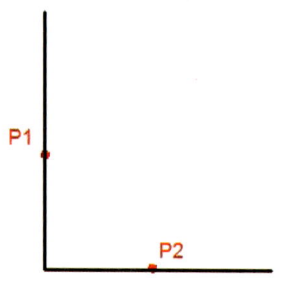

[자르지 않기 모드 CHAMFER 적용 전]   [자르지 않기 모드 CHAMFER 적용 후]

CHAMFER 명령에서 가로, 세로 값이 다를 경우 거리 1의 값은 처음 선택한 선분에 적용되며, 거리 2의 값은 두 번째 선택한 선분에 적용된다.
명령 : CHAMFER
(자르기 모드) 현재 모따기 거리 1 = 0.0000, 거리 2 = 0.0000

- 첫 번째 선 선택 또는 [명령 취소(U)/폴리선(P)/거리(D)/각도(A)/자르기(T)/메서드(E)/다중(M)] : d ↵ (거리(D) 하위옵션 선택)
- 첫 번째 모따기 거리 지정 〈15.0000〉 : 20 ↵
- 두 번째 모따기 거리 지정 〈20.0000〉 : 30 ↵
- 첫 번째 선 선택 또는 [명령 취소(U)/폴리선(P)/거리(D)/각도(A)/자르기(T)/메서드(E)/다중(M)] : P1 선택
- 두 번째 선 선택 또는 Shift 키를 누른 채 선택하여 구석 적용 또는 [거리(D)/각도(A)/메서드(M)] : P2 선택

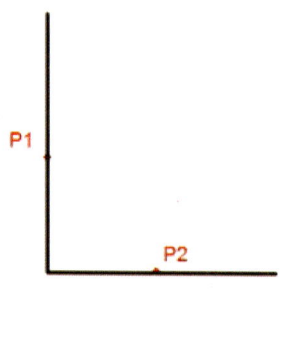
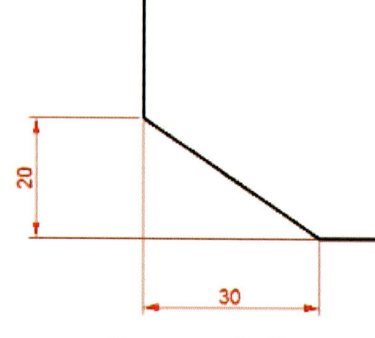

[CHAMFER 적용 전]   [CHAMFER 적용 후]

SECTION 06 ARC, ELLIPSE, POLYGON

01 ARC(호) [단축키 : A]

호를 그릴 경우 3점을 기준으로 반시계방향으로 그려야 한다.

1 명령 : ARC ↵

- 호 작성 방향 : 시계반대방향(Ctrl 키를 누른 상태에서 방향 전환)
- 호의 시작점 지정 또는 [중심(C)] : P1 선택 ↵
- 호의 두 번째 점 또는 [중심(C)/끝(E)] 지정 : P2 선택 ↵
- 호의 끝점 지정 : P3 선택 ↵

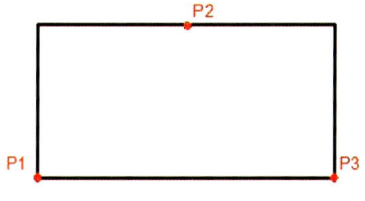

[ARC 적용 전]

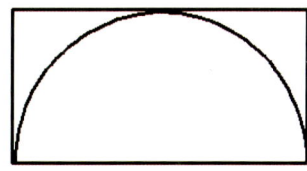

[ARC 적용 후]

하위옵션	설명
시작(S)	호의 시작점(start Point)
중심(C)	호의 중심점(center point)
끝(E)	호의 끝점(end point)
각도(A)	호의 사이각도(angle)
반지름(R)	호의 반지름(radius)
현의 길이(L)	현의 길이(length)
방향(D)	호의 방향(direction)

02 ELLIPSE(타원) [단축키 : EL]

투상도면 작성 시 원의 기울어진 면을 드로잉할 때 사용되는 타원을 그린다.

1 명령 : ELLIPSE ↵

- 타원의 축 끝점 지정 또는 [호(A)/중심(C)] : P1 선택 ↵
- 축의 다른 끝점 지정 : P2 선택 ↵
- 다른 축으로 거리를 지정 또는 [회전(R)] : P3 선택 ↵

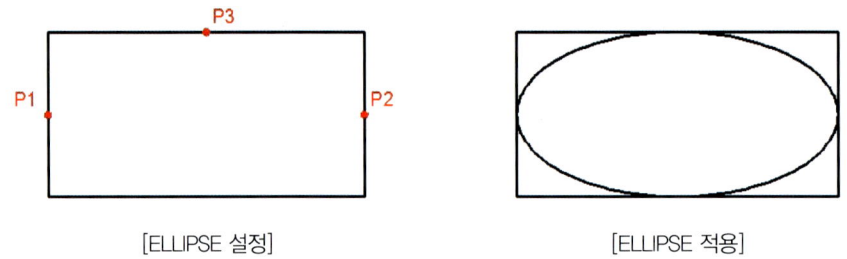

[ELLIPSE 설정]   [ELLIPSE 적용]

03 POLYGON(다각형) [단축키 : POL]

원에 내접과 외접하는 다각형을 그린다. 다각형 명령은 볼트, 너트를 설계할 때 필요한 명령이다.

1 원에 내접하는 다각형

- 명령 : POLYGON ↵
- 면의 수 입력 〈4〉 : 6 ↵ (육면체의 다각형을 그리기 위해 값을 입력)
- 폴리곤의 중심을 지정 또는 [모서리(E)] : 원의 중심점을 선택 ↵
- 옵션을 입력 [원에 내접(I)/원에 외접(C)] 〈I〉 : ↵ (기본 내접옵션으로 설정)
- 원의 반지름 지정 : P1 선택 ↵

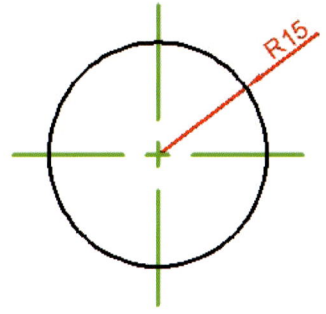 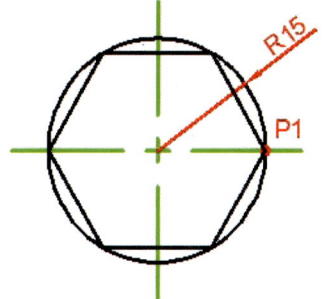

[POLYGON 내접 적용 전]   [POLYGON 내접 적용 후]

2 원에 외접하는 다각형

- 명령 : POLYGON ↵
- 면의 수 입력 〈6〉 : 6 ↵ (육면체의 다각형을 그리기 위해 값을 입력)
- 폴리곤의 중심을 지정 또는 [모서리(E)] : 원의 중심점을 선택 ↵
- 옵션을 입력 [원에 내접(I)/원에 외접(C)] 〈I〉 : C ↵ (원의 외접옵션 선택)
- 원의 반지름 지정 : P1 선택 ↵

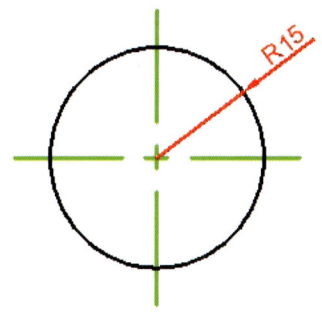 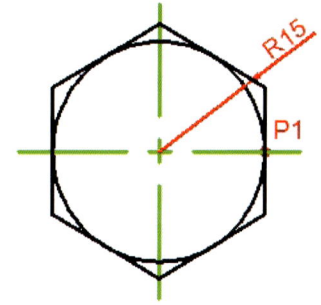

[POLYGON 외접 적용 전]   [POLYGON 외접 적용 후]

07 SECTION
COPY, MOVE, ROTATE, MIRROR

01 COPY(복사) [단축키 : CO]

객체를 선택하여 필요 개수만큼 복사한다.

1 명령 : COPY ↵

- 객체 선택 : 1개를 찾음, 총 2개 : 복사할 원 2객체를 선택한다. ↵
- 현재 설정 : 복사 모드 = 다중(M) : (현재 다중복사 모드로 연속복사)
- 기본점 지정 또는 [변위(D)/모드(O)] 〈변위〉 : 복사할 원의 중심을 선택한다. ↵
- 두 번째 점 지정 또는 [배열(A)] 〈첫 번째 점을 변위로 사용〉 : P1 선택 ↵
- 두 번째 점 지정 또는 [배열(A)/종료(E)/명령 취소(U)] 〈종료〉 : P2 선택 ↵
- 두 번째 점 지정 또는 [배열(A)/종료(E)/명령 취소(U)] 〈종료〉 : P3 선택 ↵

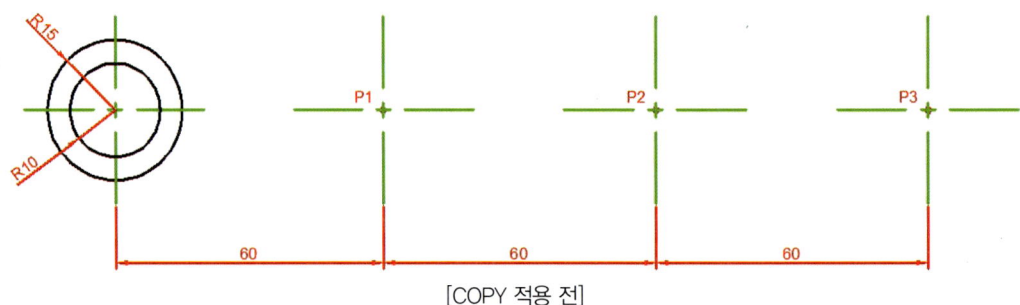

[COPY 적용 전]

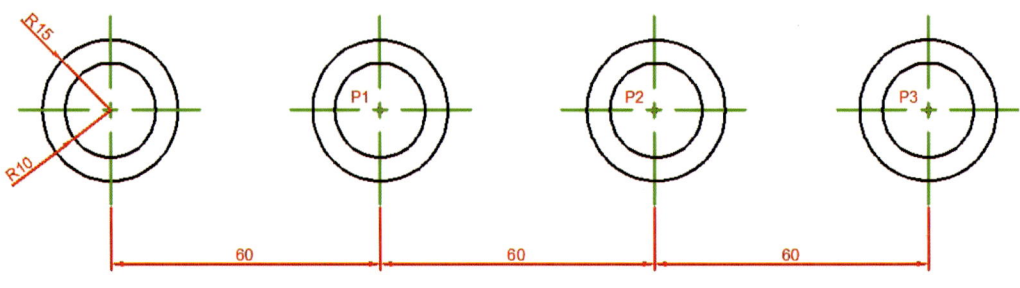

[COPY 적용 후]

02 MOVE(이동) [단축키 : M]

객체를 선택하여 원하는 거리 또는 위치로 이동한다.

1 명령 : MOVE ↵

- 객체 선택 : 반대 구석 지정 : 2개를 찾음 : 이동할 원 2객체를 선택한다. ↵
- 기준점 지정 또는 [변위(D)] 〈변위〉 : 이동할 원의 중심을 선택한다. ↵
- 두 번째 점 지정 또는 〈첫 번째 점을 변위로 사용〉 : P1 선택

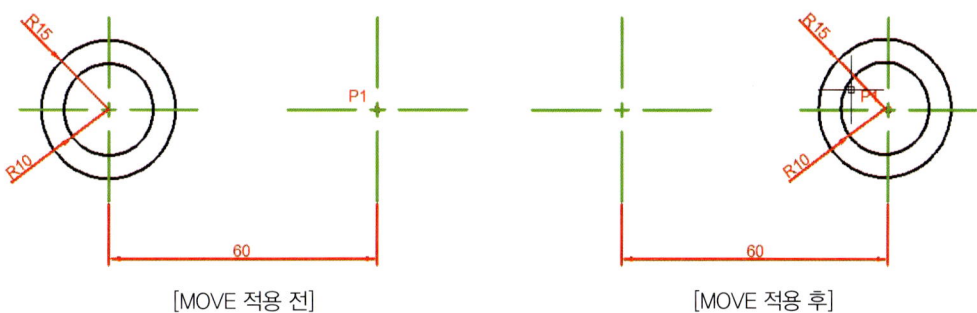

[MOVE 적용 전]　　　　　　　　[MOVE 적용 후]

03 ROTATE(각도) [단축키 : RO]

객체의 각도를 변경하거나 입력한 값만큼 회전한다.

1 명령 : ROTATE ↵

- 현재 UCS에서 양의 각도 : 측정 방향 = 시계반대방향 기준방향 = 0
- 객체 선택 : 1개를 찾음 : 각도를 변경하고자 하는 P1 선택 ↵
- 기준점 지정 : P2 선택 ↵
- 회전각도 지정 또는 [복사(C)/참조(R)] 〈0〉 : 45 ↵ (적용하고자 하는 각도 값 입력)

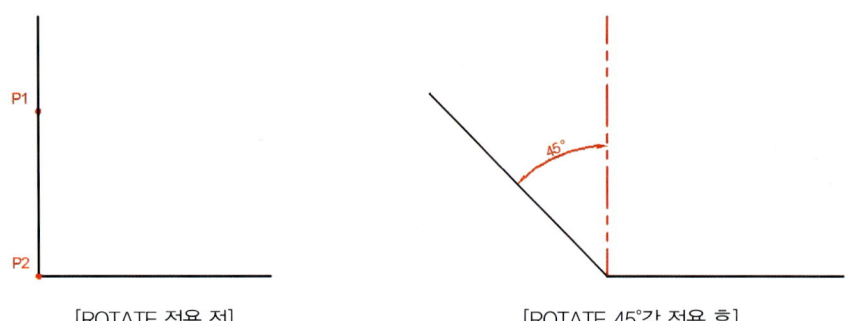

[ROTATE 적용 전]　　　　　　　　　　[ROTATE 45°값 적용 후]

하위옵션	설명
복사(C)	선택한 객체의 각도가 변경되어도 남아 있다.
참조(R)	기울어진 각도를 입력하고 절대각도만큼 회전시킨다.

TIP

회전각도는 시계반대방향으로 +값을 인식하고 시계방향은 -값을 인식한다.

04 MIRROR(대칭) [단축키 : MI]

객체를 거울에 비추듯이 원하는 방향으로 대칭시킨다.

1 명령 : MIRROR ↵

- 객체 선택 : 대칭할 객체를 선택한다. ↵
- 대칭선의 첫 번째 점 지정 : 대칭선의 두 번째 점 지정 : P1 선택 ↵
- 원본 객체를 지우시겠습니까? [예(Y)/아니오(N)] 〈N〉 : 원본을 남길 경우 (N) 선택 ↵

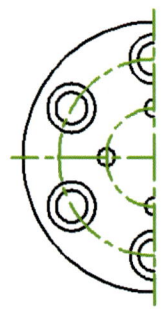　　　　　　　　　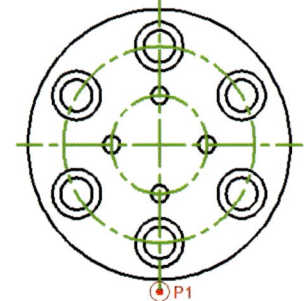

[ROTATE 적용 전]　　　　　　　　　　[ROTATE 45°값 적용 후]

TIP

대칭선 두 번째점 선택 시 직교(F8)가 ON 되어 있는 상태에서 대칭할 경우 수직, 수평으로 미리보기 된다.

08 SECTION SCALE, EXTEND, STRETCH, LENGTHEN

국제기술자격증 CADTC 캐드설계기술관리사 가이드북

01 SCALE(축척) [단축키 : SC]

객체의 크기를 기준점 중심으로 확대하거나 축소시킨다.

1 명령 : SCALE ↵

- 객체 선택 : 반대 구석 지정 : 축척을 변경할 객체 선택 ↵
- 기준점 지정 : 선택된 객체의 중심점 선택 ↵
- 축척 비율 지정 또는 [복사(C)/참조(R)] : 0.5 ↵ (선택한 객체의 절반으로 축소)

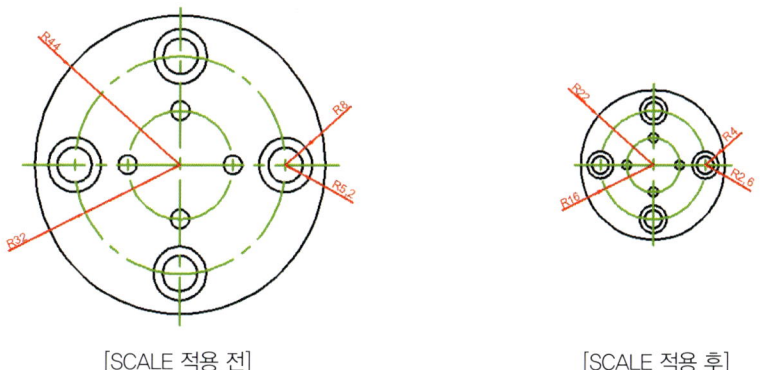

[SCALE 적용 전]　　　　　　　[SCALE 적용 후]

TIP
치수 기입이 되어 있는 경우 치수도 함께 변한다. 치수를 Explode하게 되면 치수는 변하지 않고 객체 크기만 변한다.

02 EXTEND(연장) [단축키 : EX]

객체의 끝점을 선택하여 원하는 위치까지 연장시킨다.

1 명령 : EXTEND ↵

- 현재 설정 : 투영 = UCS 모서리 = 없음
- 경계 모서리 선택
- 객체 선택 또는 〈모두 선택〉 : P1 선택 ↵ (경계선분)
- 연장할 객체 선택 또는 Shift 키를 누른 채 선택하여 자르기 또는 [울타리(F)/걸치기(C)/프로젝트(P)/모서리(E)/명령 취소(U)] : P2 선택 ↵ (연장하고자 하는 선분)

[EXTEND 적용 전]   [EXTEND 적용 후]

TIP
연장하고자 하는 선분이 여러 개일 경우 crossing(걸치기)으로 여러 객체의 끝점을 선택하면 한 번에 여러 선분을 연장할 수 있다.

03 STRETCH(신축) [단축키 : STR]

객체를 반드시 crossing(걸치기)으로 끝점을 선택한 후 원하는 거리만큼 신축한다.

1 명령 : STRETCH ↵

- 걸침 윈도우 또는 걸침 폴리곤만큼 신축할 객체 선택
- 객체 선택 : 반대 구석 지정 : 신축할 범위를 crossing(걸치기)으로 선택 ↵
- 기준점 지정 또는 [변위(D)] 〈변위〉 : 끝점을 선택 ↵
- 두 번째 점 지정 또는 〈첫 번째 점을 변위로 사용〉 : 신축을 목표로 하는 위치 P1 선택 ↵

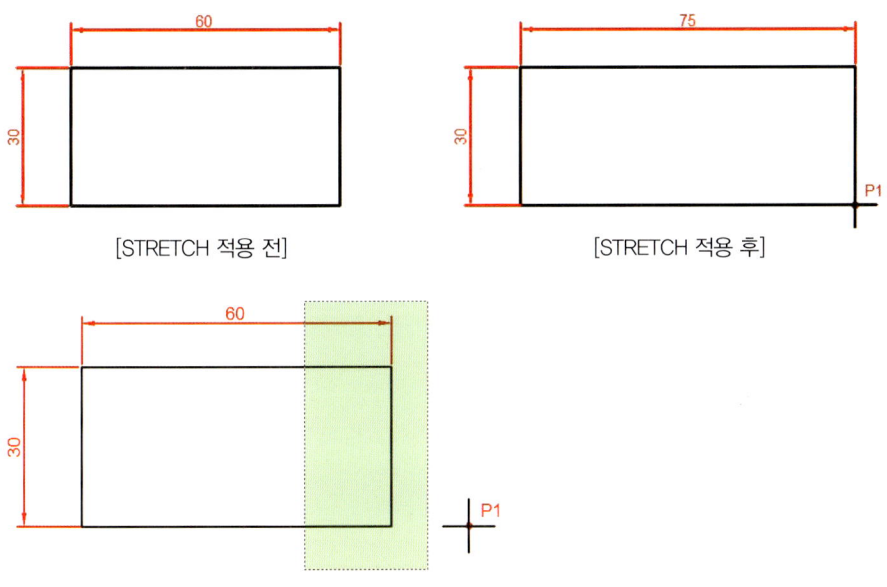

[STRETCH 적용 전]   [STRETCH 적용 후]

[STRETCH crossing(걸치기) 설정방법]

TIP

① 기준점을 지정할 경우 OSNAP(F3)이 ON 되어 있어야 하며 직교(F8)이 ON 되어 있으면 신축 시 선이 꺾이지 않는다.
② 치수 기입이 되어 있는 경우 신축 시 치수 기입도 함께 신축된다.

04 LENGTHEN(길이조정) [단축키 : LEN]

객체의 길이를 입력한 거리값만큼 조정한다. LENGTHEN 명령은 아이콘이 생성되어 있지 않으므로 메뉴바에서 선택한다. (수정메뉴 → 길이 조정)

1 명령 : LENGTHEN ↵

- 객체 선택 또는 [증분(DE)/퍼센트(P)/합계(T)/동적(DY)] : DE ↵ (증분옵션 선택)
- 증분 길이 또는 [각도(A)] 입력 〈0.0000〉 : 10 ↵ (증분값 입력)
- 변경할 객체 선택 또는 [명령 취소(U)] : P1 선택 ↵ (증분시킬 방향)

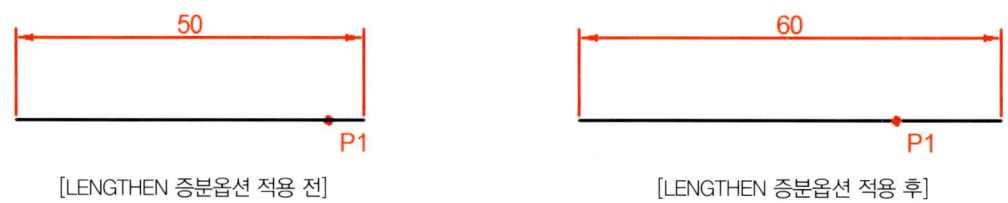

[LENGTHEN 증분옵션 적용 전]　　　　　　　　[LENGTHEN 증분옵션 적용 후]

하위옵션	설명
퍼센트(P)	선택한 객체의 길이를 입력한 퍼센트만큼 조정한다.
합계(T)	선택한 객체의 길이를 입력한 길이로 전체길이를 조정한다.
동적(DY)	선택한 객체의 끝점을 기준으로 길이를 새로 입력받는다.

SECTION 09 BREAK, ARRAY

01 BREAK(끊기) [단축키 : BR]

하나의 선분으로 되어 있는 객체를 원하는 지점만큼 끊어준다.

1 두 점 끊기

- 명령 : BREAK ↵
- 객체 선택 : 처음 시작 점인 P1 선택 ↵
- 두 번째 끊기점 지정 또는 [첫 번째 점(F)] : 두 번째 지점인 P2 선택 ↵

[BREAK 설정]   [BREAK 적용]

2 점에서 끊기(아이콘 선택)

- 명령 : BREAK ↵
- 객체 선택 : 끊기할 선분 P1 선택 ↵
- 두 번째 끊기점 지정 또는 [첫 번째 점(F)] : 끊어질 위치 P2 선택 ↵

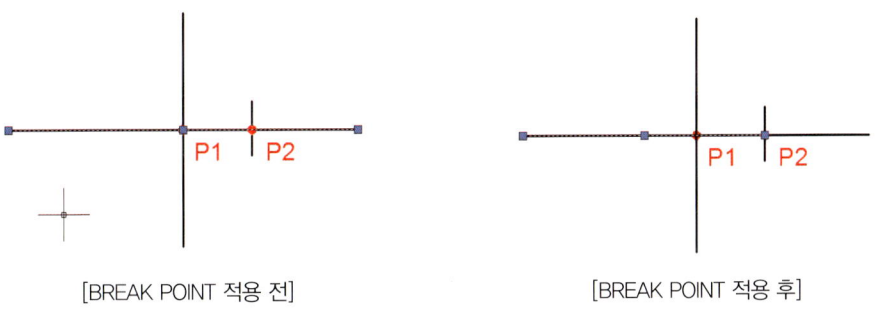

[BREAK POINT 적용 전]   [BREAK POINT 적용 후]

TIP

점에서 끊기를 실행한 후 명령이 없는 상태에서 객체를 선택하여 확인한다.

02 ARRAY(배열) [단축키 : AR]

객체를 사각배열 또는 원형배열시킨다.

1 직사각형 배열

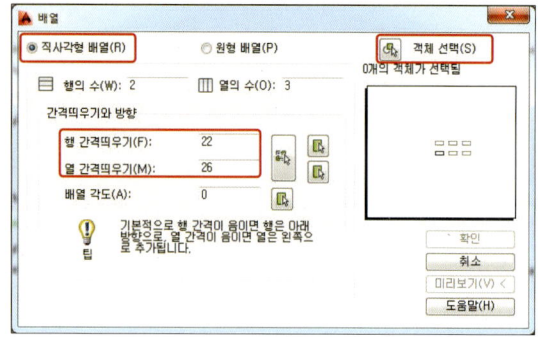

① 배열상자에서 직사각형 배열 선택 후 객체선택에서 P1을 선택한다.
② 행간격 띄우기 : 22 입력과 열간격 띄우기 26을 입력한다.
③ 행의 수 : 2, 열의 수 : 3을 입력한다.

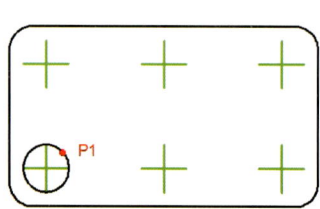
[ARRAY 직사각형 배열 적용 전]

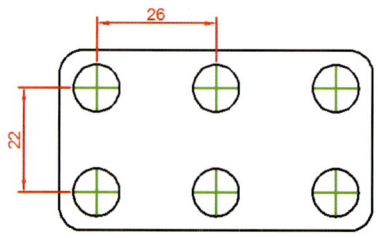
[ARRAY 직사각형 배열 적용 후]

2 원형 배열

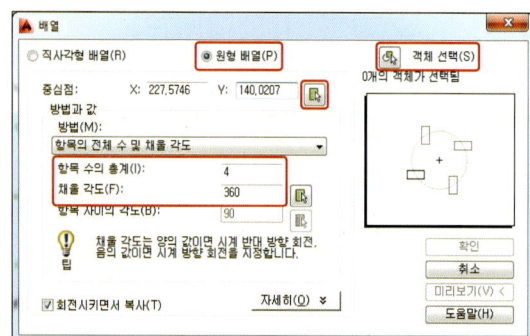

❶ 배열상자에서 원형 배열 선택 후 중심점은 가장 큰 원의 중심을 선택한다.
❷ 객체 선택에서 P1 선택 후 항목 수의 총계 4를 입력하고 채울 각도 360을 입력한다.

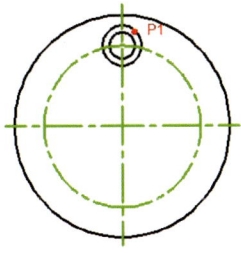
[ARRAY 원형 배열 적용 전]

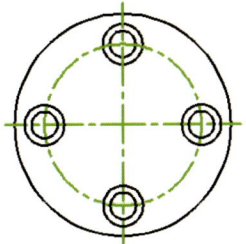
[ARRAY 원형 배열 적용 후]

TIP

Array 명령은 대화상자가 나타나지 않는 버전이 있다. 대화상자가 나타나지 않는다면 도구(T) ➡ 사용자화(C) ➡ 인터페이스 ➡ 명령리스트 ➡ 수정 ➡ 배열매크로 : ^C^C_arrayclassic로 적용하고 배열툴바를 원하는 위치에 놓는다.

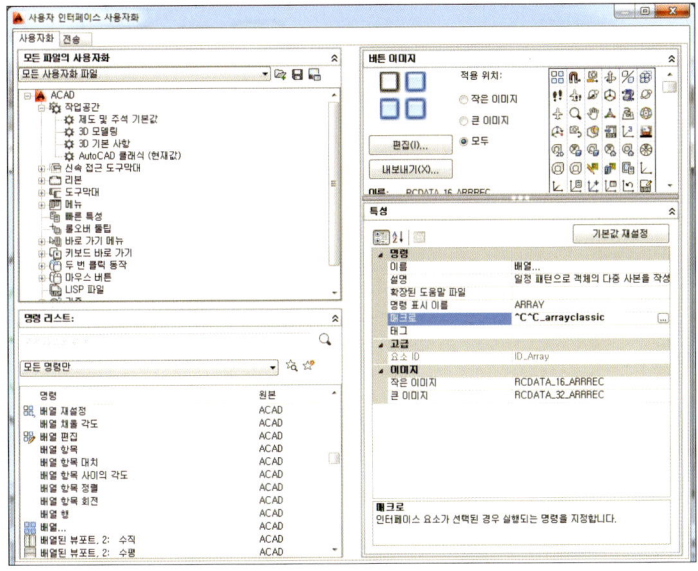

SECTION 10
LAYER, LTSCALE

01 LAYER(도면층) [단축키 : LA]

Layer는 객체의 특성(선 종류, 색상, 굵기)을 설정하고 제어한다. 0번은 기본값으로 삭제가 되지 않는다.

1 명령 : Layer ↵

❶ : 새로운 도면층을 생성한다.

❷ : 도면층을 삭제한다.

❸ : 현재 도면층으로 설정한다.

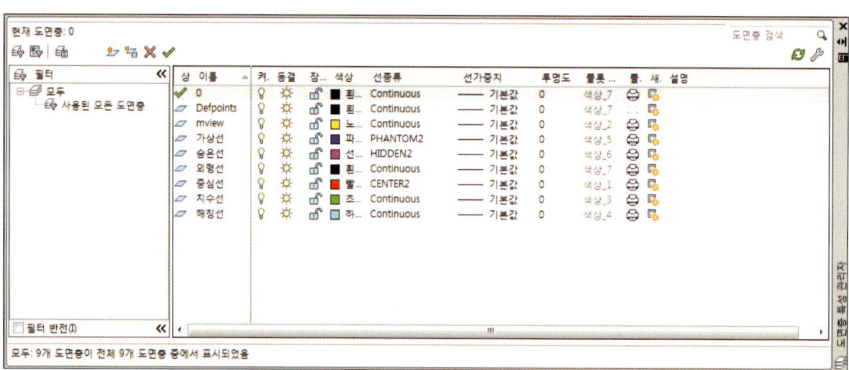

도면층 이름	색상	선 종류	비고
0	흰색	Continuous	윤곽선, 중심마크, 문자, 표제란, 주서문(NOTE)
외형선	흰색	Continuous	
중심선	빨간색(1)	Center2	
숨은선	선홍색(6)	Hidden2	
치수선	초록색(3)	Continuous	
가상선	파란색(5)	Phantom2	
해칭선	하늘색(4)	Continuous	
Mview	노란색(2)	Continuous	

* 현재 설정된 layer는 CADTC 시험에서 필요한 LAYER 설정이다.

TIP

Layer 끄기 및 동결기능 이해하기

① 레이어 층 전구 모양은 Layer 끄기 기능으로 드로잉이 가능한 ON/OFF 기능이다.
② 레이어 층 해 모양은 동결기능으로 드로잉이 불가능한 ON/OFF 기능이다.

02 LTSCALE(선간격 조정) [단축키 : LTS]

선 간격 및 길이를 조절한다.(숨은선, 중심선, 가상선 등 도면의 사이즈에 따라 변경한다.)

1 명령 : LTSCALE ↵

새 선 종류 축척 비율 입력 〈1.0000〉 : 원하는 값 입력 ↵

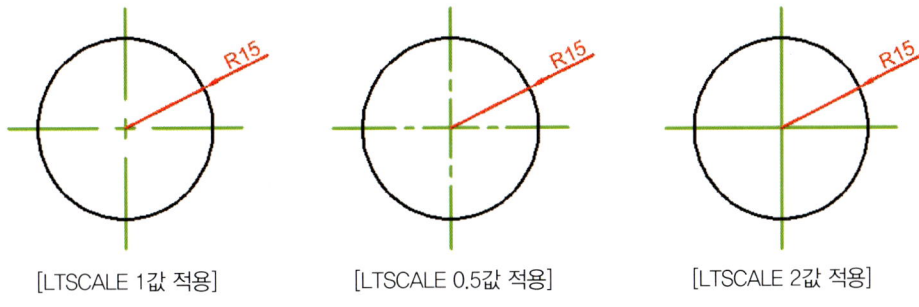

[LTSCALE 1값 적용]　　　[LTSCALE 0.5값 적용]　　　[LTSCALE 2값 적용]

TIP

중심선은 A2 사이즈 기준으로 지름 50mm 이상일 때 긴 선끼리 교차, 이하일 때 짧은 선끼리 교차하도록 선의 간격을 조절한다.

SECTION 11
HATCH, XLINE

01 HATCH(해치) [단축키 : H]

닫혀 있는 지정한 객체 공간에 해치(해칭)를 한다. 이때 반드시 공간의 영역을 선택해야 한다.

1 명령 : HATCH ↵

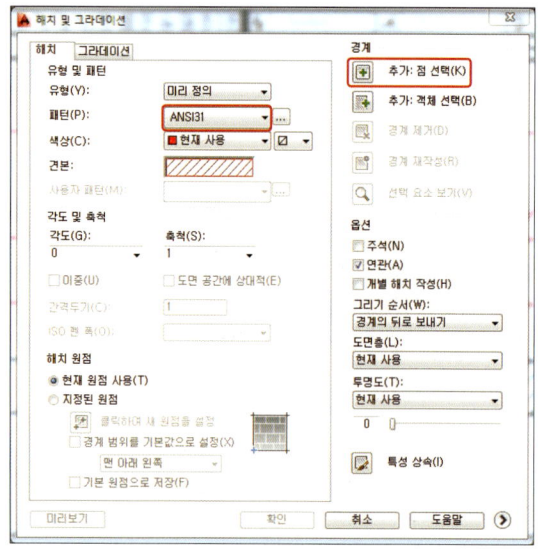

❶ 해치탭에서 패턴유형 중 ANSI31을 선택한다.
❷ 추가 : 점 선택 아이콘을 선택하고 해칭이 들어갈 P1과 P2를 선택하여 해칭을 적용한다.

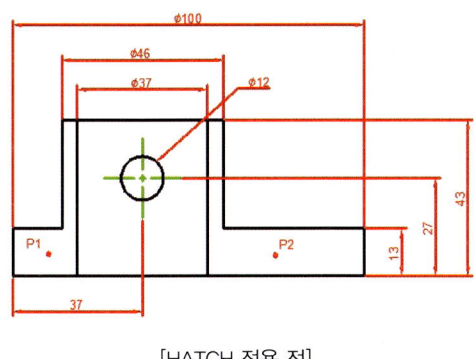
[HATCH 적용 전]

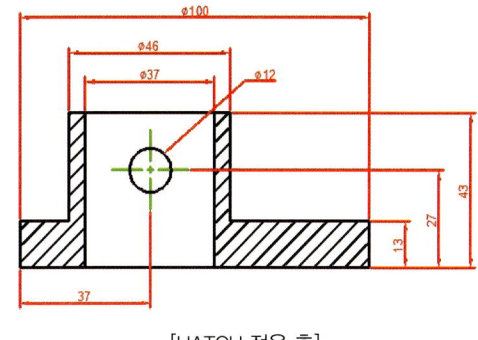
[HATCH 적용 후]

TIP

HATCH를 수정하고자 할 경우 명령 : hatchedit ↵ 명령으로 수정할 수 있다.
그러나 분해(Explode)된 해치는 개별 객체로 인식되어 수정되지 않는다.

02 XLINE(구성선) [단축키 : XL]

무한선분을 그린다. 수평, 수직, 각도를 선택해서 사용할 수 있는 무한선분이다.

1 명령 : XLINE ↵

점 지정 또는 [수평(H)/수직(V)/각도(A)/이등분(B)/간격띄우기(O)] :
무한선분 하위옵션 선택 ↵

하위옵션	설명
수평(H)	수평 무한선분을 작성한다.
수직(V)	수직 무한선분을 작성한다.
각도(A)	각도를 지정한 무한선분을 작성한다.

TIP

정면도를 기준으로 측면도, 평면도, 정면도를 작도하는 데 XLINE를 사용하면 효과적이다.

SECTION 12
STYLE, DTEXT, TEXT, MTEXT, DEDIT

01 STYLE(문자 스타일) [단축키 : ST]

문자의 스타일을 수정 및 설정한다.

1 명령 : STYLE ↵

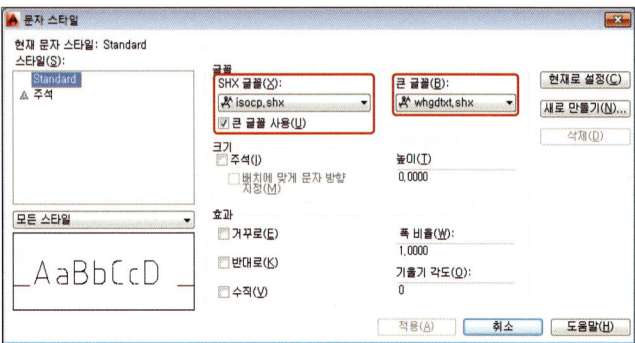

하위옵션	설명
새로 만들기(N)	신규 STYLE을 만든다.
SHX글꼴(X)	영문 글꼴을 설정한다.
큰글꼴(B)	Autocad용 한글 글꼴을 설정한다.
높이(T)	지정한 문자 Style의 높이값을 설정한다.

TIP

KS규격에 맞는 Style 설정

스타일 이름	영문 글꼴	한글 글꼴	높이
Standard	isocp.shx, romans.shx	whgtxt.shx, 굴림체	0

02 DTEXT, TEXT(단일 행 문자)와 MTEXT(여러 행 문자) [단축키 : DT, T / MT]

여러 형태로 문자를 입력한다.

1 DTEXT, TEXT(단일 행 문자)[단축키 : DT, T]

- 단일 행으로 되어 있는 문자를 쓴다.
- 명령 : DTEXT ↵
- 현재 문자 스타일 : 'Standard', 문자 높이 : 2.5000, 주석 : 아니오, 자리 맞추기 : 왼쪽
- 문자의 시작점 지정 또는 [자리 맞추기(J)/스타일(S)] : 화면상에 첫 글자 시작위치 클릭 ↵
- 높이 지정 〈2.5000〉 : 5 ↵ (문자 높이 지정값)
- 문자의 회전각도 지정 〈0〉 : 0 ↵ (문자 각도 지정값)

하위옵션	설명
자리 맞추기(J)	옵션에 따라 문자의 자리를 맞춘다.
스타일(S)	설정한 스타일을 지정한다.

2 MTEXT(여러 행 문자)[단축키 : MT]

여러 행의 문자를 쓴다. MTEXT는 편집기능이 모두 포함되어 있어 주석과 같은 장문을 쓰는 데 편리하다.

- 명령 : MTEXT ↵
- 현재 문자 스타일 : 'Standard', 문자 높이 : 5, 주석 : 아니오
- 첫 번째 구석 지정 : 문자를 작성할 위치 선택 ↵
- 반대 구석 지정 또는 [높이(H)/자리 맞추기(J)/선 간격두기(L)/회전(R)/스타일(S)/폭(W)/열(C)] : ↵

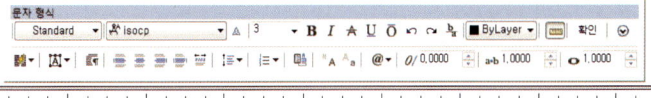

1. 본품은 기능한 유해한 BURR 및 EDGE가 없을것.
2. 본도의 공차는 일반공차 관리 표준 E-200-4-2에 의할것
3. 본품은 자동차 부품 및 재료의 중금속 사용금지 (MS 201-02)를 따를것.
4. 본품은 3D DATA에 준할것.
5. 본품의 지시없는 상세 형상의 편차는 3D DATA에 대해 ±0.5mm범위에 있을 것.
6. 본도는 중심선에 대하여 대칭임.

TIP
KS규격(A3, A2)에 맞는 문자높이 설정

문자 높이	용도
5.0mm	개별주서, 부품번호, 상세도/단면표시, 요목표 제목
3.5mm	일반주서, 표제란/부품란, 치수문자, 요목표 본문
2.5mm	일반공차

03 DDEDIT(문자편집)

DTEXT, MTEXT, 치수문자 등 화면상의 모든 문자를 편집한다. 물론 버전이 높아지면서 더블클릭만으로도 수정이 가능하지만 꼭 알아두어야 할 명령이다.

1 명령 : DDEDIT ↵

주석 객체 선택 또는 [명령 취소(U)] : 수정할 문자를 선택한다. ↵

문자형식 상자에서 문자크기와 글꼴, 특수기호 등 문자에 관련된 편집기능을 사용한다.

TIP
AutoCAD 사용 시 기억해야 할 특수기호 종류(꼭 외워두자!)

특수기호	기호	입력
%%c	Ø	%%c30 ⇒ Ø30
%%p	±	10%%P0.5 ⇒ 10±0.5
%%d	°	20%%d ⇒ 20°

13 SECTION 치수 기입

01 치수 기입

1 치수 스타일 설정

치수에 관련된 모든 사항을 설정한다. 치수 기입에 들어가기 전 꼭 설정해야 한다.

1) 명령 : DDIM ↵

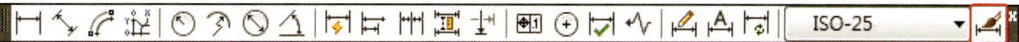

대화상자가 나타나면 수정(M)을 선택하여 설정에 들어간다.

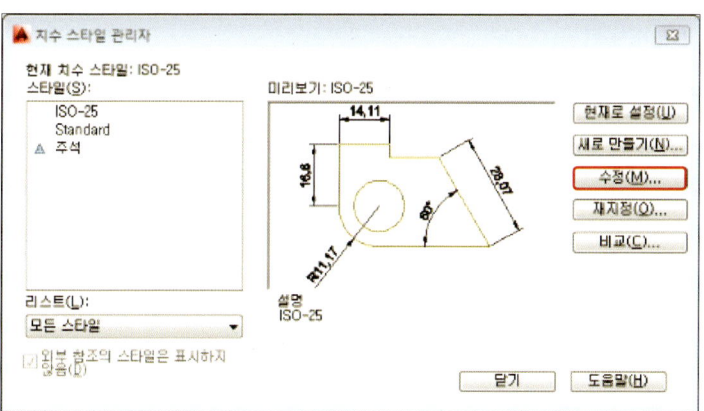

2) 선 설정

기준선 간격(A) : 신속치수 또는 기준선 치수를 기입할 때 치수선과 치수선의 간격을 설정한다.

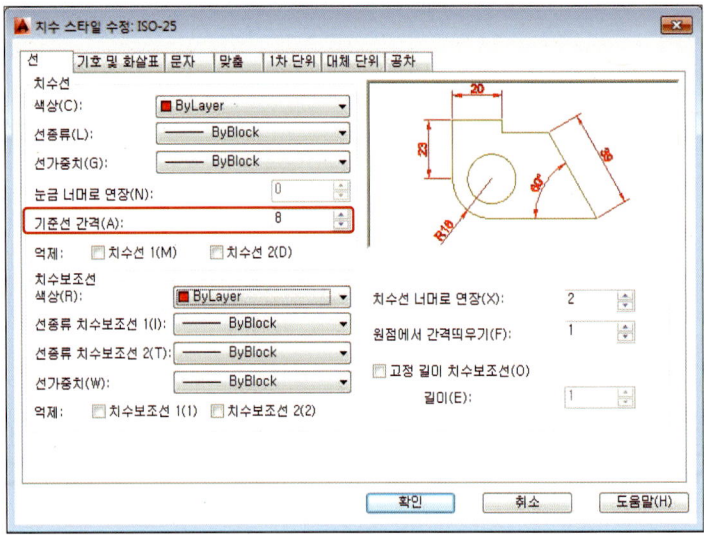

3) 기호 및 화살표 설정

치수 끊기는 치수 끊기 명령에서 치수선이나 치수보조선 또는 투상선(객체)이 서로 겹쳐 있을 때 지정한 간격만큼 끊어준다.

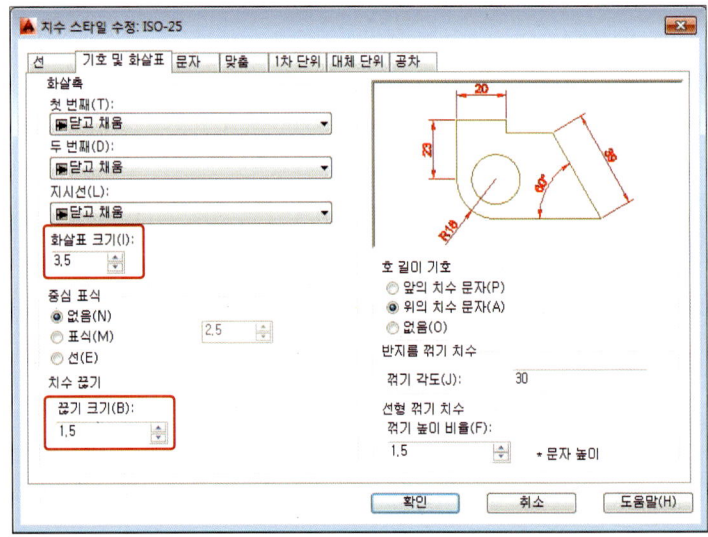

4) 문자 설정

KS규격에 맞는 문자는 고딕체이면서 단선체여야 한다.

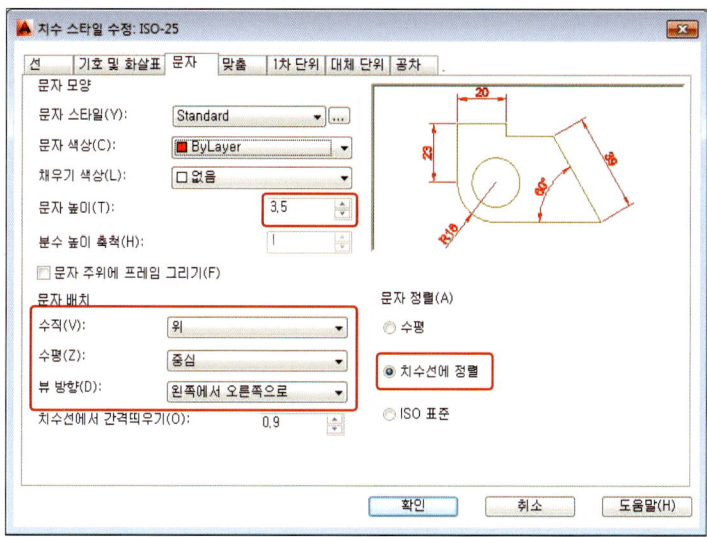

5) 맞춤 설정

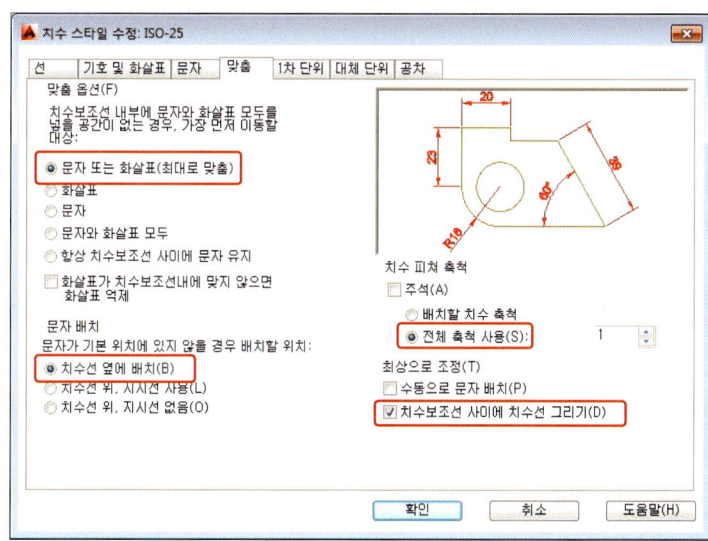

6) 1차 단위 설정

기타 치수 변수 설정법은 "도움말"을 클릭하면 상세하게 설명되어 있다.

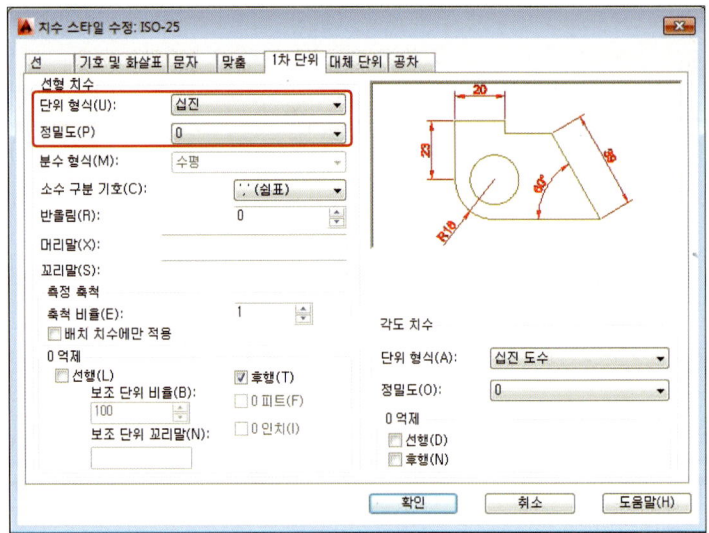

T I P

기타 변수 설정

① 명령 : DIMTOFL

　 DIMTOFL에 대한 새 값 입력 〈켜기〉 : 1(on) ↵

② 명령 : DIMTOH

　 DIMTOH에 대한 새 값 입력 〈끄기〉 : 0(off) ↵

③ 명령 : DIMTIX

　 DIMTIX에 대한 새 값 입력 〈끄기〉 : 1(on) ↵

2 선형(수직, 수평) 치수 기입

수직치수와 수평치수를 기입한다.

- 명령 : DIMLINEAR ↵
- 첫 번째 치수보조선 원점 지정 또는 〈객체 선택〉 : P1 선택 ↵
- 두 번째 치수보조선 원점 지정 : P2 선택 ↵
- 치수선의 위치 지정 또는 [여러 줄 문자(M)/문자(T)/각도(A)/수평(H)/수직(V)/회전(R)]
  : 치수 문자 = 180 ↵ (화면상 치수선 위치점 클릭하면 수치값 자동입력)

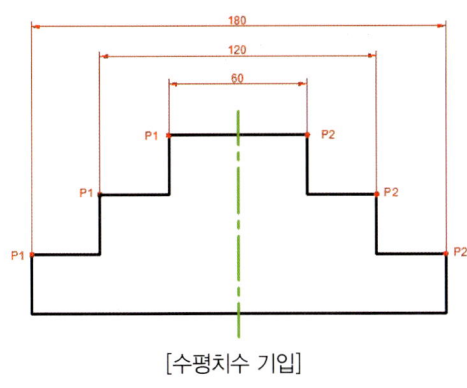

[수평치수 기입]   [수직치수 기입]

처음 넣은 치수선과 물체의 간격은 약 10~20mm가 되도록 하며 치수선과 치수선의 간격은 약 8~10mm가 되도록 기입한다.

하위옵션	설명
여러 줄 문자(M)	치수문자를 여러 줄 문자로 변경한다.
문자(T)	치수문자를 변경한다.
각도(A)	치수문자 각도를 지정한다.
수평(H)	수평치수로 강제 제어한다.
수직(V)	수직치수로 강제 제어한다.
회전(R)	치수선을 각도를 주어 기입한다.

3 각도치수 기입

각도치수를 기입한다.

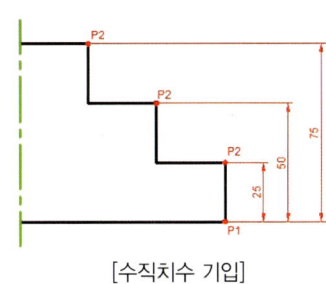

- 명령 : DIMANGULAR ↵
- 호, 원, 선을 선택하거나 〈정점 지정〉: P1 선택 ↵
- 두 번째 선 선택 : P2 선택 ↵
- 치수 호 선의 위치 지정 또는 [여러 줄 문자(M)/문자(T)/각도(A)/사분점(Q)] : 치수 기입 위치 선택 ↵
- 치수 문자 = 130

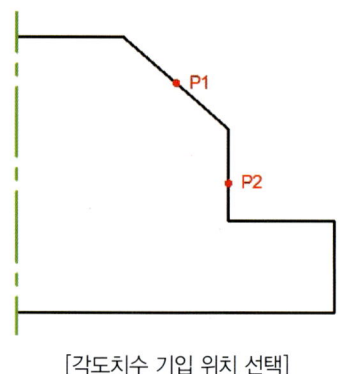
[각도치수 기입 위치 선택]

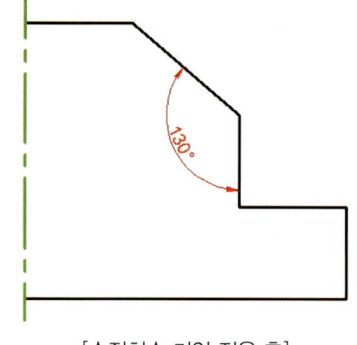
[수직치수 기입 적용 후]

4 반지름치수 기입

원 또는 호의 반지름치수를 기입한다.

- 명령 : DIMRADIUS ↵
- 호 또는 원 선택 : P1 선택 ↵
- 치수 문자 = 25
- 치수선의 위치 지정 또는 [여러 줄 문자(M)/문자(T)/각도(A)] : ↵

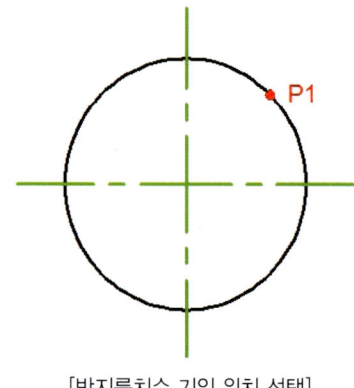
[반지름치수 기입 위치 선택]

[반지름치수 기입 적용 후]

5 지름치수 기입

원 또는 호의 지름치수를 기입한다.

- 명령 : DIMDIAMETER ↵
- 호 또는 원 선택 : P1 선택 ↵
- 치수 문자 = 50
- 치수선의 위치 지정 또는 [여러 줄 문자(M)/문자(T)/각도(A)] : ↵

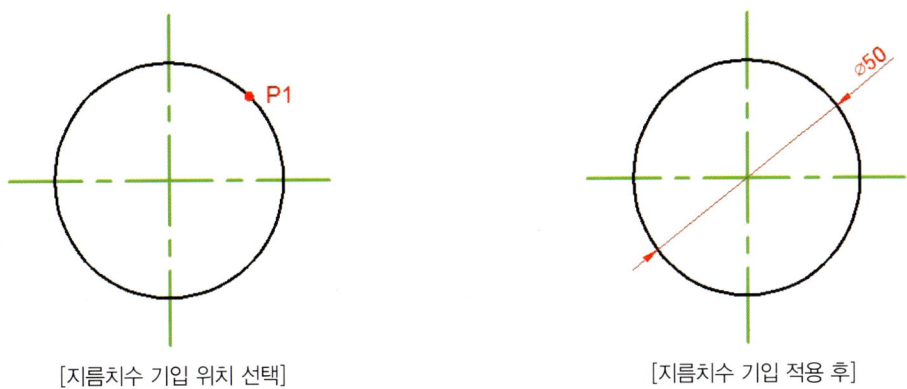

[지름치수 기입 위치 선택]   [지름치수 기입 적용 후]

6 신속치수 기입

같은 수직에 위치하거나 수평에 위치한 치수를 한 번에 기입한다.

- 명령 : QDIM ↵
- 연관 치수 우선순위 = 끝점(E)
- 치수 기입할 형상 선택 : 반대 구석 지정 : P1에서 P2까지 Window로 선택 ↵
- 치수선의 위치 지정 또는 [연속(C)/다중(S)/기준선(B)/세로좌표(O)/반지름(R)/지름(D)/데이텀 점(P)/편집(E)/설정(T)] 〈연속(C)〉 : 치수가 위치할 지점 선택 ↵

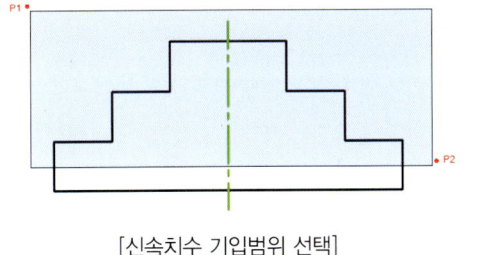 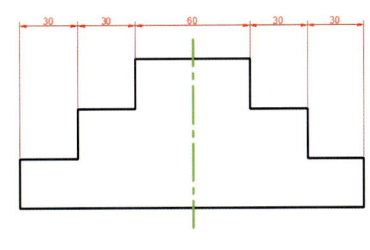

[신속치수 기입범위 선택]   [신속치수 기입 적용 후]

7 기준치수 기입

선형치수를 기준으로 여러 치수를 기입한다.

- 명령 : DIMBASELINE ↵
- 기준치수 선택 : P1 선택 ↵ (기준이 되는 치수 선택)
- 두 번째 치수보조선 원점 지정 또는 [명령 취소(U)/선택(S)] 〈선택(S)〉 : P2 선택 ↵
- 치수문자 = 50
- 두 번째 치수보조선 원점 지정 또는 [명령 취소(U)/선택(S)] 〈선택(S)〉 : P3 선택 ↵
- 치수문자 = 75
- 두 번째 치수보조선 원점 지정 또는 [명령 취소(U)/선택(S)] 〈선택(S)〉 ↵

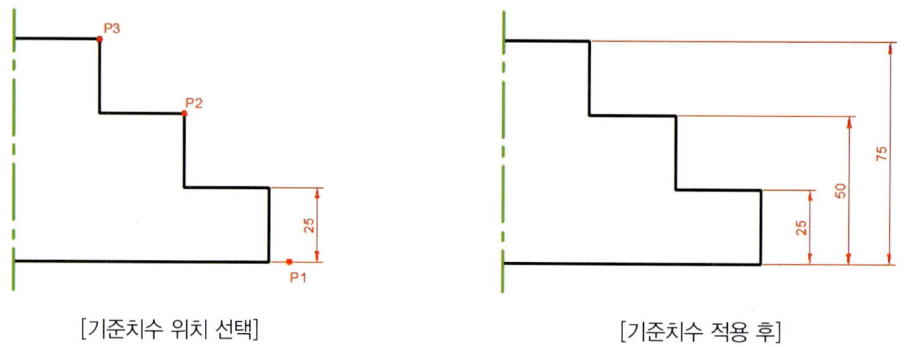

[기준치수 위치 선택]　　　　　　[기준치수 적용 후]

TIP

기준치수는 기준이 되는 치수가 먼저 기입되어 있어야 한다.

8 연속치수 기입

선형치수를 기준으로 연속치수를 기입한다.

- 명령 : DIMCINTINUE ↵
- 연속된 치수 선택 : P1 선택 ↵ (기준이 되는 치수 선택)
- 두 번째 치수보조선 원점 지정 또는 [명령 취소(U)/선택(S)] 〈선택(S)〉 : P2 선택 ↵
- 치수문자 = 30
- 두 번째 치수보조선 원점 지정 또는 [명령 취소(U)/선택(S)] 〈선택(S)〉 : P3 선택 ↵
- 치수문자 = 60
- 두 번째 치수보조선 원점 지정 또는 [명령 취소(U)/선택(S)] 〈선택(S)〉 : P4 선택 ↵

- 치수문자 = 30
- 두 번째 치수보조선 원점 지정 또는 [명령 취소(U)/선택(S)] 〈선택(S)〉 : P5 선택 ↵
- 치수문자 = 30
- 두 번째 치수보조선 원점 지정 또는 [명령 취소(U)/선택(S)] 〈선택(S)〉 : ↵

[연속치수 위치 선택]   [연속치수 적용 후]

TIP

연속치수는 기준이 되는 치수가 먼저 기입되어 있어야 한다.

9 경사치수 기입

기울어진 경사면의 치수를 기입한다.

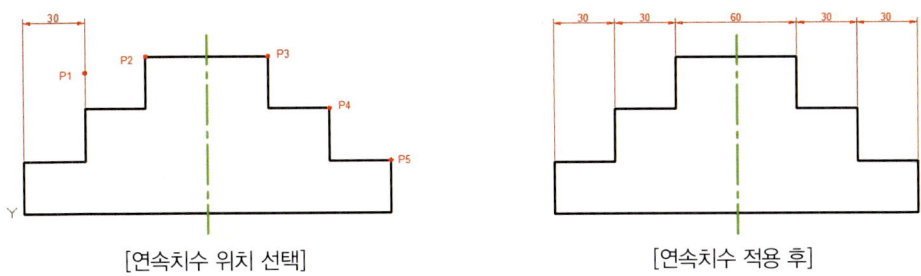

- 명령 : DIMALIGNED ↵
- 첫 번째 치수보조선 원점 지정 또는 〈객체 선택〉 : P1 선택 ↵
- 두 번째 치수보조선 원점 지정 : P2 선택 ↵
- 치수선의 위치 지정 또는 [여러 줄 문자(M)/문자(T)/각도(A)] : 치수가 위치할 지점 선택 ↵
- 치수 문자 = 39

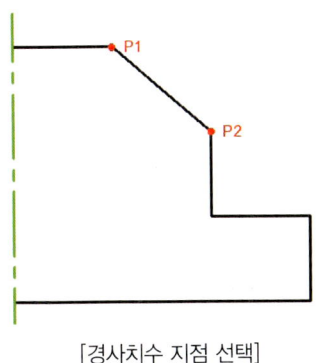
[경사치수 지점 선택]

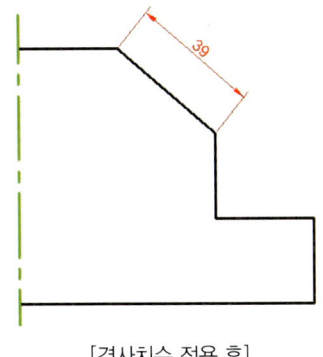
[경사치수 적용 후]

10 지시선치수 기입

지시선치수를 기입한다.

1) 지시선치수 기입방법

- 명령 : QLEADER ↵
- 첫 번째 지시선 지정, 또는 [설정(S)]〈설정〉: P1 선택 ↵
- 다음 점 지정 : P2 선택 ↵
- 다음 점 지정 : P3 선택 ↵
- 문자 폭 지정 〈0〉 : ↵
- 주석 문자의 첫 번째 행 입력 또는 〈여러 줄 문자〉: 4-%%c5 ↵
- 주석 문자의 다음 행 입력 : ↵

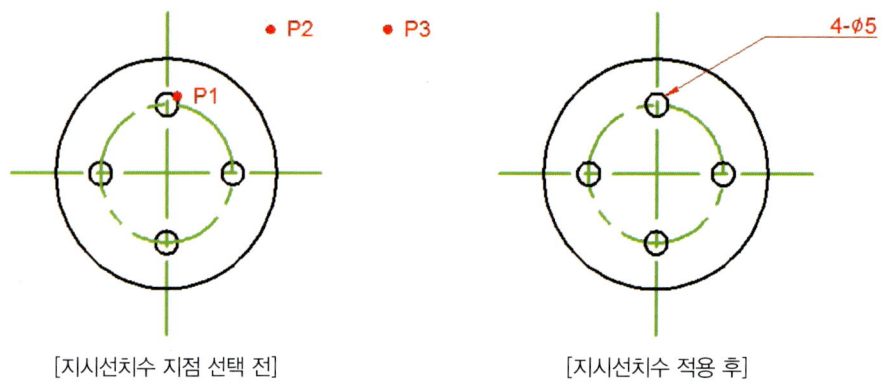

[지시선치수 지점 선택 전]   [지시선치수 적용 후]

2) 지시선치수 설정방법

- 명령 : QLEADER ↵
- 첫 번째 지시선 지정, 또는 [설정(S)]〈설정〉: S ↵

❶ 주석 설정

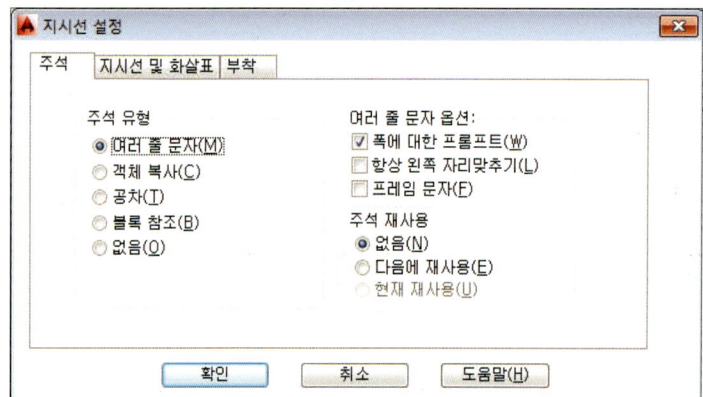

❷ 지시선 및 화살표 설정

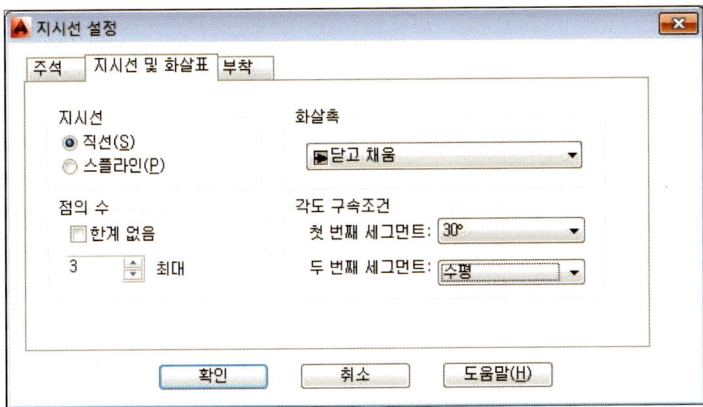

❸ 부착 설정

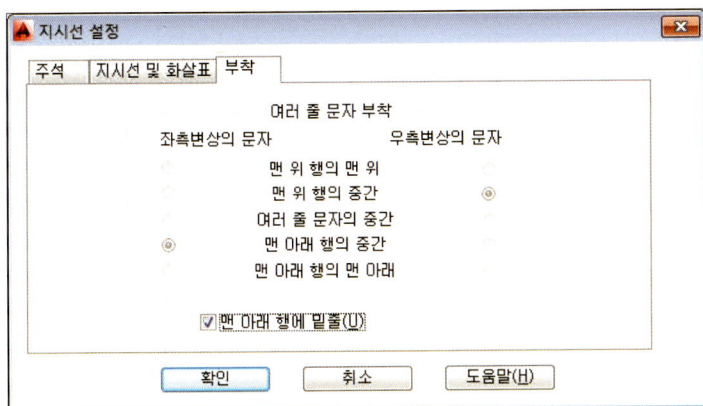

02 일반공차 및 기하공차 기입방법

1 일반공차 기입방법

문자편집 명령을 이용해서 일반공차를 기입한다. 기본치수 기입은 되어 있는 상태여야 한다.

- 명령 : DDEDIT ↵
- 주석 객체 선택 또는 [명령 취소(U)] : P1 선택 ↵

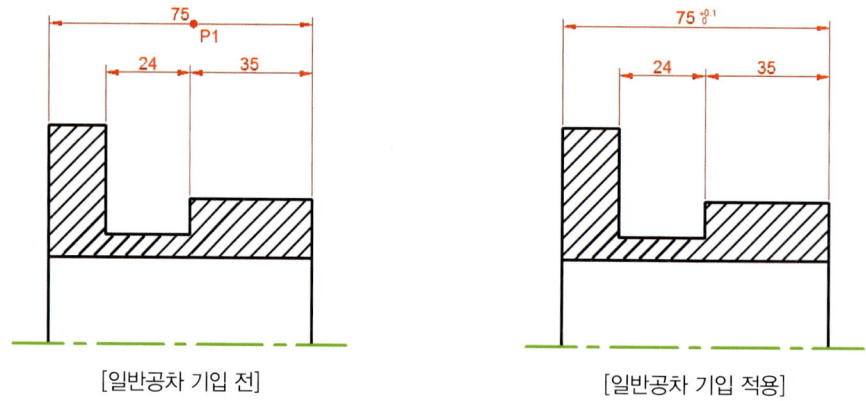

[일반공차 기입 전]　　　　　[일반공차 기입 적용]

DDEDIT 명령을 선택 후 일반공차를 넣고자 하는 P1을 선택하면 문자형식 상자가 나타난다. 이때 "75 +0.1^ 0"을 입력한 후 스텍버튼을 클릭하면 입력이 완료된다.

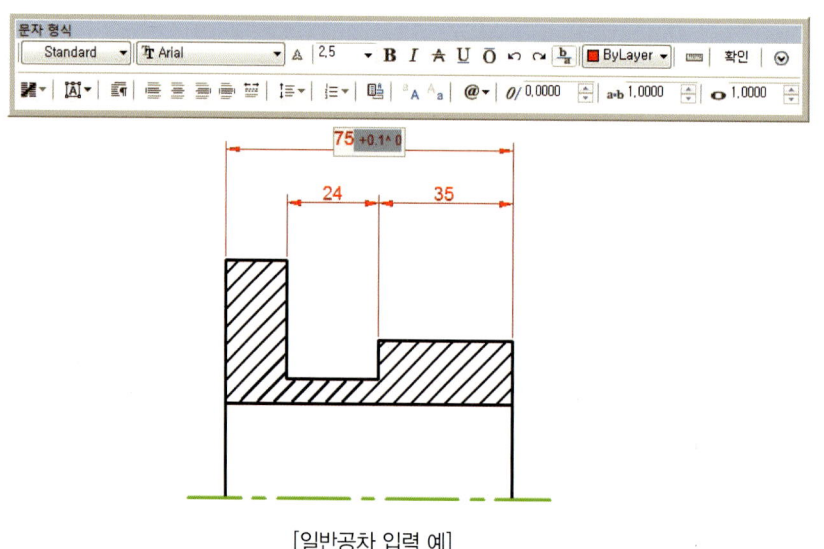

[일반공차 입력 예]

2 데이텀 설정 및 데이텀 기입방법

데이텀 삼각기호를 설정하고 데이텀을 기입한다.

1) 데이텀 스타일 설정을 위해 새로만들기(N) 선택

명령 : DDIM

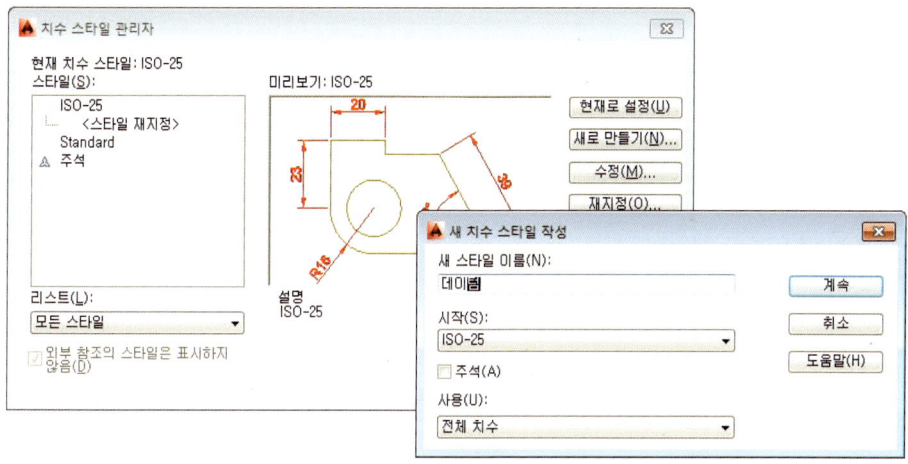

2) 기호 및 화살표에서 데이텀 삼각형 채우기 선택

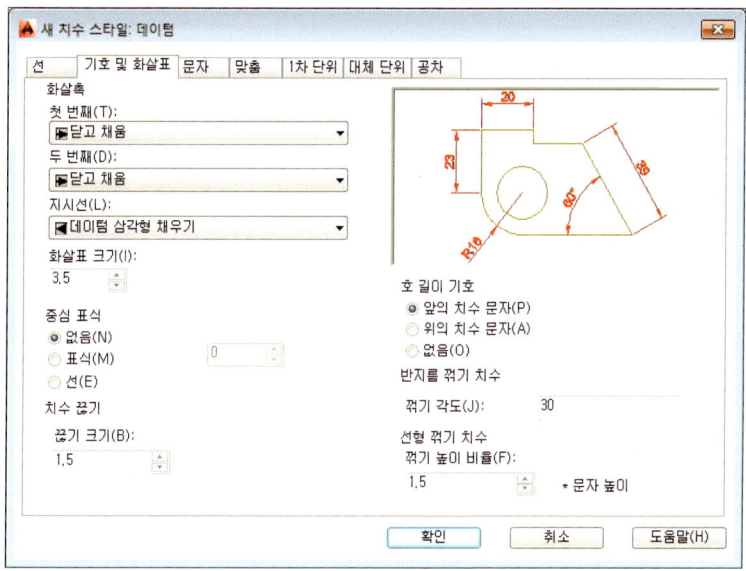

3) 스타일에서 설정된 데이텀 확인

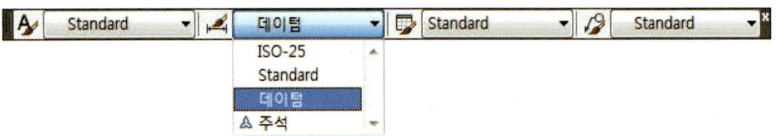

새스타일 이름	기호 및 화살표	스타일 확인하기
데이텀	데이텀 삼각형 채우기	데이텀

4) 데이텀 식별자 기입하기

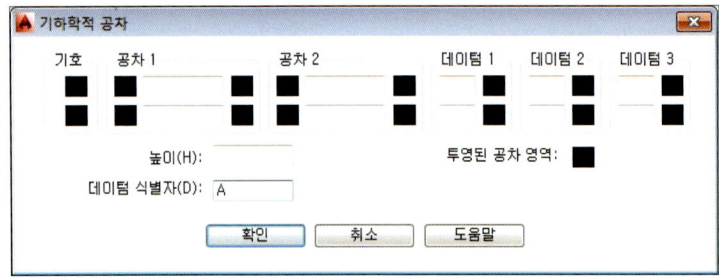

- 명령 : TOLERANCE ↵
- 공차위치 입력 : P1 선택 ↵

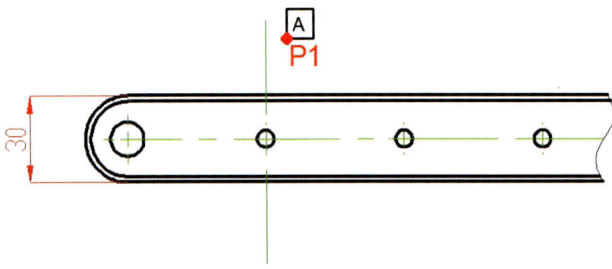

5) 데이텀 삼각기호 및 식별자 기입

스타일에서 설정해 놓은 데이텀 옵션으로 변경한 후 지시선을 이용해 기입한다.

- 명령 : QLEADER ↵
- 첫 번째 지시선 지정, 또는 [설정(S)]〈설정〉 : s ↵
- 첫 번째 지시선 지정, 또는 [설정(S)]〈설정〉 : P1 선택 ↵

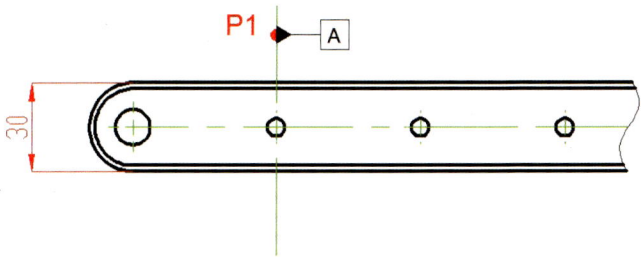

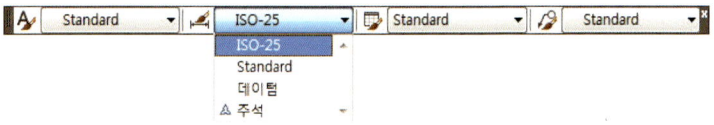

3 기하공차 기입방법

스타일에 설정해 놓은 ISO-25를 선택한 후 지시선을 이용해 기입한다.

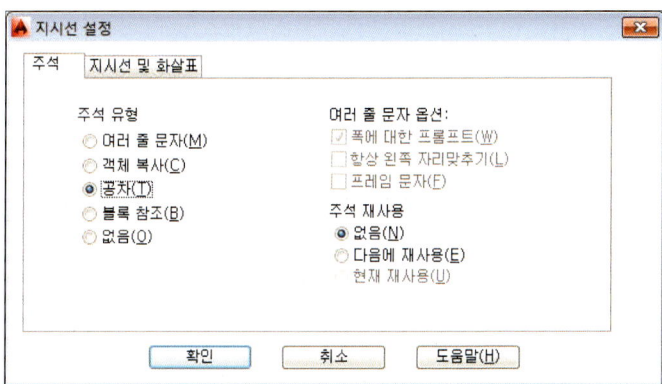

1) 명령 : QLEADER ↵

첫 번째 지시선 지정, 또는 [설정(S)]〈설정〉: s ↵ (공차를 선택하여 옵션 수정)

2) 아이콘에서 공차 아이콘 선택

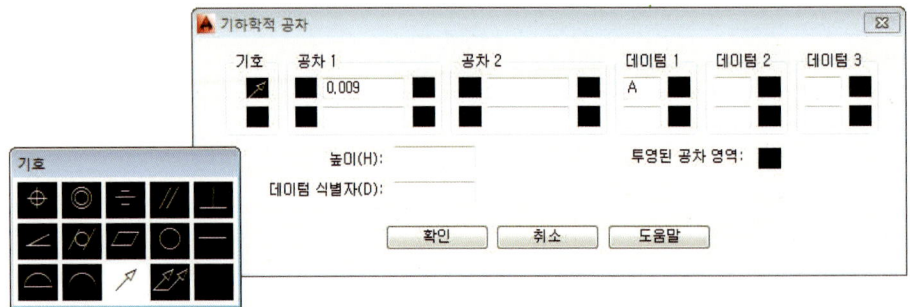

3) 공차 아이콘을 선택하면 기하학적 공차 설정 가능

4) 기하학적 공차를 설정한 후 공차가 위치할 지점 선택

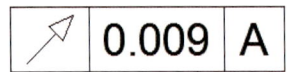

[기하공차 입력 예]

SECTION 14 출력

01 Polt(출력)

원하는 도면 용지를 선택하여 출력한다.

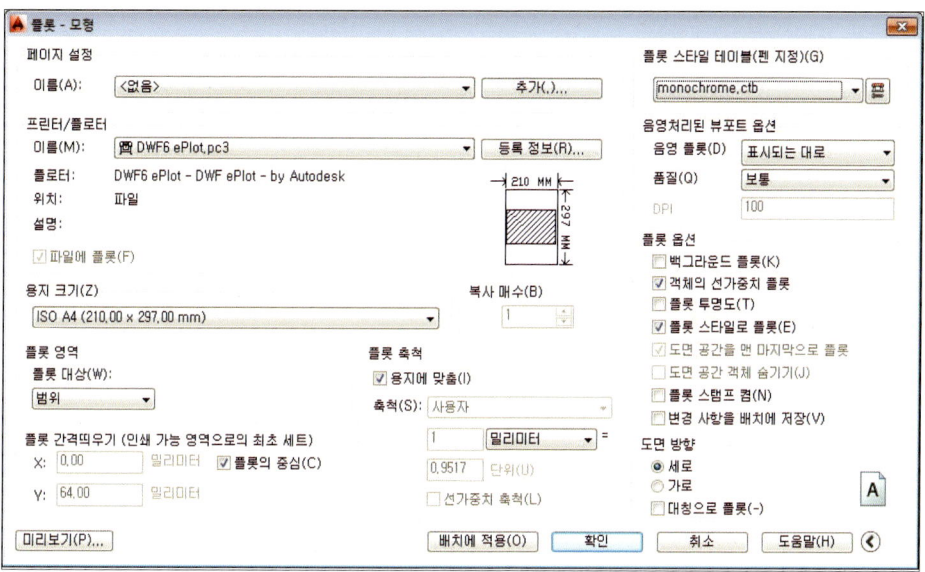

TIP

① 1:1 도면 출력방법 : 플롯 축척 ➡ 용지에 맞춤해제 ➡ 추적(S) : 1:1로 선택한다.
② 3D도면 출력방법 : 음영처리된 뷰포트 옵션 ➡ 음영플롯(D) ➡ 숨김을 선택한다.
③ 한 도면을 여러 장으로 출력하고 싶으면 "복사 매수(B)"에 수량을 체크한다.

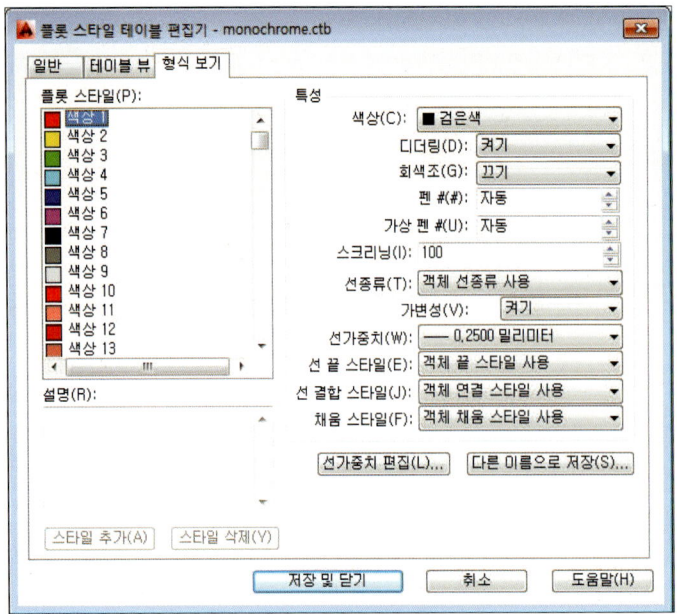

TIP

플롯 스타일은 화면 상에 보이는 도면 요소들의 색상이고, 특성 ➡ 색상(C), 선가중치(W)는 플롯 용지에 출력할 색상과 선 굵기이다. 출력 시 선가중치는 다소 차이가 날 수 있다.

MEMO

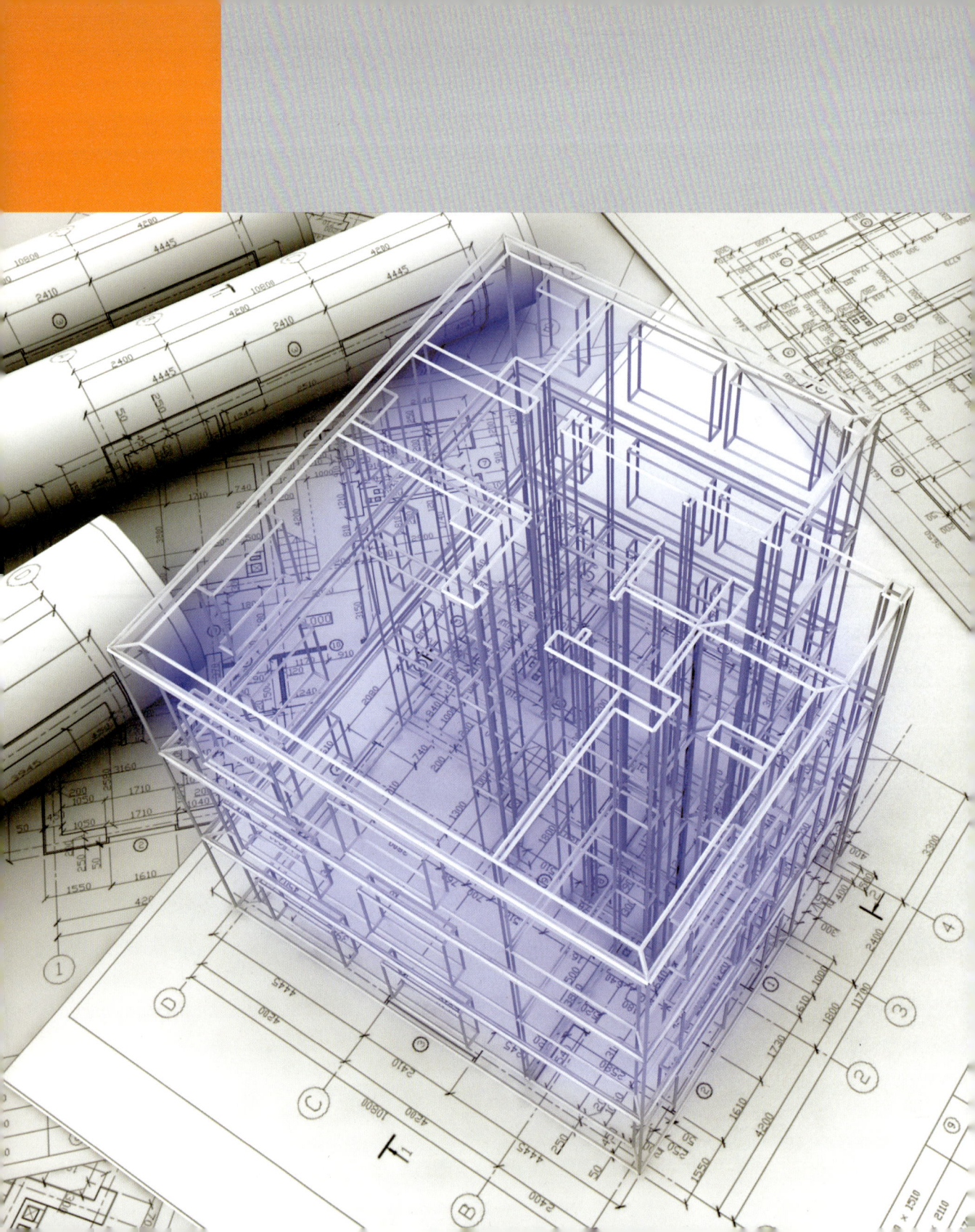

PART 02

국제기술자격증 CADTC 캐드설계기술관리사 가이드북

기초제도 및 삼각도법

SECTION 01 | 기초제도 규격
SECTION 02 | 삼각투상법

SECTION 01 기초제도 규격

제도란 선, 문자, 기호 등을 이용하여 자신의 생각(idea)이나 물체의 모양, 크기, 구조, 재료 등을 그림으로 나타내는 것이다.

1 도면의 종류

1) 용도에 따른 종류

- 제작도 : 제품을 만들거나 건설 구조물을 지을 때에 필요한 정보를 나타낸 도면
- 상세도 : 제작도와 같은 도면의 일부를 확대하여 나타낸 도면
- 설명도 : 제품의 구조와 기능, 사용방법 등을 나타낸 도면

2) 내용에 따른 종류

- 조립도 : 제품을 구성하는 부품들의 조립 상태와 조립 치수 등을 나타낸 도면
- 부품도 : 제품을 구성하는 부품들을 나타낸 도면
- 배선도 : 배선 기구의 위치와 전선의 종류, 굵기, 가닥 수 등을 나타낸 도면
- 배치도 : 대지 위의 건물의 위치, 기계의 설치 위치 등을 나타낸 도면

2 도면의 크기

- 가장 큰 용지 A0 : 가로×세로 = 189mm×841mm
- 용지의 크기 : A0, A1, A2, A3, A4

용지치수	A0	A1	A2	A3	A4
A×B	1,189×841	841×594	594×420	420×297	297×210

3 척도 : 도면에 그린 물체의 크기와 실제 물체의 크기

A(도면에 표시한 대상의 사이즈) : B(물체의 실제크기)

- 축척 : 도면 상의 물체를 실물보다 작게 그리는 방법
- 현척 : 도면 상의 물체를 실물의 크기와 같이 나타내는 방법
- 배척 : 도면 상의 물체를 실물보다 크게 그리는 방법

4 선의 종류와 용도

용도에 따른 명칭	선의 형태	선의 종류	선의 용도
외형선	————————	굵은 실선	대상물이 보이는 부분의 모양을 표시
치수선 / 치수보조선	————————	가는 실선	• 치수를 기입하기 위한 선 • 치수를 기입 하기 위하여 물체에서 끌어낸 선
숨은선	- - - - - - - - -	가는 파선	대상물이 보이지 않는 부분을 나타낸 선 표시
중심선	— - — - — - —	가는 1점쇄선	대상물 및 도형의 중심을 나타낸 선 표시
가상선	— - - — - - —	가는 2점쇄선	인접부분 및 이동하는 부분의 위치를 가상으로 나타낸 선 표시
파단선	∼∼∼∼	가는 실선	대상물의 부분생략 또는 부분단면의 경계를 나타낸 선 표시
해칭선	————————	가는 실선	단면도의 절단면 표시
특수 용도	————————	굵은 실선	특수가공 및 특별한 요구사항을 적용할 수 있는 범위 표시

5 선의 굵기

- 도면의 크기에 따라서 알맞은 것을 이용한다.
- 한 도면에서는 선의 굵기가 같아야 한다.
- 가는 선은 굵은 선의 1/2의 굵기로 한다.
  - 가는 선 : 0.18~0.5mm
  - 굵은 선 : 0.35~1.0mm(가는 선의 약 2배)
  - 아주 굵은 선 : 0.7~2mm(가는 선의 약 4배)

6 윤곽선

도면에는 테두리를 그려서 도면이 파손되거나 더럽혀져서 문자 또는 그림이 지워지는 것을 피하기 위해 KS A 0106(또는 A 5201)에 규정하고 있다. 윤곽에는 원칙적으로 굵기 0.5mm 이상의 실선으로 윤곽선을 마련한다.

7 도면의 위치

도면은 길이방향을 좌우로 놓은 위치를 정위치로 하지만, A4 이하의 도면은 이에 따르지 않아도 좋으며 길이방향을 상하로 하여 사용하는 경우도 많다.

8 표제란

표제란은 도면의 우측 아래 구석에 위치하여 도면번호, 도면명, 척도, 제도기관명, 작성연월일, 제도자 등을 기입한다. 표제란의 크기 또는 형식에 관한 규정은 없지만 대략 각 업체마다 독자적인 형식을 채택하고 있다. 도면을 접어서 보관할 때는 그 접는 크기가 A4가 되도록 하는 것이 원칙이고 이때 표제란이 앞에 나오도록 한다.

9 중심마크

도면의 편의를 위하여 도면에 중심마크를 한다. 중심마크는 용지의 네 변의 중앙에 각각 굵기 0.5mm의 직선으로 그리며, 길이방향으로 연장한 도면 등과 같이 분할하여 마이크로 필름으로 촬영할 필요가 있는 것에 대하여는 한 화면에 촬영하는 영역마다 중심마크를 한다.

10 치수

도면에 기입하는 치수의 단위는 길이와 각도 두 가지가 있다.

1) 치수의 단위

- 길이 : 길이의 단위는 밀리미터(mm)를 사용. 단, 치수 입력 시 단위는 붙이지 않는다.
- 각도 : 각도의 단위는 도(°), 분('), 초 (")를 사용 : 숫자의 오른쪽 윗부분에 기입(예 90°20'30")

2) 치수 기입방법

- 치수 기입 요소 : 치수선, 치수보조선, 화살표, 치수 숫자 등으로 구성
- 도면에 기입되는 치수는 완성된 물체의 치수를 기입
- 치수선과 치수보조선은 가는 실선으로 그린다.
- 치수선은 치수보조선을 사용하여 기입한다.
- 치수선의 양 끝에는 화살표를 붙인다.
- 원호를 나타내는 치수선은 호 쪽에만 화살표를 붙인다.
- 치수선은 외형선과 평행으로 그리고, 치수보조선은 치수선에 수직으로 그린다.
- 치수는 될 수 있는 대로 주투상도에 기입해야 한다.
- 치수는 중복 기입을 피해야 한다.
- 치수는 계산할 필요가 없도록 기입해야 한다.
- 관련되는 치수는 될 수 있는 대로 한곳에 모아서 기입해야 한다.

구분	기호	사용법
지름	Ø	지름치수의 수치 앞에 붙인다.
반지름	R	반지름 치수의 수치 앞에 붙인다.
구의 반지름	SR	구의 반지름 치수의 수치 앞에 붙인다.
정사각형의 변	□	정사각형의 한 변의 치수의 수치 앞에 붙인다.
판의 두께	t	판두께 치수의 수치 앞에 붙인다.
원호의 길이	⌒	원호의 길이 치수의 수치 위에 붙인다
45° 모따기	C	45° 모따기 치수의 수치 앞에 붙인다
이론적으로 정확한 치수	☐	이론적으로 정확한 치수의 수치를 둘러싼다.
참고치수	( )	참고치수의 수치(치수보조 기호를 포함)를 둘러싼다.

02 SECTION 삼각투상법

1 투영법과 종류

제도에서 도면은 아이디어에 의한 대상물이나 실제 존재하는 대상물을 2차원 평면상의 도형에서 완전하면서 명료하게 표현하고, 제3자가 도면을 보고 원래의 대상물을 정확하게 복원하고 표현할 수 있어야 한다. 그렇기 때문에 도면을 작성하는 데 있어서 전체적 형상과 크기, 위치, 치수 등 일정한 규칙에 따른 표현이 매우 중요하다. 대상물을 평면상에 도면화(도형)하는 기법을 투영법이라 한다.

투영법의 종류 중 실제로 제도기법에서 사용하는 평행한 투영선을 이용한 평행 투영이 이용된다.

평행투영에서는 직각투영과 사투영이 있는데 직각투영은 대상물의 한 개 면을 투영면에 평행하게 둔 경우 투영면에 평행한 면의 도형을 정확하게 나타낼수 있게 된다. 몇 개의 투영면을 설정한 정투영에 의한 도형을 그리고 이들을 조합하면 대상물을 평면상에 정확하게 나타낼 수 있다. 이것을 정투영도라고 한다.

2 제1각법과 제3각법

제도의 기본이 되는 정투영도의 투영 및 배치방법으로는 제1각법과 제3각법이 있다. 우리나라에서는 제3각법을 권장하고 있다.

제3각법에서 대상물의 모든 면을 정투영하면 정면도를 중심으로 위쪽이 평면도, 오른쪽이 우측면도, 왼쪽이 좌측면도가 된다.

이에 반해 제1각법에서는 정면도의 오른쪽에 좌측면도가 있고 위쪽에 저면도가 배치되듯이 대상물의 상하, 좌우의 투영도가 실제와는 반대로 배치된다. 설계제도에서는 제3각법을 이용하는 것이 바람직하다.

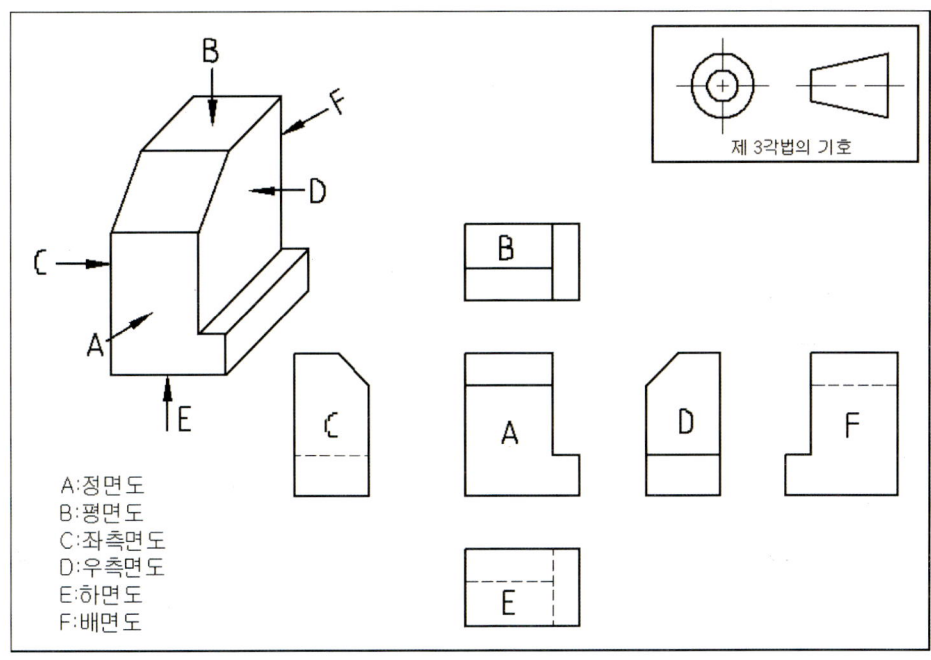

[제3각법]

1) 3면을 그리는 방법

정면도, 평면도 측면도의 3면을 그릴 경우에는 다음에 유의하여 작도한다.

각 투영도의 위치관계는 정면도를 기준으로 하여 수직에 평면도, 수평에 측면도를 배치한다.

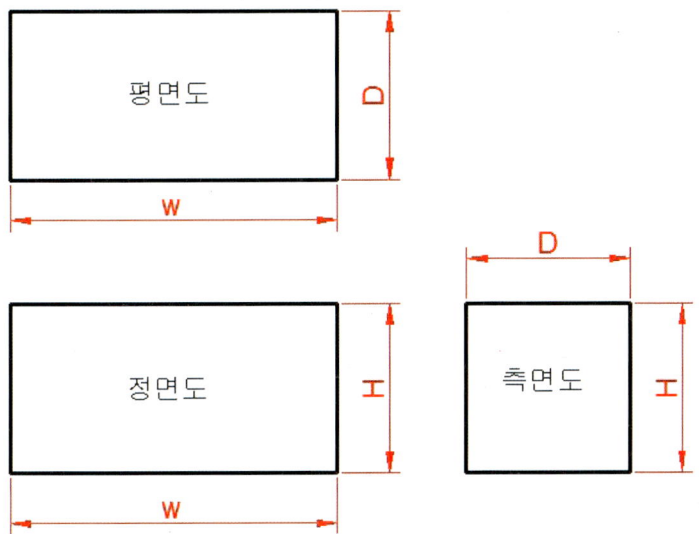

크기에 대해서는 가로 치수는 정면도 및 평면도와 동일, 높이 치수는 정면도 및 측면도에서 동일, 깊이 치수는 평면도 및 측면도에서 동일하다.

3면을 그릴 경우 수평과 수직 방향으로 치수를 이용하여 그릴 때는 비교적 간단하지만 평면도에서 측면도 또는 측면도에서 평면도로 치수를 옮겨 그릴 때는 틀리는 경우가 많다.

일반적인 평면도와 측면도의 관계는 아래와 같다. 45° 보조선을 그으면 평면도와 측면도의 치수를 그릴 수 있게 된다.

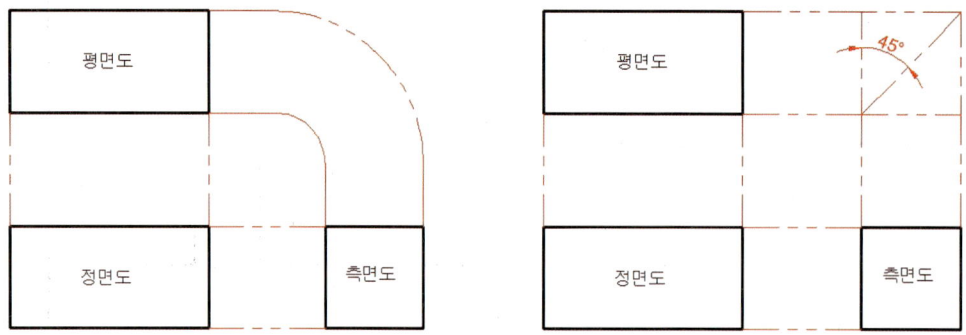

[제3각법의 평면도와 측면도의 관계도]

2) 제3각법에 의한 투상도면 이해

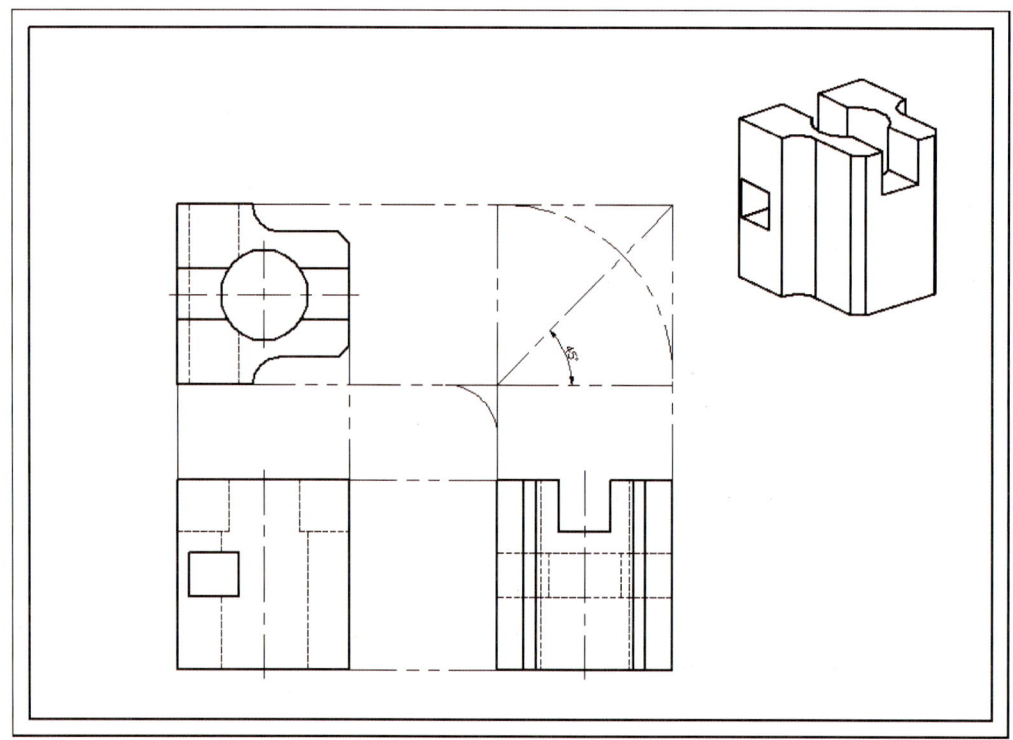

MEMO

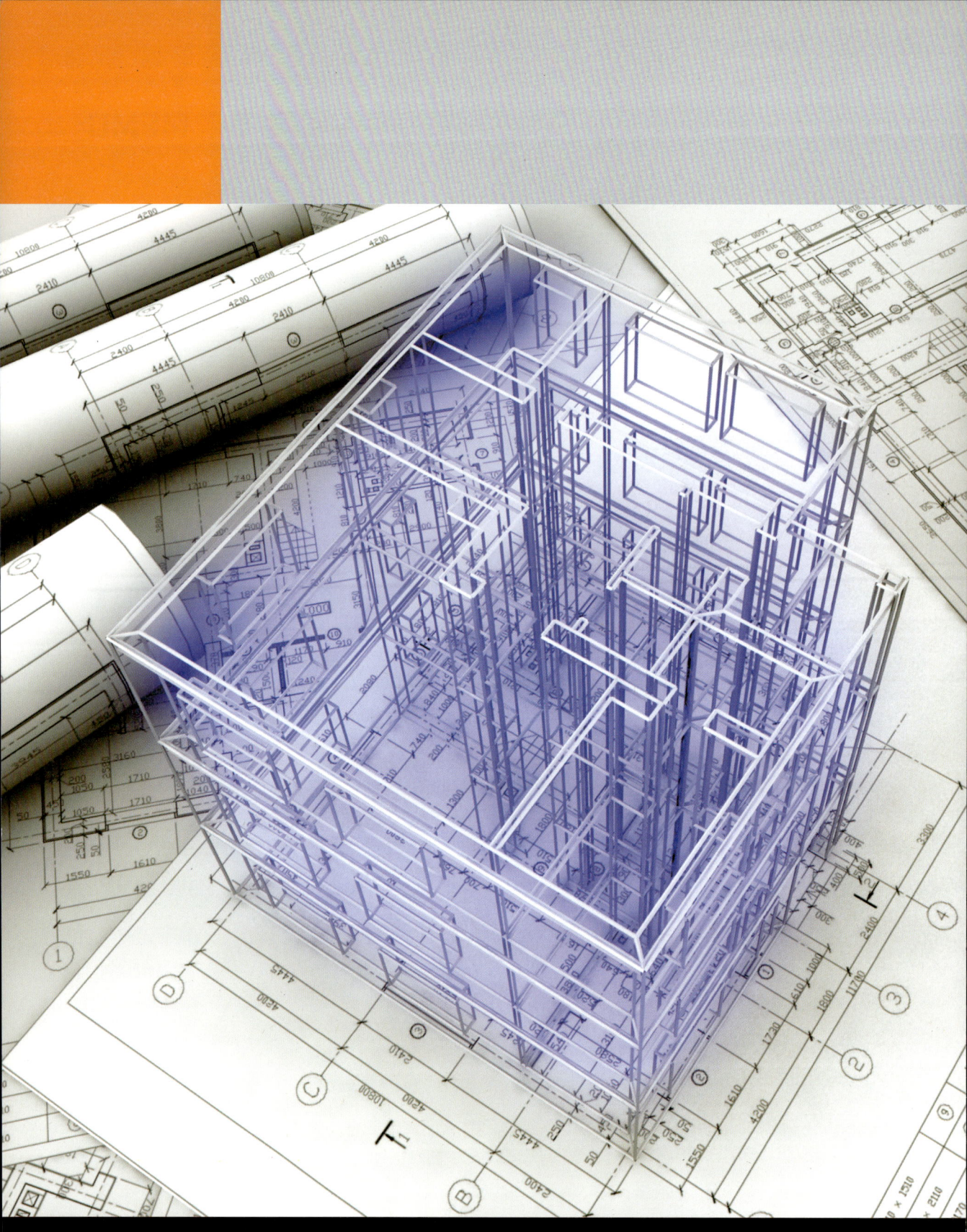

PART 03

국제기술자격증 CADTC 캐드설계기술관리사 가이드북

국제기술자격 CADTC 분석

SECTION 01 | 응시조건 및 시험 접수방법
SECTION 02 | CADTC 설정방법 및 TIPS
SECTION 03 | 유의사항

01 SECTION 응시조건 및 시험 접수방법

1 응시조건

CADTC(Certificate of CAD Drawing Technology Coordinator)자격증은 체계적인 도면생성 및 관리능력을 갖춘 전문인력을 확보하고, 산업현장의 표준화와 생산성 향상에 중점을 두어 국가기간산업 발전에 목적을 둔 것이다. 국내는 물론 국외의 전문교육기관과 협력 및 민간협정을 맺어 유럽 14개국과 아시아 7개국에서 공동시행하고 있으며, 현재 국내에서는 캐드설계기술관리사라는 명칭으로 GstarSoft와 공동으로 시행 및 발급되는 국제공인기술 자격증이다.

시험은 실기시험으로 진행되며 제한시간은 90분으로 CAD의 각종 설정, 조작 및 도면작성 능력과 기초지식을 갖추고 한국정보과학진흥협회의 검정사업단에서 출제한 도면을 작도할 수 있으면 연령, 성별에 상관없이 누구나 응시 가능하다.

2 검정기준

자격종목	등급	검정기준 및 영역
캐드설계 기술관리사 (CADTC)	1급	GstarCAD, ArchiCAD, CADian, AutoCAD, CADkey 등의 프로그램을 활용하여 투상능력, 2D도면화능력, 3D도면화능력, 도면해독능력, 치수 기입의 정확성, 문자표기능력, 도면배치능력, 프로그램운용능력을 평가한다.
	2급	GstarCAD, ArchiCAD, CADian, AutoCAD, CADkey 등의 프로그램을 활용하여 투상능력, 2D도면화능력, 도면해독능력, 치수 기입의 정확성, 문자표기능력, 도면배치능력, 프로그램운용능력을 평가한다.
	3급	GstarCAD, ArchiCAD, CADian, AutoCAD, CADkey 등의 프로그램을 활용하여 투상능력, 2D도면화능력, 도면이해능력, 치수 기입의 정확성, 문자표기능력, 도면배치능력, 프로그램운용능력을 평가한다.

3 합격기준

자격종목	등급	검정방법	검정시행 형태	감점기준 및 영역
캐드설계 기술관리사 (CADTC)	1급	실기평가	90분간 1문항	• 도면의 미완성 : 실격 • 치수의 정확성, 치수누락, 문자누락, 배치상태, 선종류 오류, 불필요한 객체 생성 (각 항목 오류개체 개수 x 2점 감점 / 총점 100점 중 80점 이상)
	2급	실기평가		
	3급	실기평가		

4 감점 주요 내용

자격종목 및 등급	검정방법	검정영역	주요 내용
캐드설계 기술관리사(CADTC) 1급, 2급, 3급	실기	2D드로잉	S/W 명령어를 이용하여 기계 또는 건축 도면 완성
		2D드로잉	S/W 명령어를 이용하여 2차원 물체를 작성
		도면해독	삼각투상법을 이용하여 도면의 가독성과 3차원투시 설정을 바탕으로 2차원과 3차원 도면 해독
		프로그램 활용	S/W 활용에 따른 기본적인 지식능력

5 시험 접수방법

❶ CADTC 시험은 온라인에서 접수하는 것을 원칙으로 한다. http://cad.or.kr에 접속 후 시험응시 메뉴를 선택해 접수자가 원하는 시험명과 시험일, 고사장을 확인하고 응시하기를 선택한다.

❷ 원하는 지역을 선택하여 지정고사장이 선택되면 접수자의 인적사항을 작성하여야 하는데, 이때 본인의 영문이름을 정확하게 기입한다.

❸ 단계마다 정확히 작성하여 수험표를 출력하고, 수험번호와 사진, 고사장을 확인한다.(등록된 사진은 자격증 발행 시 사용되므로 규격에 맞는 사진을 사용하여야 함)

❹ 시험당일 수험표, 신분증(주민등록증, 운전면허증, 학생증, 여권)을 가지고 시험시작 20분 전에 고사장에 입실한다.

• 신분증이 없을 경우 대리시험으로 간주되어 시험에 응시할 수 없다.

❺ 다음 부정행위로 적발 시에는 실격처리되니 유의한다.
- http://cad.or.kr의 시험보기 페이지 외에 다른 창을 열어 놓거나 실행한 경우
- 각종 메신저에 접속하여 타인과 대화하는 경우
- 모니터에 자를 대거나 종이, 손으로 측정을 하는 경우
- 프로그램 안에 문제 이미지를 삽입하여 그리는 경우
- 각종 전자기기를 사용하는 경우(휴대폰, 계산기 등)

SECTION 02 CADTC 설정방법 및 TIPS

CADTC 시험환경 설정방법에 대하여 알아본다.

1 도면규격 설정

CADTC 시험에서는 A3 사이즈로 도면을 작성하고 출력할 때는 A3 용지로 출력한다.

(단, 일부 문제에 따라 A4 사이즈를 적용하기도 함)

LIMITS(도면한계) 설정

- 명령(Command) : LIMITS ↵
- 왼쪽 아래 구석 지정 또는 [켜기(ON)/끄기(OFF)] 〈0.0000,0.0000〉: ↵
- 오른쪽 위 구석 지정 〈420.0000,297.0000〉: 420,297 ↵

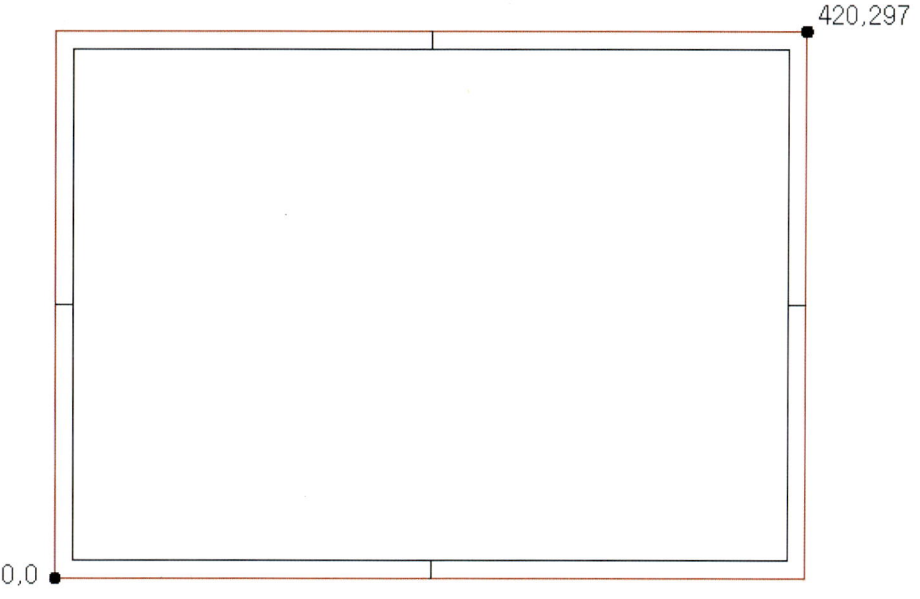

TIP

KS에서 규정한 제도용지 사이즈(단위 : mm)

용지 사이즈	A0	A1	A2	A3	A4
A×B	841×1189	594×841	420×594	297×420	210×297

2 ZOOM(확대/축소)

명령 : ZOOM ↵

윈도우 구석을 지정, 축척 비율(nX 또는 nXP)을 입력, 또는 [전체(A)/ 중심(C)/ 동적(D)/ 범위(E)/ 이전(P)/ 축척(S)/ 윈도우(W)/ 객체(O)]〈 실시간〉: a ↵

3 Layer 설정

도면층 이름	색상	선 종류	비고
0	흰색	Continuous	윤곽선, 중심마크, 문자, 표제란, 주서문(NOTE)
외형선	흰색	Continuous	
중심선	빨간색(1)	Center2	
숨은선	선홍색(6)	Hidden2	
치수선	초록색(3)	Continuous	
가상선	파란색(5)	Phantom2	
해칭선	하늘색(4)	Continuous	
Mview	노란색(2)	Continuous	

*선가중치는 적용하지 않는다.(출력에서 선가중치 적용)

4 STYLE(문자 스타일) 설정

명령 : STYLE

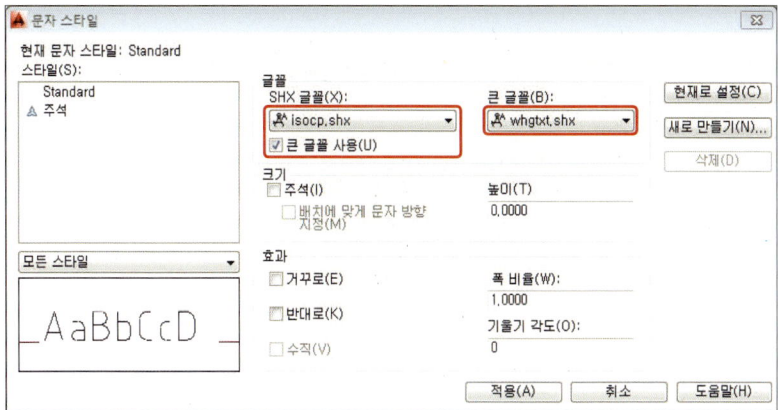

KS규격에 맞는 Style 설정

스타일 이름	영문 글꼴	한글 글꼴	높이
Standard	isocp.shx, romans.shx	whgtxt.shx, 굴림체	0

5 치수 스타일 설정

명령 : ddim ↵

1) 치수 스타일 관리자에서 ISO-25 선택 후 수정(M) 선택

2) 선 설정

치수선 및 치수보조선 색상(R)	기준선 간격(A)	치수선 너머로 연장(X)	원점에서 간격 띄우기(F)
빨간색 또는 흰색	8mm	2mm	1mm

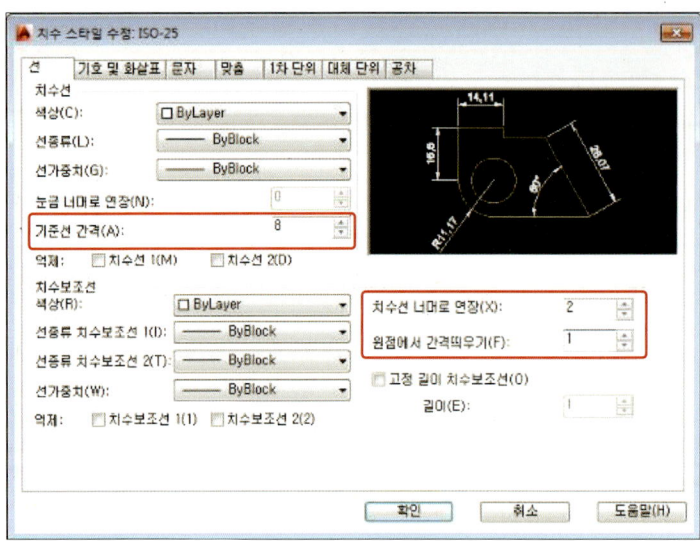

3) 기호 및 화살표 설정

화살표 크기(I)	중심표식	치수 끊기	호길이 기호	반지름 꺾기 치수
3.5mm	없음	1.5mm	위의 치수문자	30

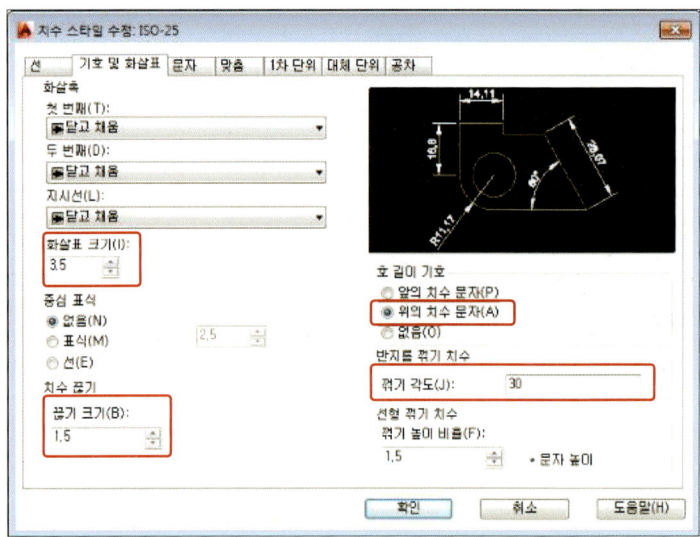

4) 문자 설정

문자 스타일 (Y)	문자 색상 (C)	채우기 색상 (L)	문자높이 (T)	문자배치 (수직)	문자배치 (수평)	치수선에서 간격 띄우기 (O)	문자정렬 (A)
standard	Bylayer	배경	3.5mm	위	중심	0.8~1mm	치수선에 정렬

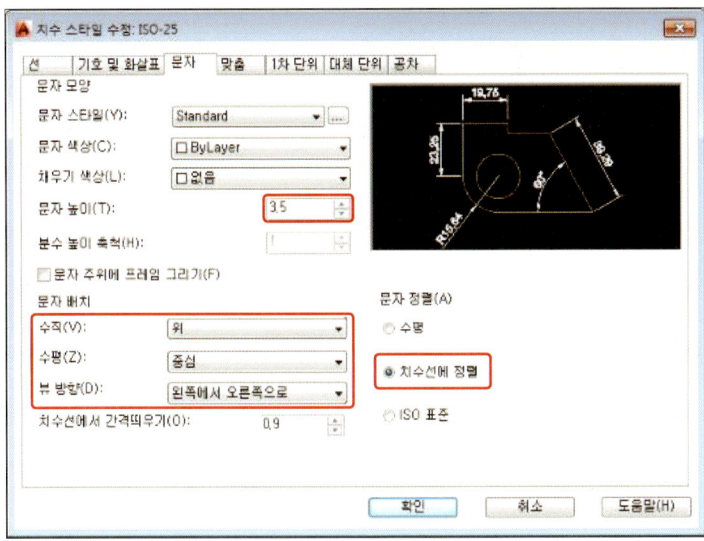

5) 맞춤 설정

맞춤옵션	문자배치	치수피쳐축척	최상으로 조정(T)
문자 또는 화살표 (최대로 맞춤)	치수선 옆에 배치(B)	전체 축척 사용(S)	치수보조선 사이에 치수선 그리기(D)

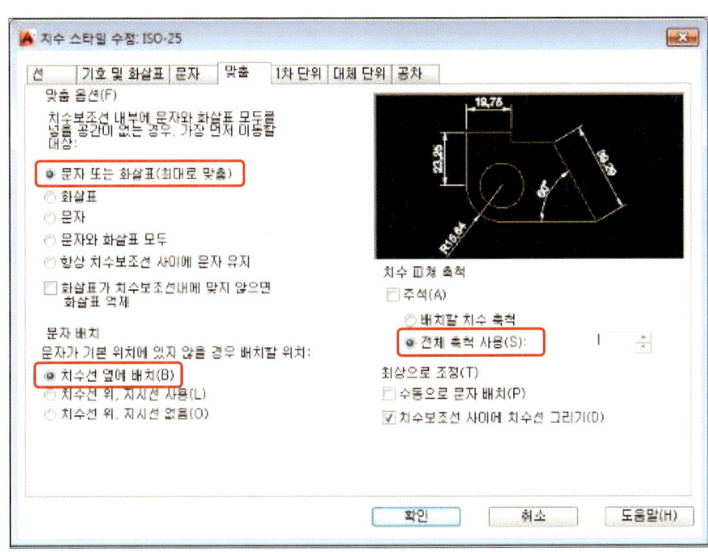

6) 1차 단위 설정

단위형식	정밀도(P)	반올림(R)	소수 구분 기호(C)
십진	0.00	0	'.'(마침표)

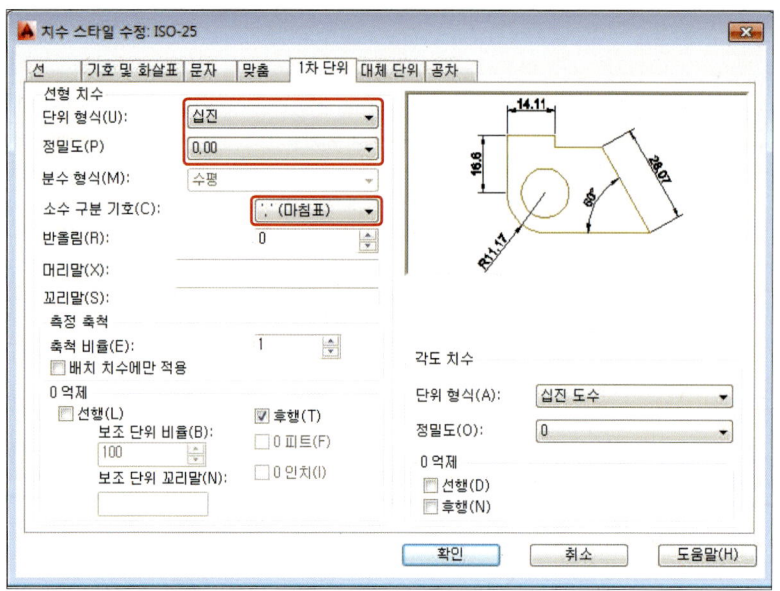

7) 기타 치수변수 설정

- 명령 : DIMTOFL
  DIMTOFL에 대한 새 값 입력
  〈켜기〉: 1(on) ↵

- 명령 : DIMTIX
  DIMTIX에 대한 새 값 입력
  〈끄기〉: 1(on) ↵

- 명령 : DIMTOH
  DIMTOH에 대한 새 값 입력
  〈끄기〉: 0(off) ↵

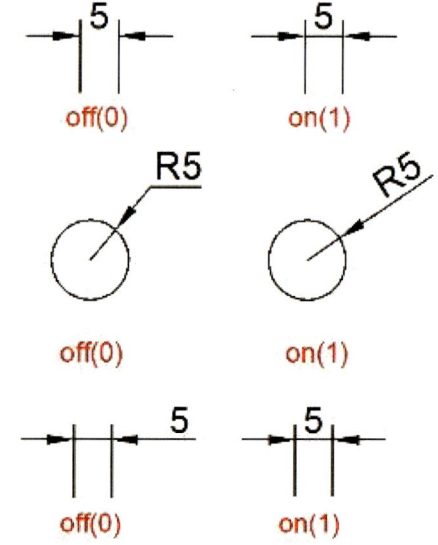

6 POLT 설정

1) 플롯 설정

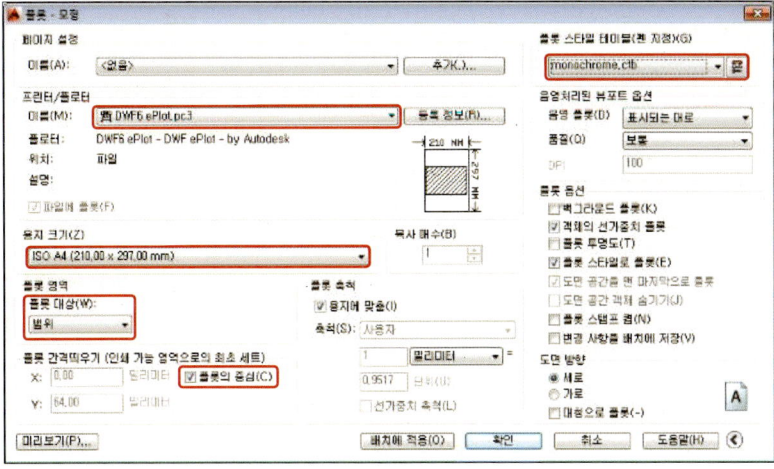

프린터/ 플로터	용지 크기	플롯 대상	플롯 간격 띄우기	플롯 축척	플롯 스타일 테이블 (펜지정)	미리보기
DEF eplot.pc3	A3 또는 A2	범위	플롯의 중심	용지에 맞춤	monoch rome.ctb	확인 후 플롯

2) 플롯 스타일 테이블 편집기

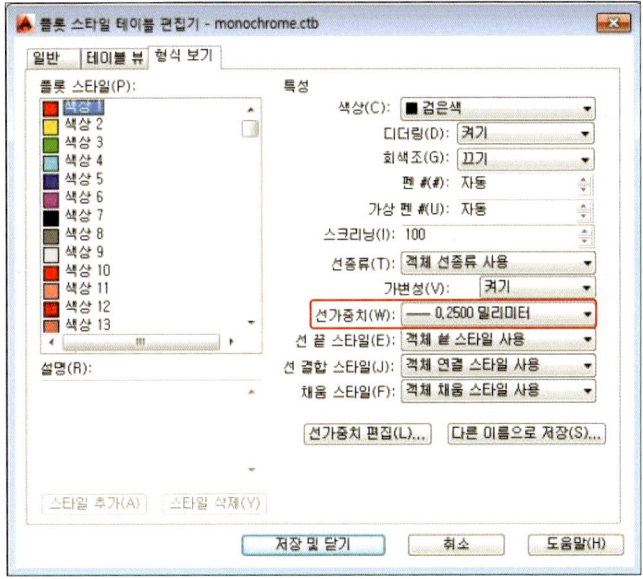

플롯 스타일	색상(C)	선가중치(A3, A2)
빨간색(1)	검은색	0.18~0.25
선홍색(6)	검은색	0.3~0.35
초록색(3)	검은색	0.3~0.35
하늘색(4)	검은색	0.3~0.35
흰색(7)	검은색	0.5~0.6

7 Layout(배치탭) 설정

1) 배치탭 옵션 설정

도구메뉴 ➡ 옵션을 클릭하여 화면표시 탭에서 배치요소를 설정한다.

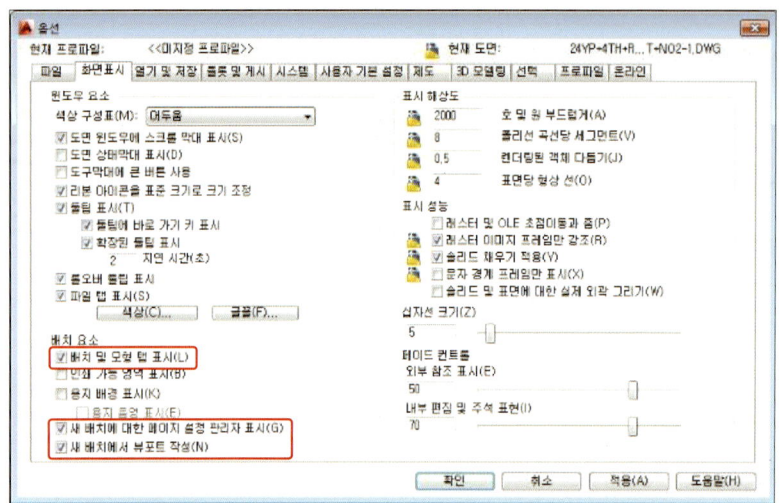

배치 및 모형탭 표시(L)	인쇄가능 영역 표시(B)	용지배경 표시(K)	새 배치에 대한 페이지 설정 관리자 표시(G)	새 배치에서 뷰포트 작성
체크	미체크	미체크	체크	체크

2) 배치탭에서 Limits(도면한계) 재설정

- 명령 : LIMITS
- 도면공간 한계 재설정
- 왼쪽 아래 구석 지정 또는 [켜기(ON)/끄기(OFF)] ⟨−20.00,−7.50⟩ : 0,0 ↵
- 오른쪽 위 구석 지정 ⟨277.00,202.50⟩ : 420,297 ↵

3) RECTANG(사각형) 명령을 사용하여 도면의 윤곽선을 작성하고, 윤곽선 중심에 중심마크를 작성한다. 이때 윤곽선은 전체 도면 사이즈의 10mm 안쪽에 작도한다.(Layer는 0번에 작성)

- 명령 : RECTANG
- 첫 번째 구석점 지정 또는 [모따기(C)/고도(E)/모깎기(F)/두께(T)/폭(W)] : 0,0 ↵
- 다른 구석점 지정 또는 [영역(A)/치수(D)/회전(R)] : 420,297 ↵

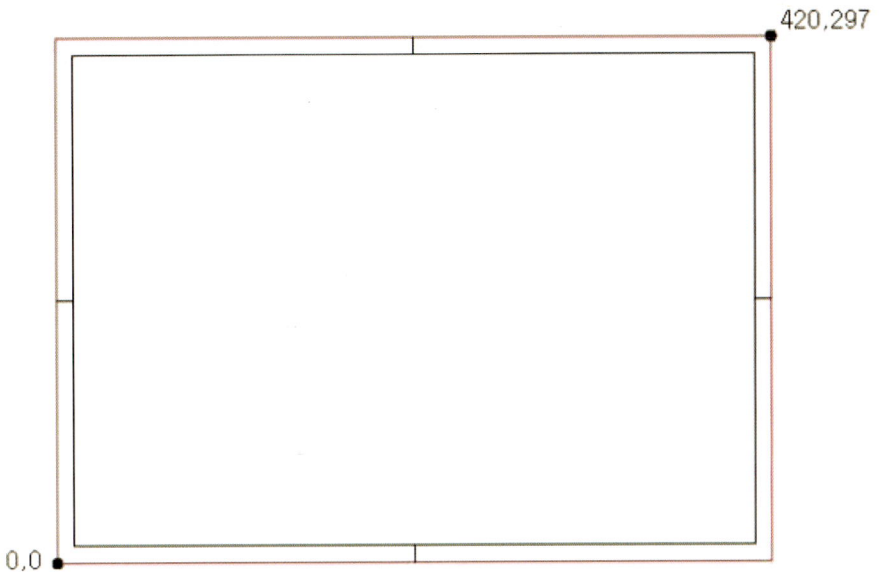

4) MTEXT(문자) 명령으로 주서문을 작성한다. 문제지에 주어진 내용을 입력하되 오타가 있을 시 감점처리된다.(Layer는 0번에 작성)

5) MTEXT(문자) 명령과 LINE 명령으로 표제란을 작성한다. 이때 위치는 오른쪽 하단부분이고 문제지에 설정되어 있는 사이즈로 하며 문자사이즈는 3.5이다.(Layer는 0번에 작성)

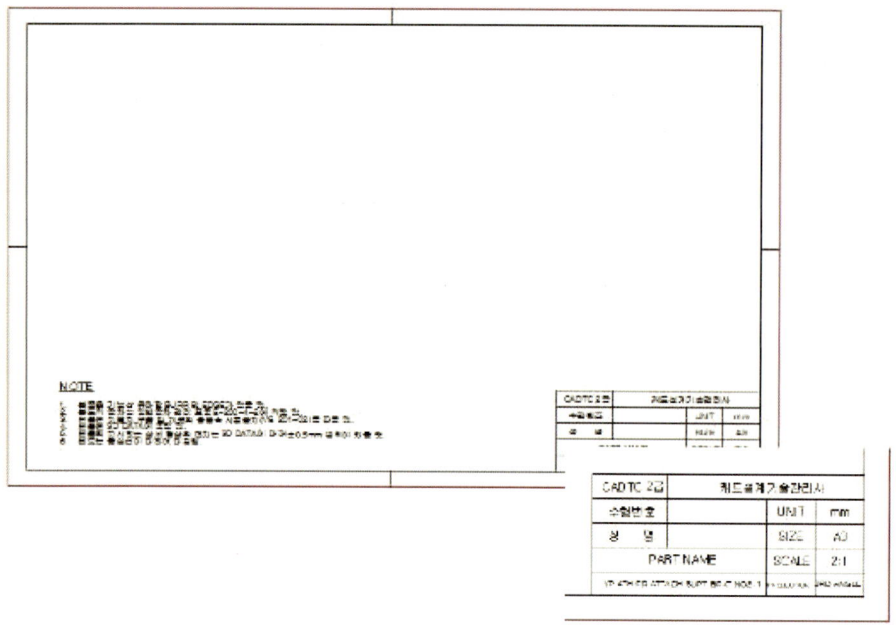

6) Mview 레이어를 선택하고 뷰포트를 생성한다.

- 명령 : MVIEW ↵
- 뷰포트 구석 지정 또는 [켜기(ON)/끄기(OFF)/맞춤(F)/음영플롯(S)/잠금(L)/객체(O)/폴리곤(P)/복원(R)/도면층(LA)/2/3/4] 〈맞춤(F)〉 : P1부터 P2까지 선택 ↵
- 반대 구석 지정 : 모형 재생성 중

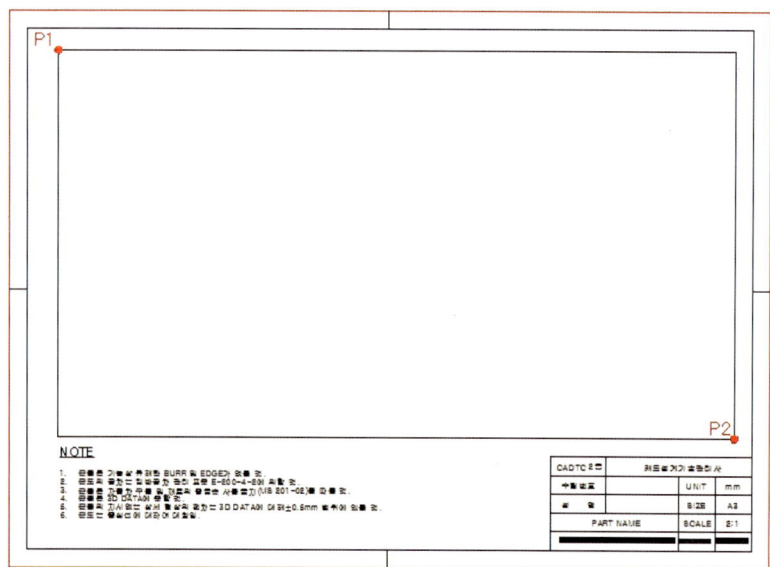

7) 뷰포트가 생성된 화면을 더블클릭하면 도면공간으로 이동하게 되어 확대도를 설정할 수 있다. 이때 ZOOM 명령과 PAN 명령으로 확대와 위치를 설정한다.

8) 표제란 Scale이 1:1로 되어 있는 경우 뷰포트 축척에서 1:1을 선택하고 2:1로 되어 있는 경우 뷰포트 축척에서 2:1을 선택하면 축척이 적용된다.

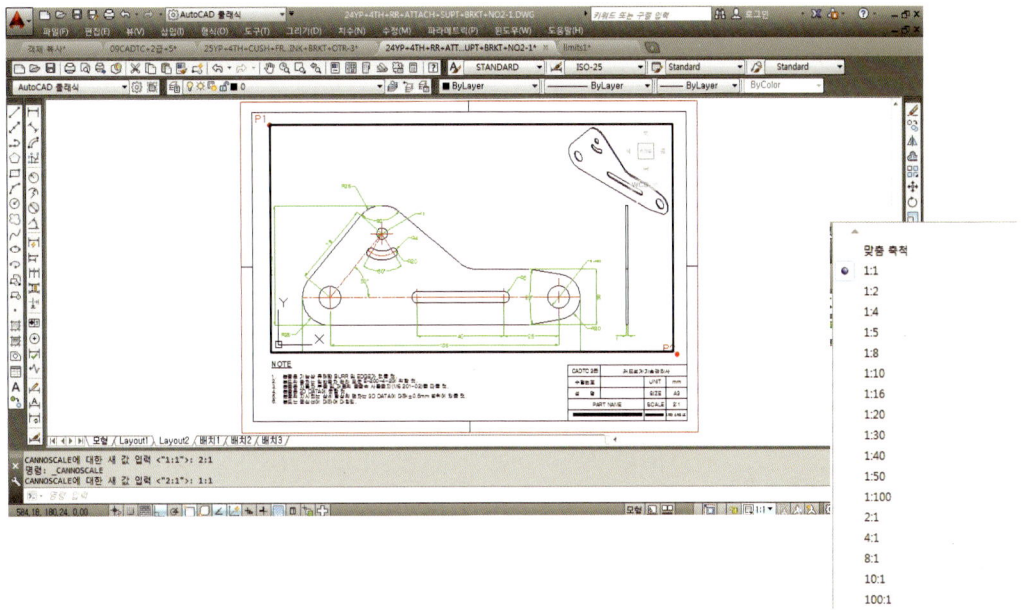

9) 뷰포트 생성과 설정이 다 되었다면 레이어 관리자 창에서 MVIEW 레이어를 동결시킨다.

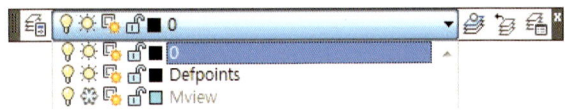

SECTION 03 유의사항

1) 고사장 입실 후 프로그램 작업환경

시험시작 20분 전 고사장 입실 후 인터넷을 통한 자격증 시험의 특징을 고려하여 먼저 인터넷 접속이 잘 되는지 확인한다.

2) 프로그램 환경설정이 평소와 다를 수 있기 때문에 미리 확인하고 작업환경을 설정해 놓는 것이 좋다.

3) 명령행이 잘 위치하고 있는지 확인한다. 이때 명령행이 사라져 있다면 Ctrl + 9 단축키를 이용하여 생성하면 된다.

4) 객체 선택 시 중복선택이 되는지 확인한다. 중복선택이 안 된다면 시스템 변수 pickadd를 입력 후 값=1로 설정한다.

5) delete key를 사용하여 객체 삭제가 되는지 확인한다. 삭제가 안 될 경우 옵션창의 선택모드에서 명사/동사 선택에 체크하면 된다.

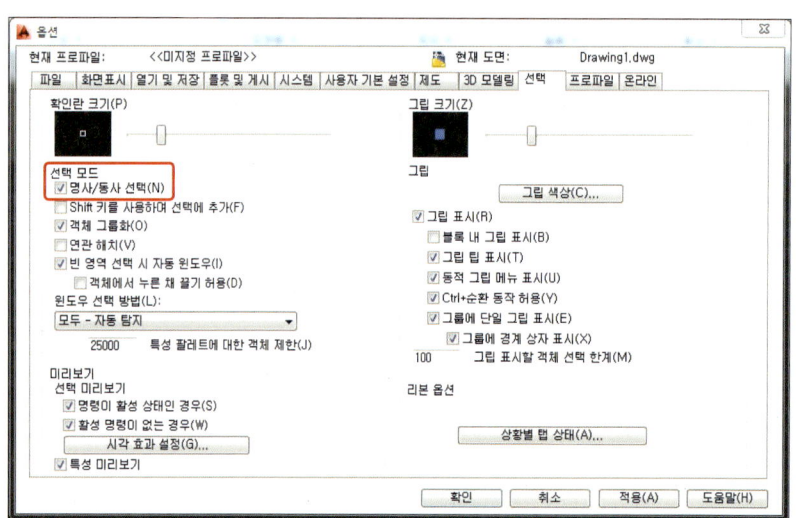

6) 수험번호와 자동저장은 설정이 되었는지 확인한다.

- 제출할 파일명은 자동으로 생성(단, 네트워크 에러에 대비하여 응시하는 컴퓨터의 바탕화면에 수험번호.dwg로 저장하시오.), 도면 자동저장시간(Autosave)을 10으로 설정한다.

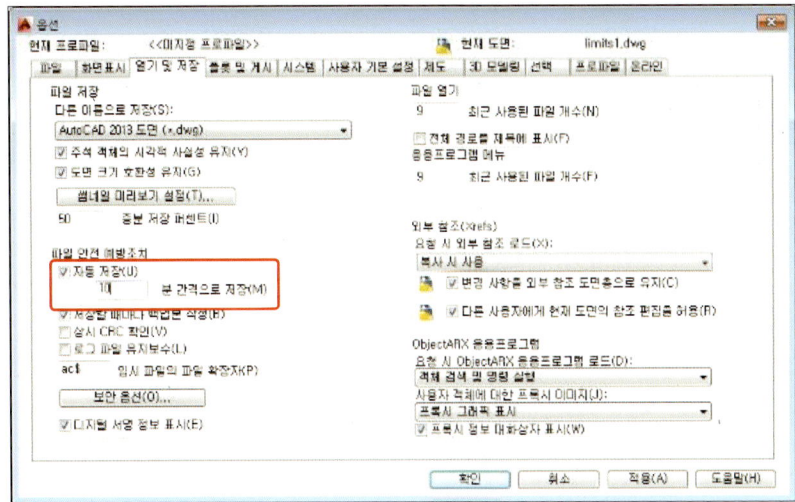

- 도면과 관련이 없는 객체들은 제도하지 마시오.(감점의 원인이 됨)
- 도면이 미완성이거나 저장내용이 없는 경우 실격처리됨
- 작성요령에 언급되지 않는 부분은 임의로 작도하되 일반상식에 따름
- 주어진 문제를 CAD프로그램을 이용하여 표제란에 제시된 용지, 척도, 각법에 맞게 제도하시오.
- 도면의 윤곽선, 중심마크, 표제란은 도면에 기입되어 있는 형태로 제도하시오.('0번 레이어'에 작성)
- 선의 종류(Layer)는 반드시 다음 표에서 지정한 색상, 굵기, 용도를 구분하여 제도하시오.

도면층 이름	색상	선 종류	비고
0	흰색	Continuous	윤곽선, 중심마크, 문자, 표제란, 주서문(NOTE)
외형선	흰색	Continuous	
중심선	빨간색(1)	Center2	
숨은선	선홍색(6)	Hidden2	
치수선	초록색(3)	Continuous	
가상선	파란색(5)	Phantom2	
해칭선	하늘색(4)	Continuous	
Mview	하늘색(4)	Continuous	

- 문자 크기는 3.5(단, 칸 밖으로 벗어날 때는 2.5)로 하되 제목 부위는 5로 제도하시오.
- 별도의 지시가 없는 한 출력 형태를 기준하여 제도하시오.(단, 치수의 모양과 위치는 상이하여도 무관)

- 3D Modeling 부분은 참고사항일 뿐 제도할 필요 없음
- Auto CAD(Dim Style)은 출제 문제 기준으로 설정할 것(Auto CAD 기준)
- Auto CAD 프로그램이 아닌 다른 소프트웨어일 경우 위의 사항에 준하여 제도할 것

7) 기타
- 부정행위
  - 미리 작성된 도면 또는 Block(도면양식, 표제란, 부품란, 주서 등)을 사용할 경우
  - 채점 시 도면 내용이 다른 수험자와 일부 또는 전부가 동일한 경우
- 미완성
  - 시험시간 내에 요구사항을 완성하지 못한 경우
  - 수험자의 장비조작 미숙으로 파손 및 고장을 일으킨 경우

8) 객체 중 하나의 직선이나 원호는 하나의 객체로 이루어져야 한다. 만약 하나의 선분이 나누어져 있다면 불필요한 객체로 인식되어 감점처리된다.

9) 도면의 모든 객체(치수 기입 포함)는 반드시 모형공간에서 작도하며 윤곽선, 표제란, 중심마크, 주서는 배치탭에서 Layer 0번에 작성한다.

10) 제출된 도면 채점 시 실격사항
- 도면의 모든 객체를 모형공간이 아닌 도면공간에서 작성한 경우
- 도면공간(배치탭)에서 Mview(뷰포트 작성)를 사용하지 않은 경우
- 모형공간에서 객체 작성 시 선이 누락된 경우
- 모형공간에서 치수를 입력할 때 기입한 부분이 50% 미만인 경우

MEMO

COMPUTER AIDED DESIGN

PART 04

국제기술자격증 CADTC 캐드설계기술관리사 가이드북

기초도면
실습예제

기초도면 01

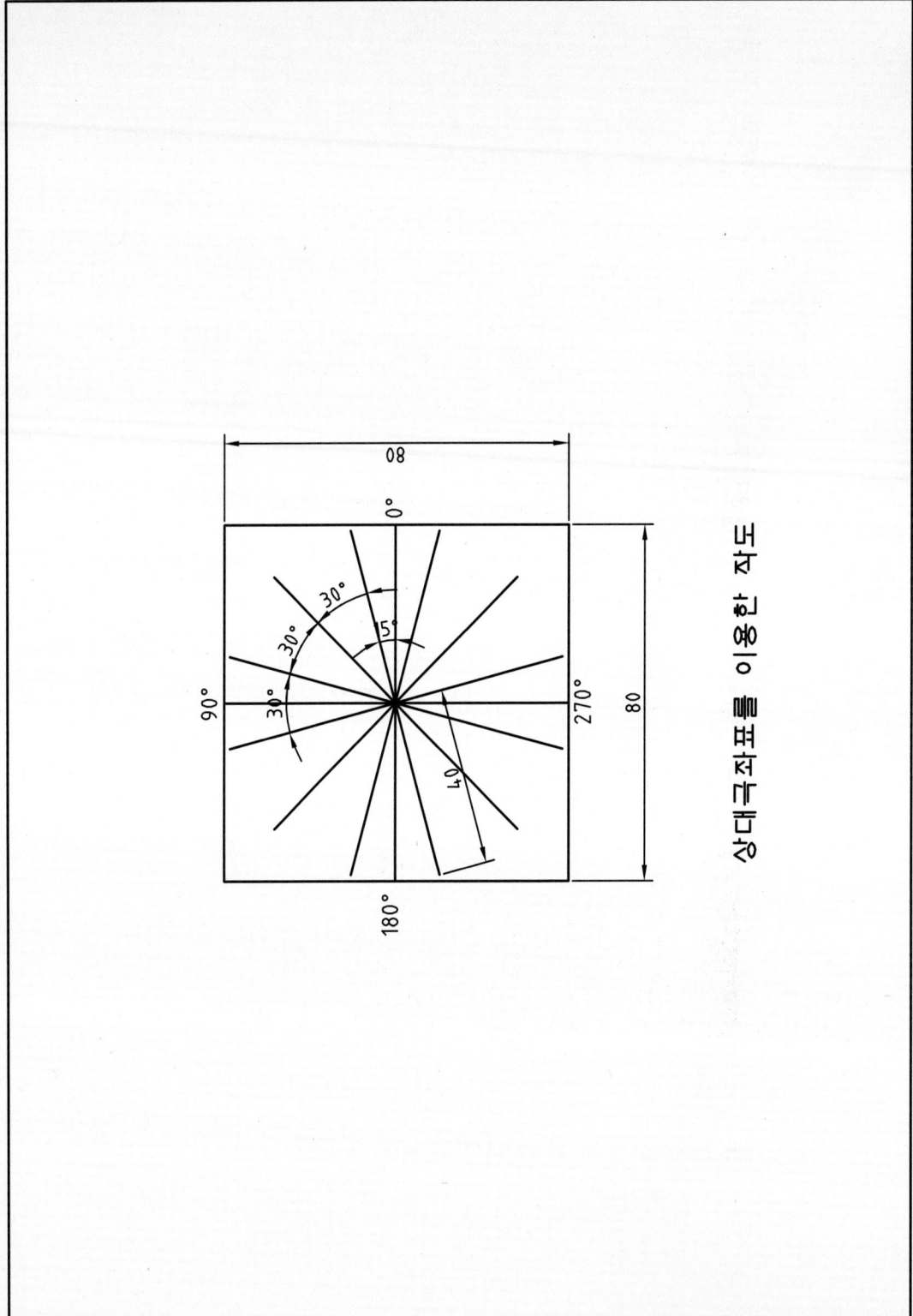

기초도면 02

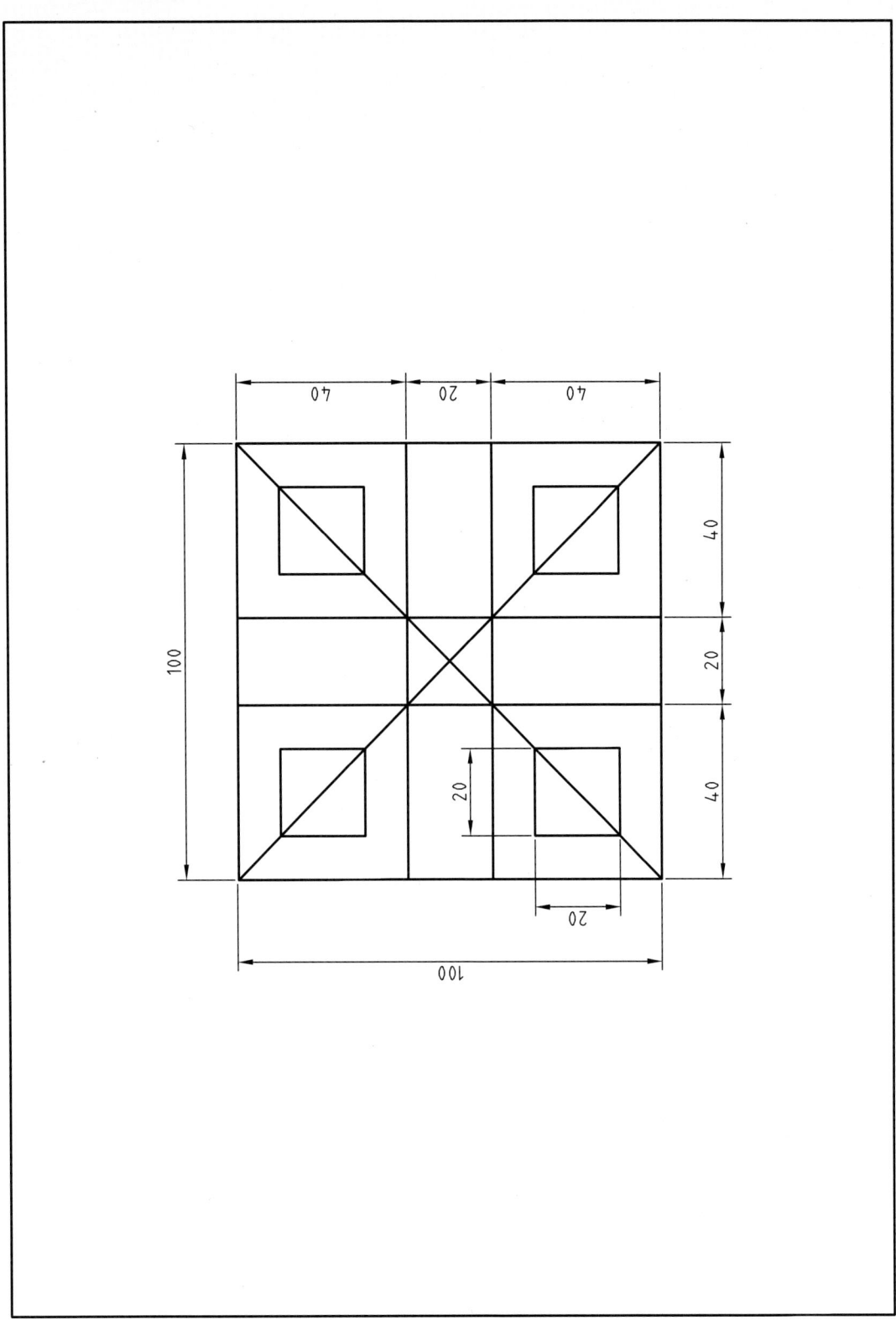

기초도면 03

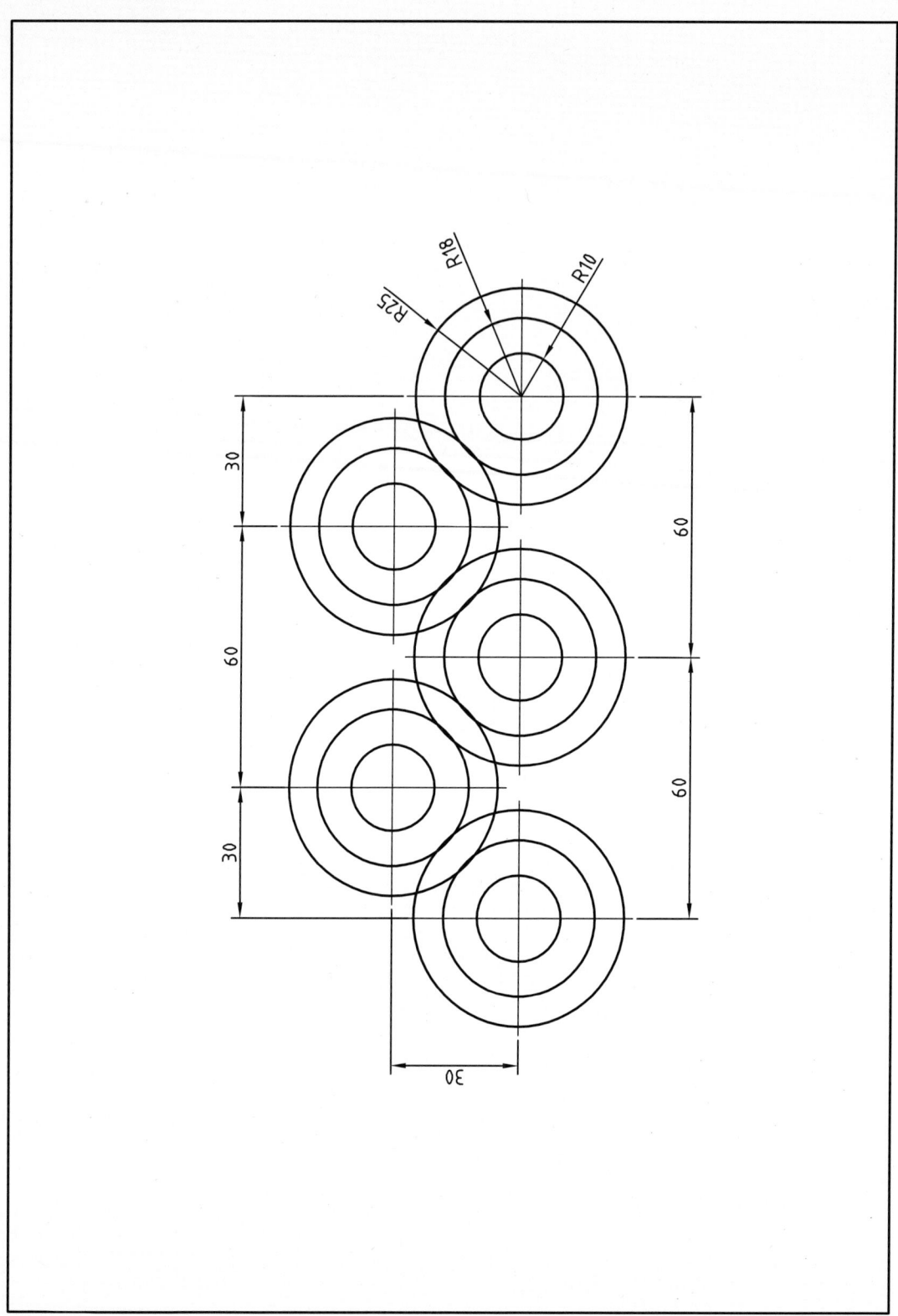

기초도면 04

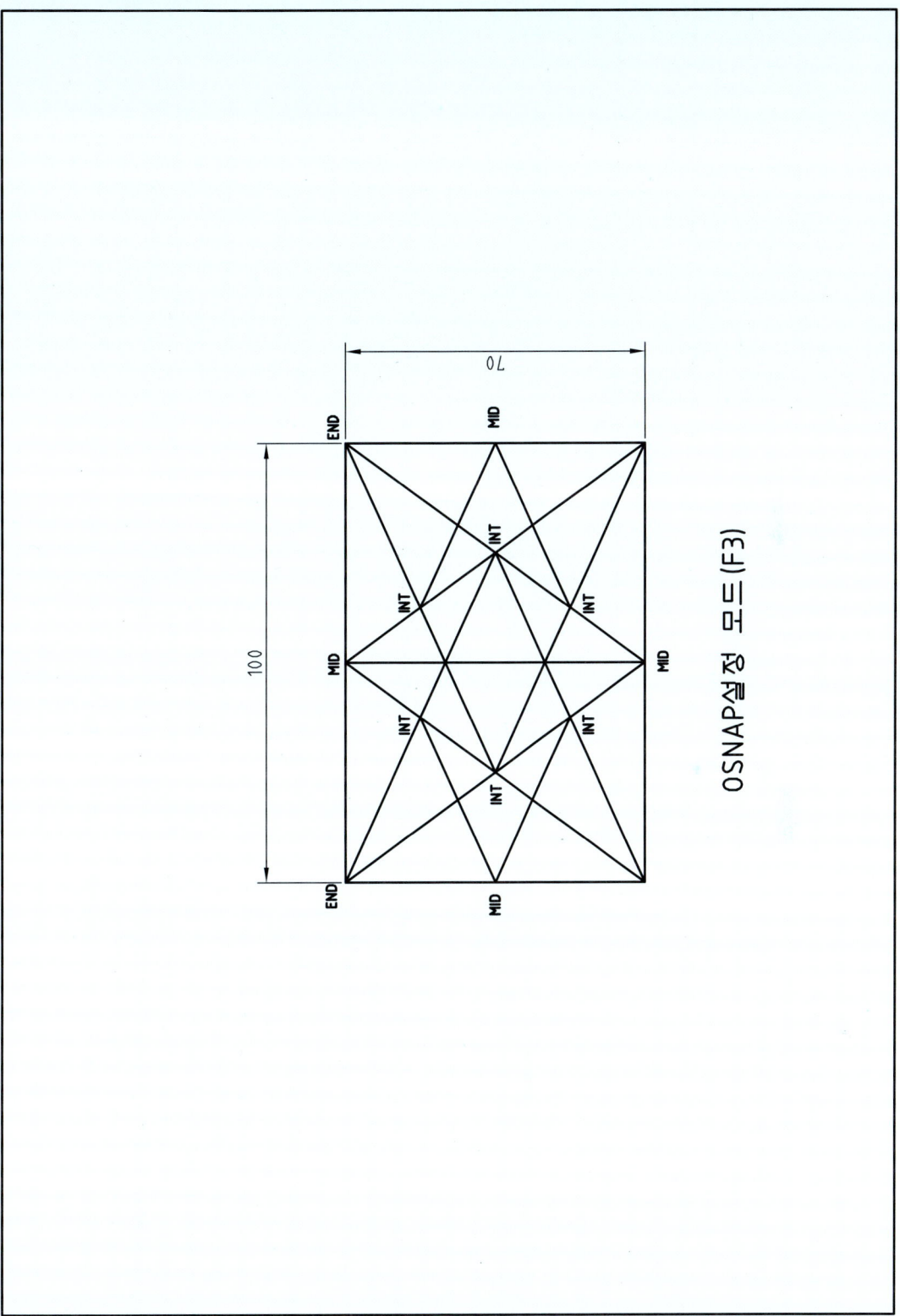

기초도면 05

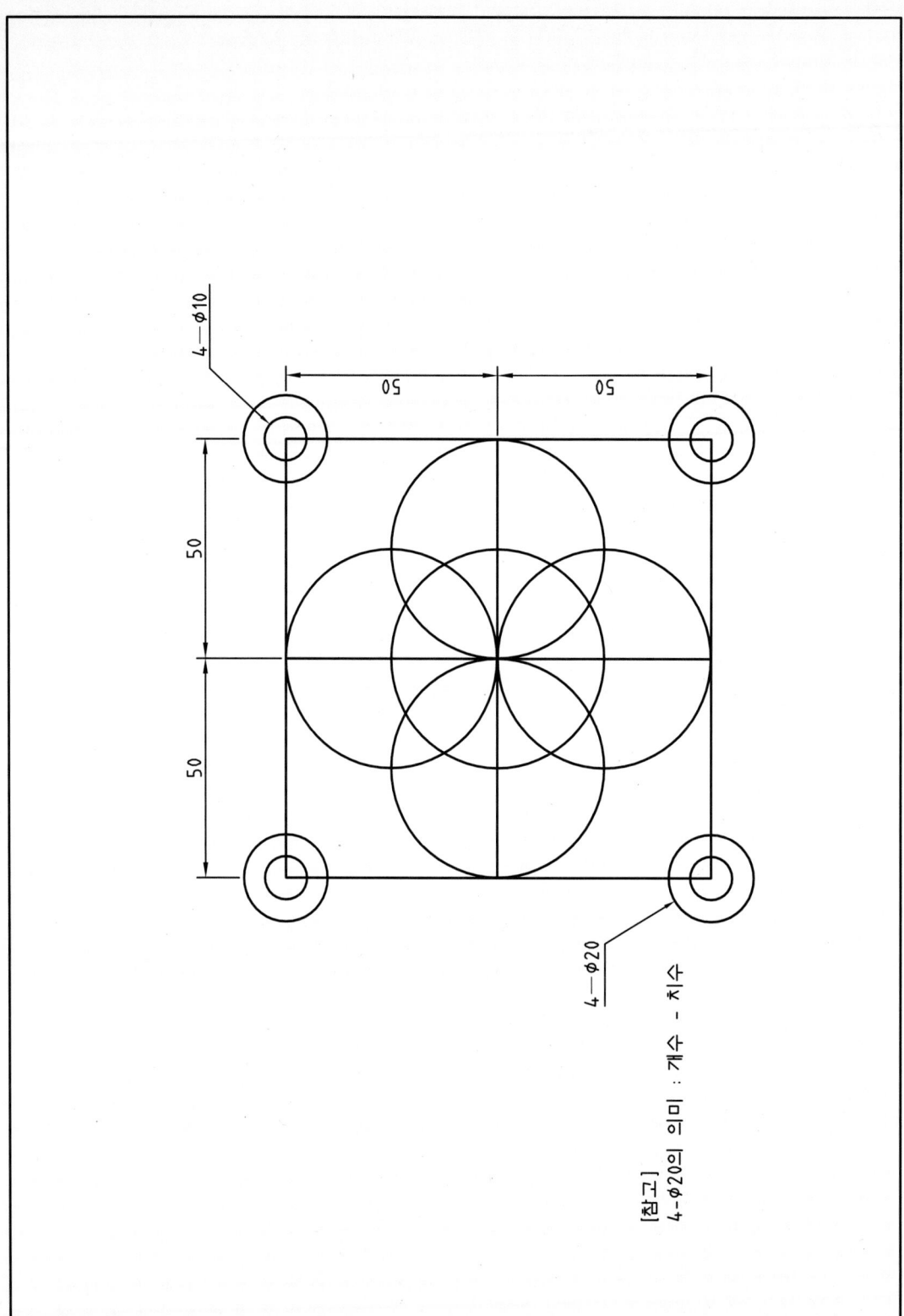

기초도면 06

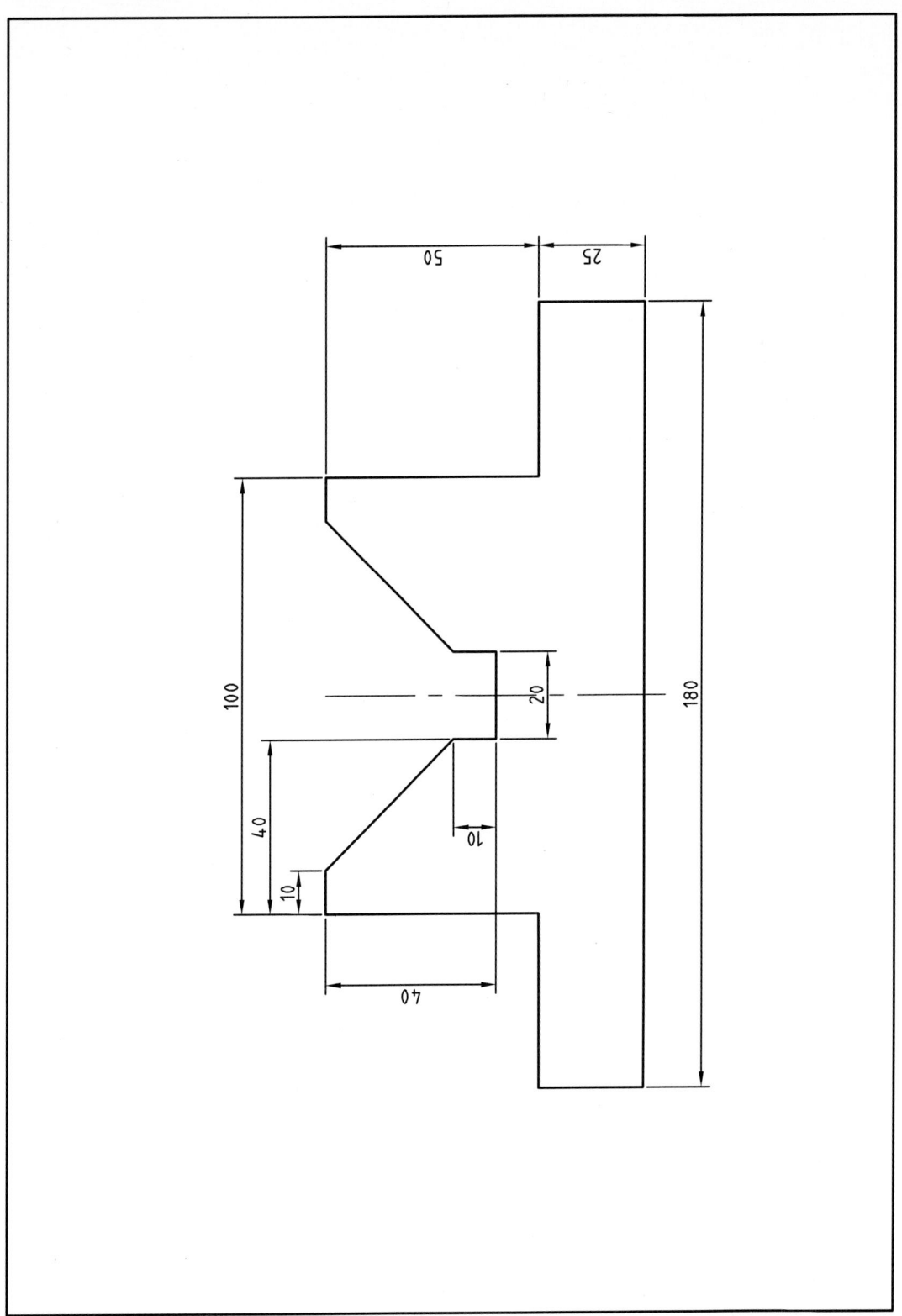

기초도면 07

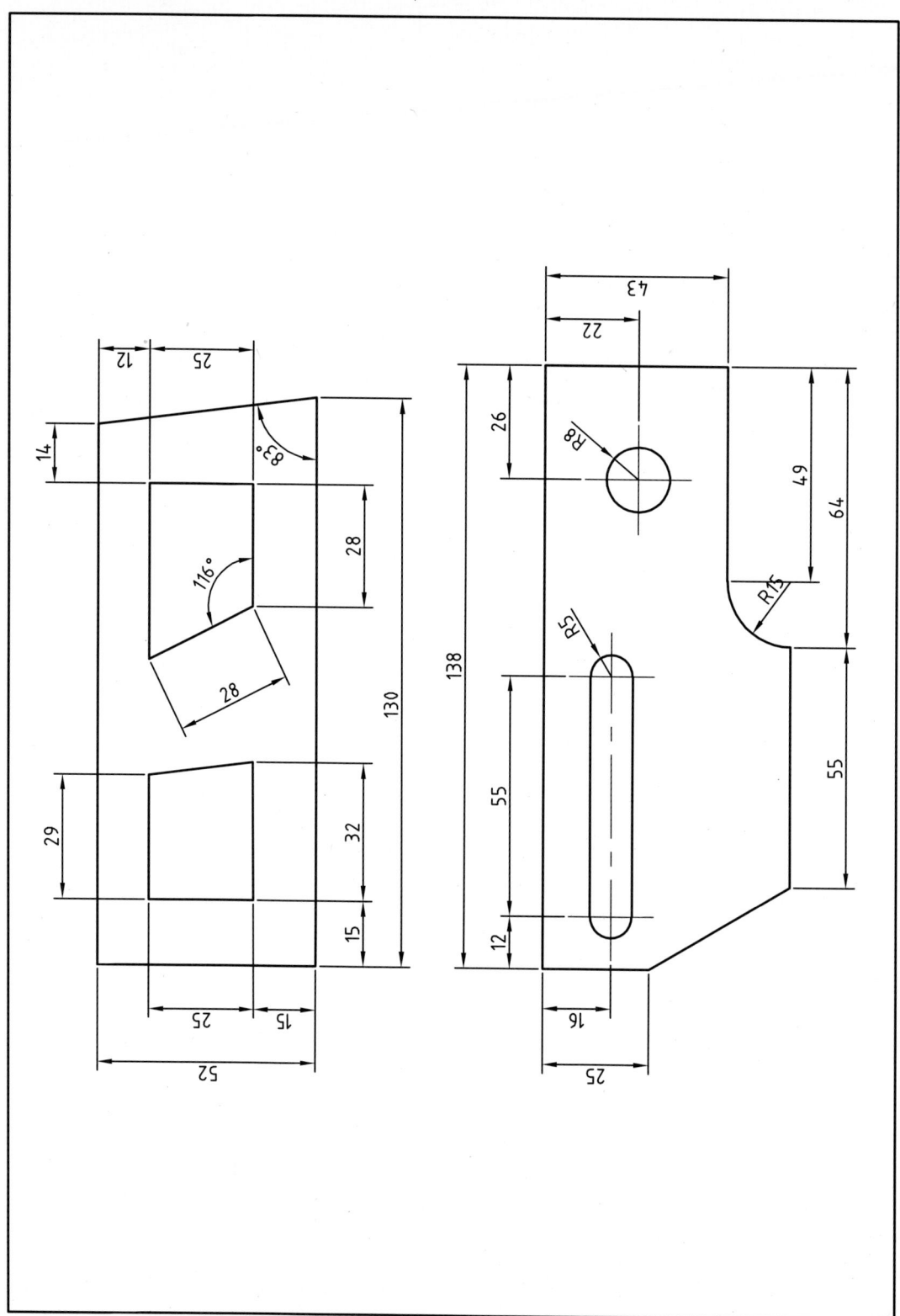

기초도면 08

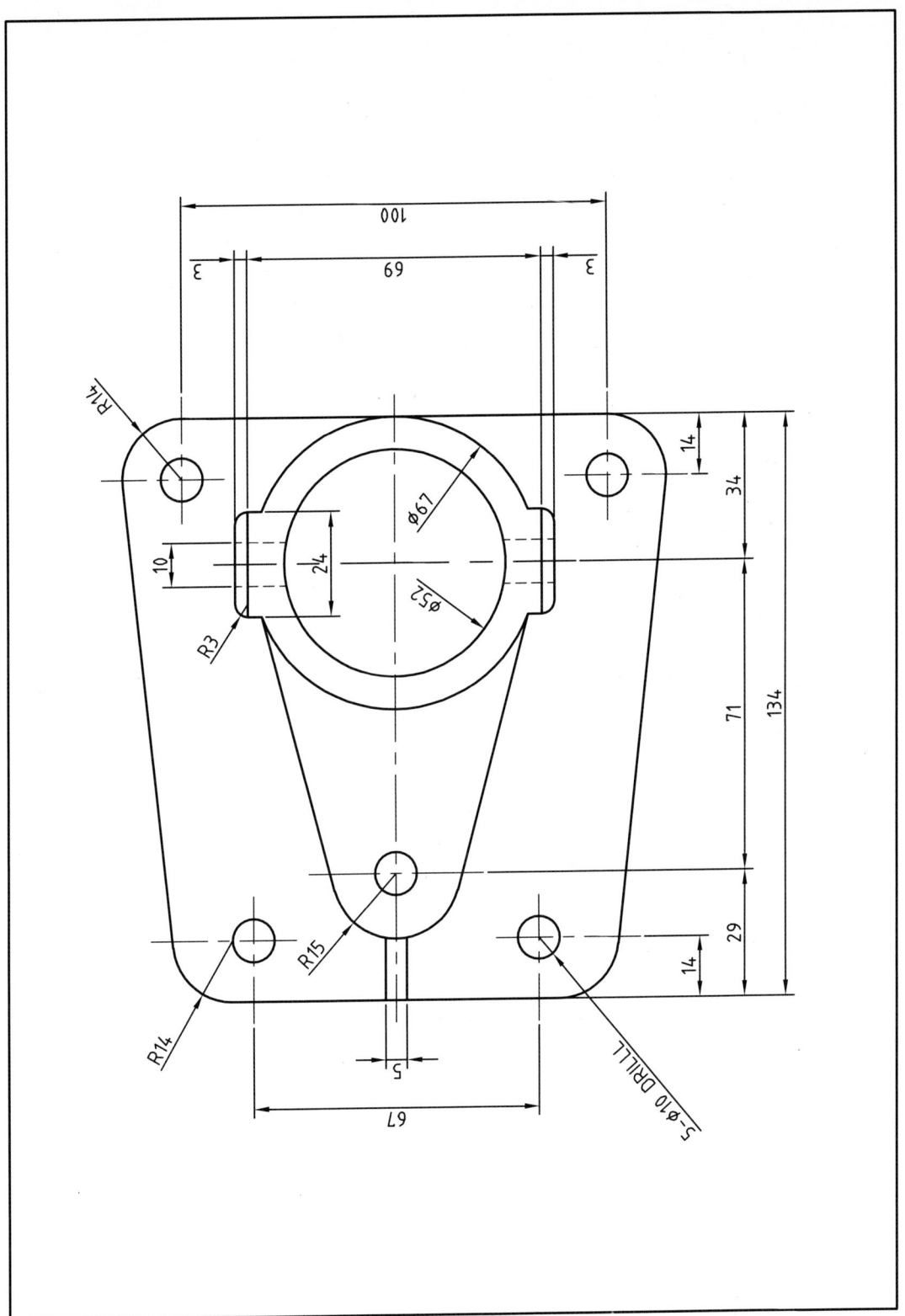

기초도면 09

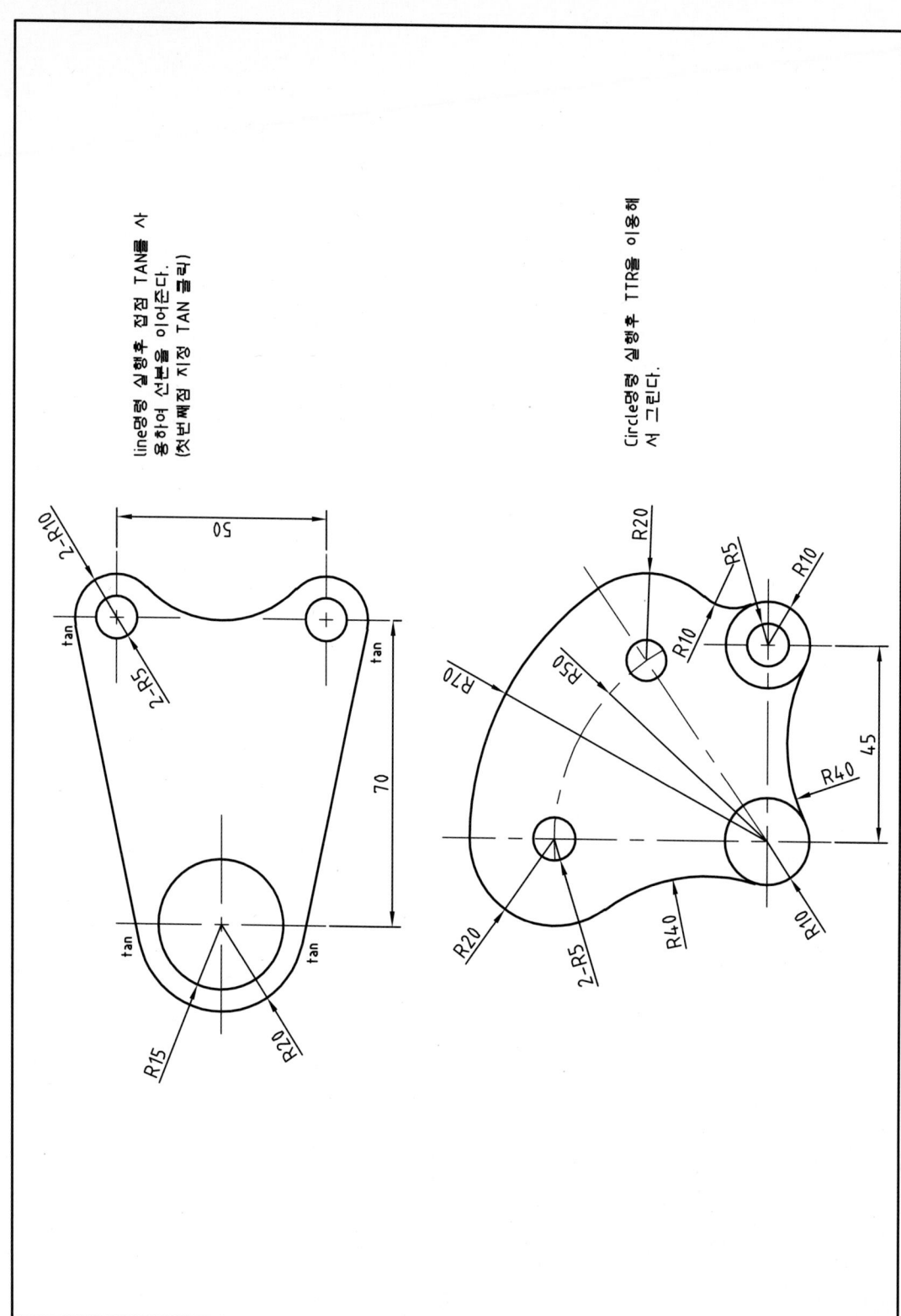

기초도면 10

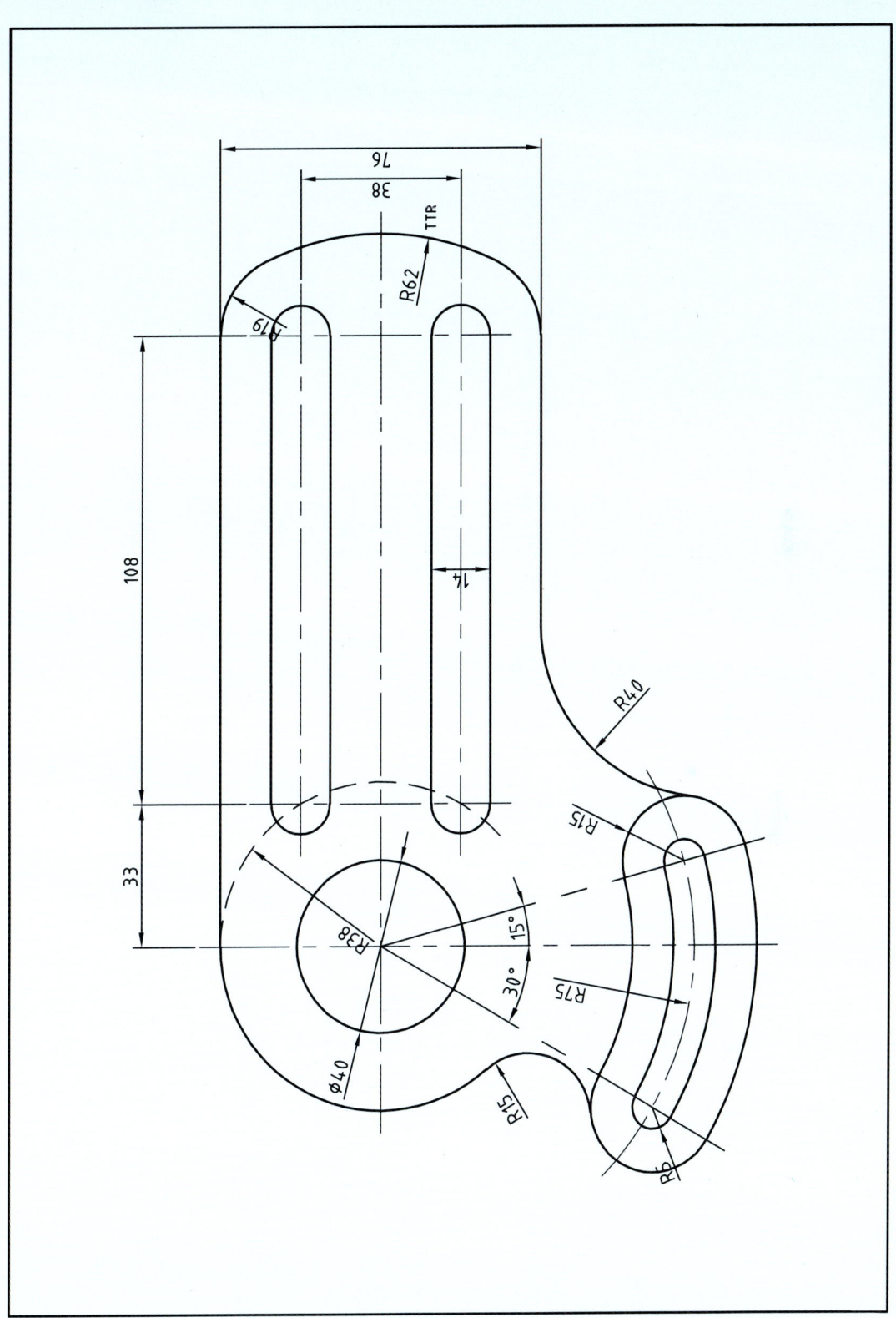

기초도면 11

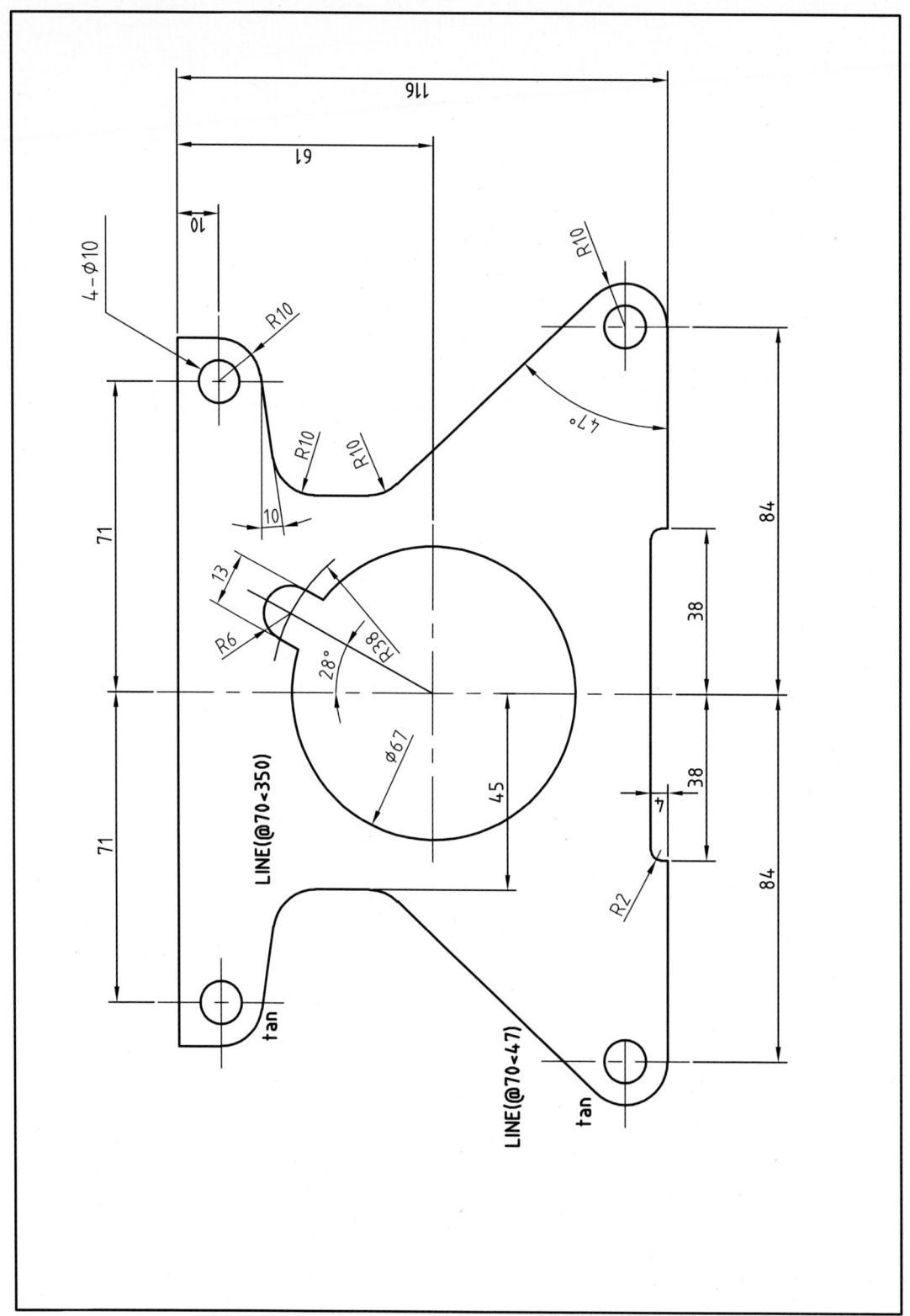

기초도면 12

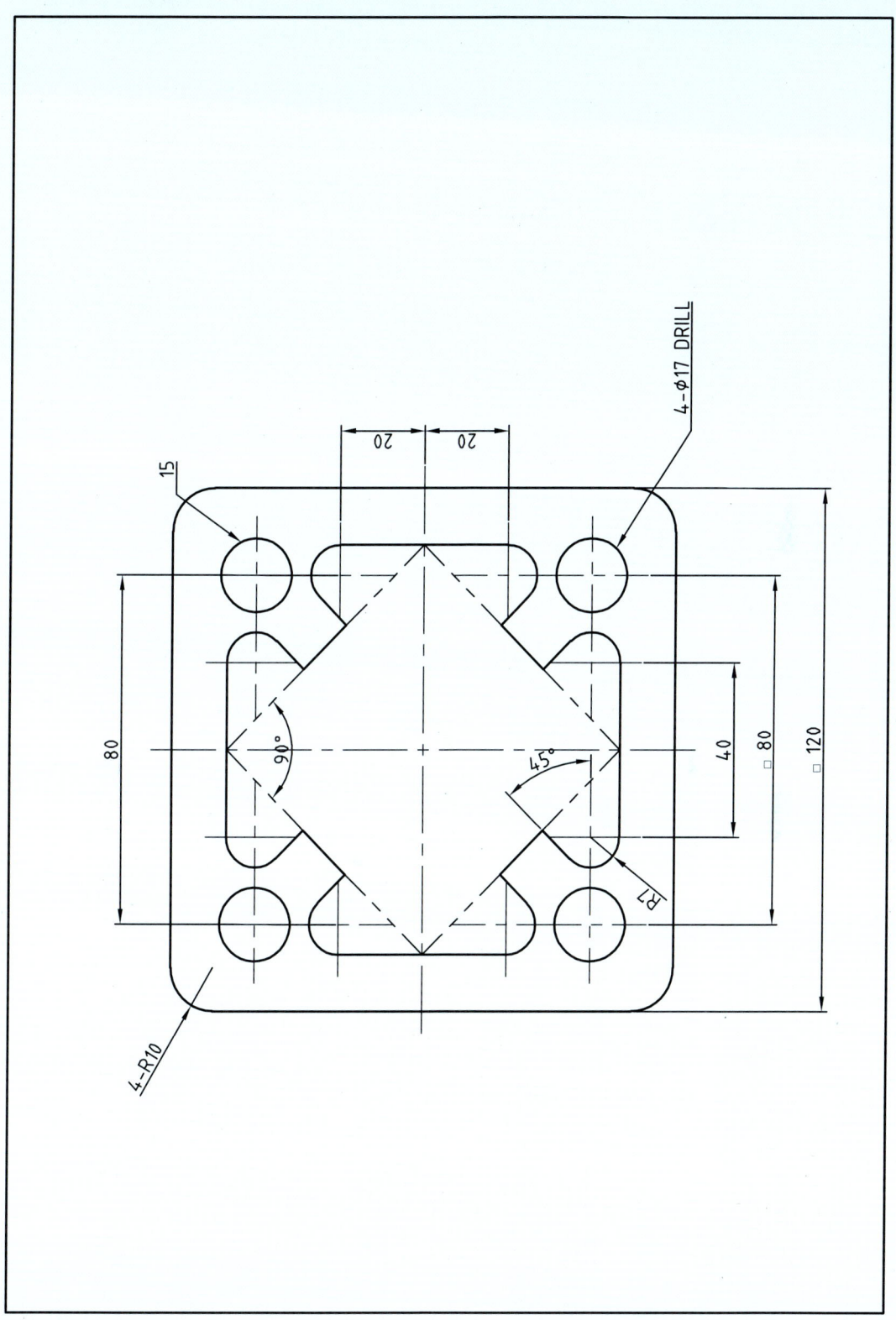

기초도면 13

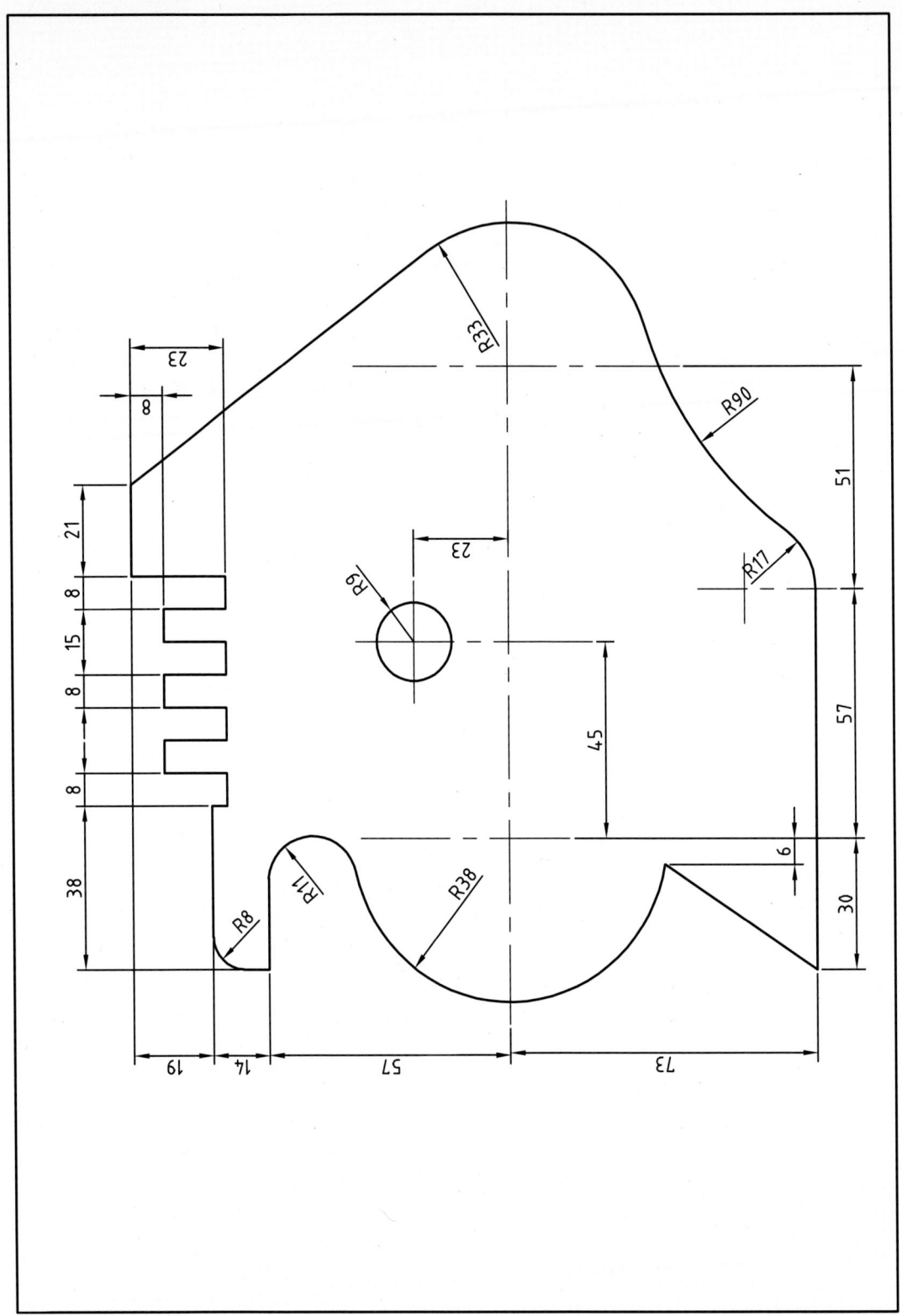

기초도면 14

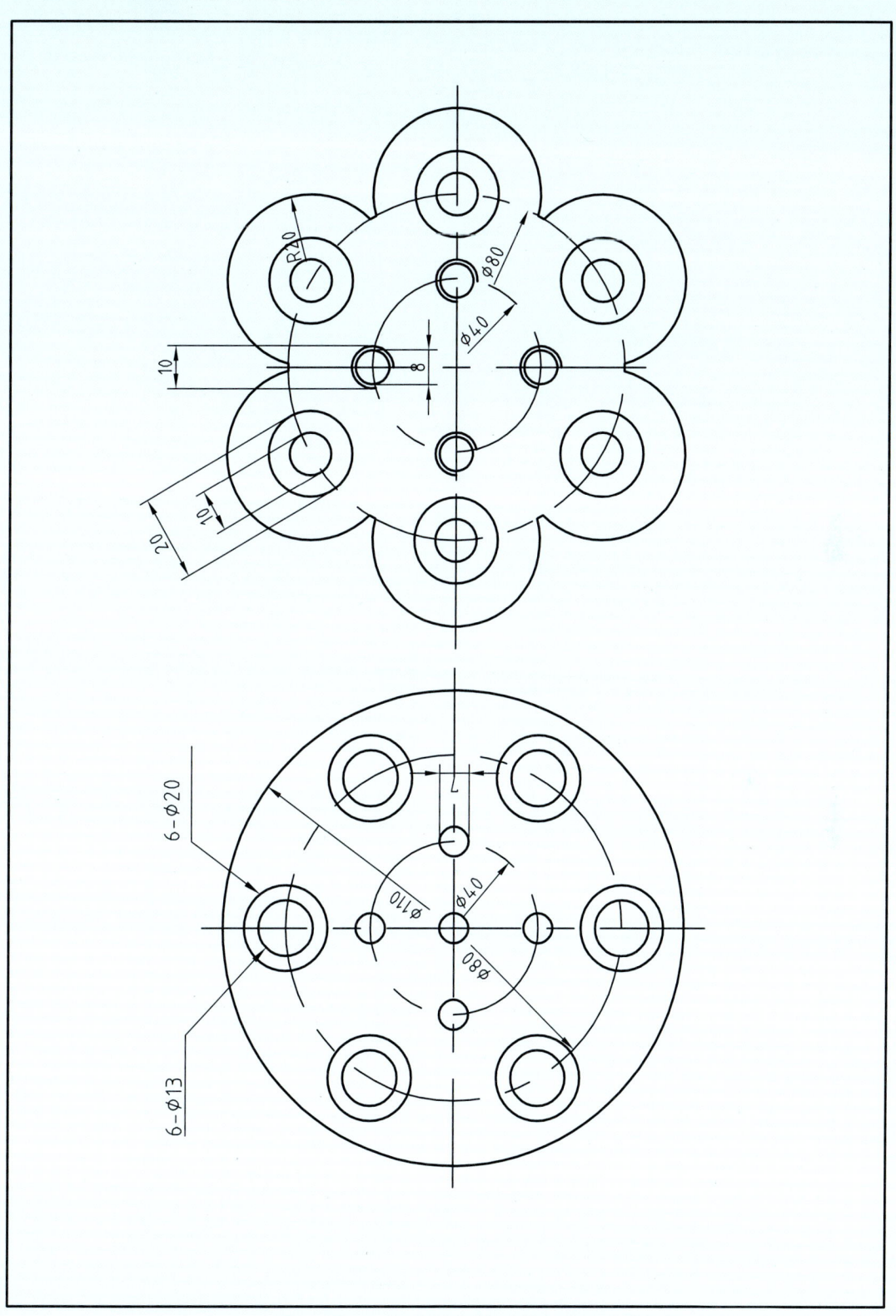

기초도면 실습예제

기초도면 15

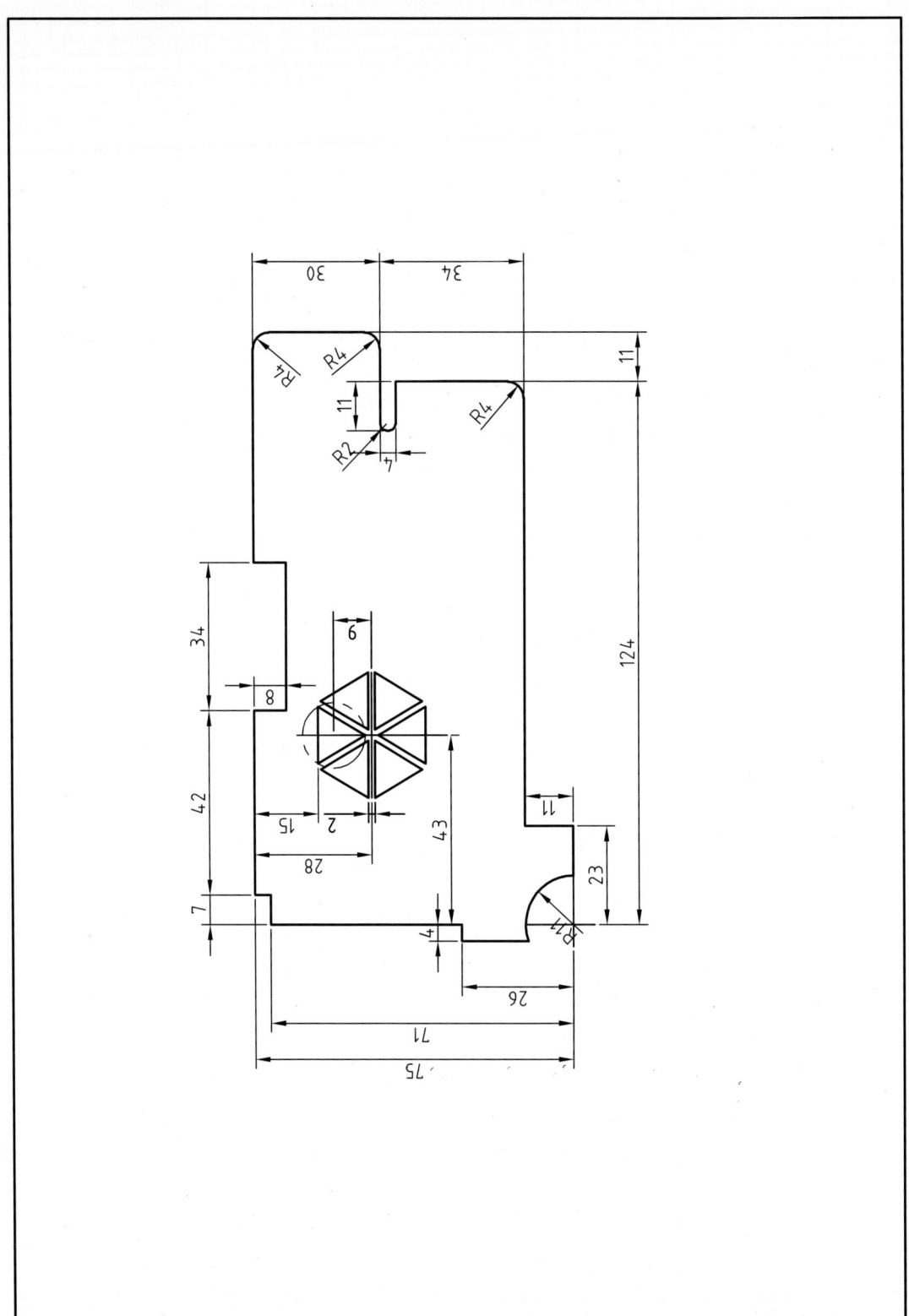

기초도면 16

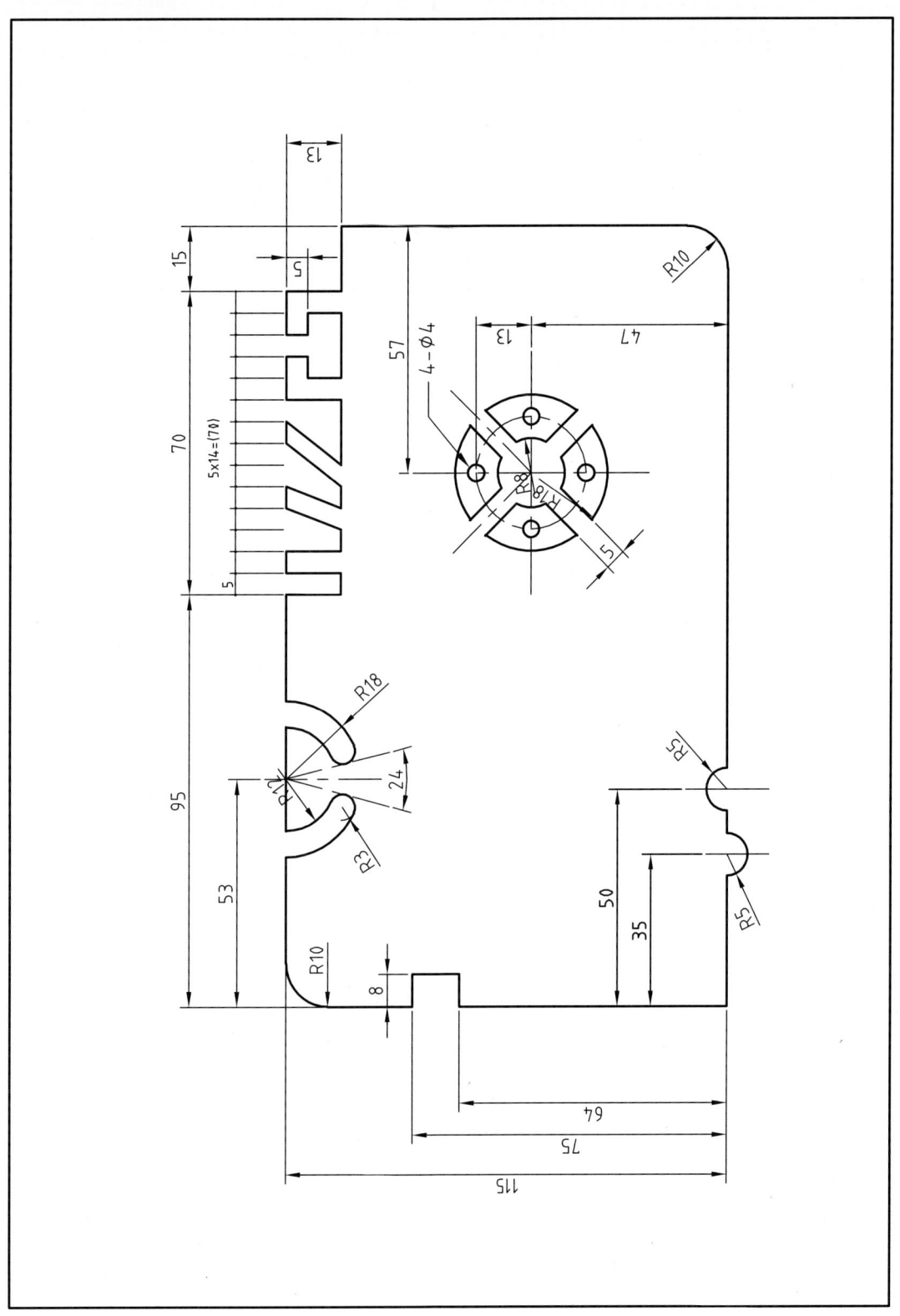

기초도면 17

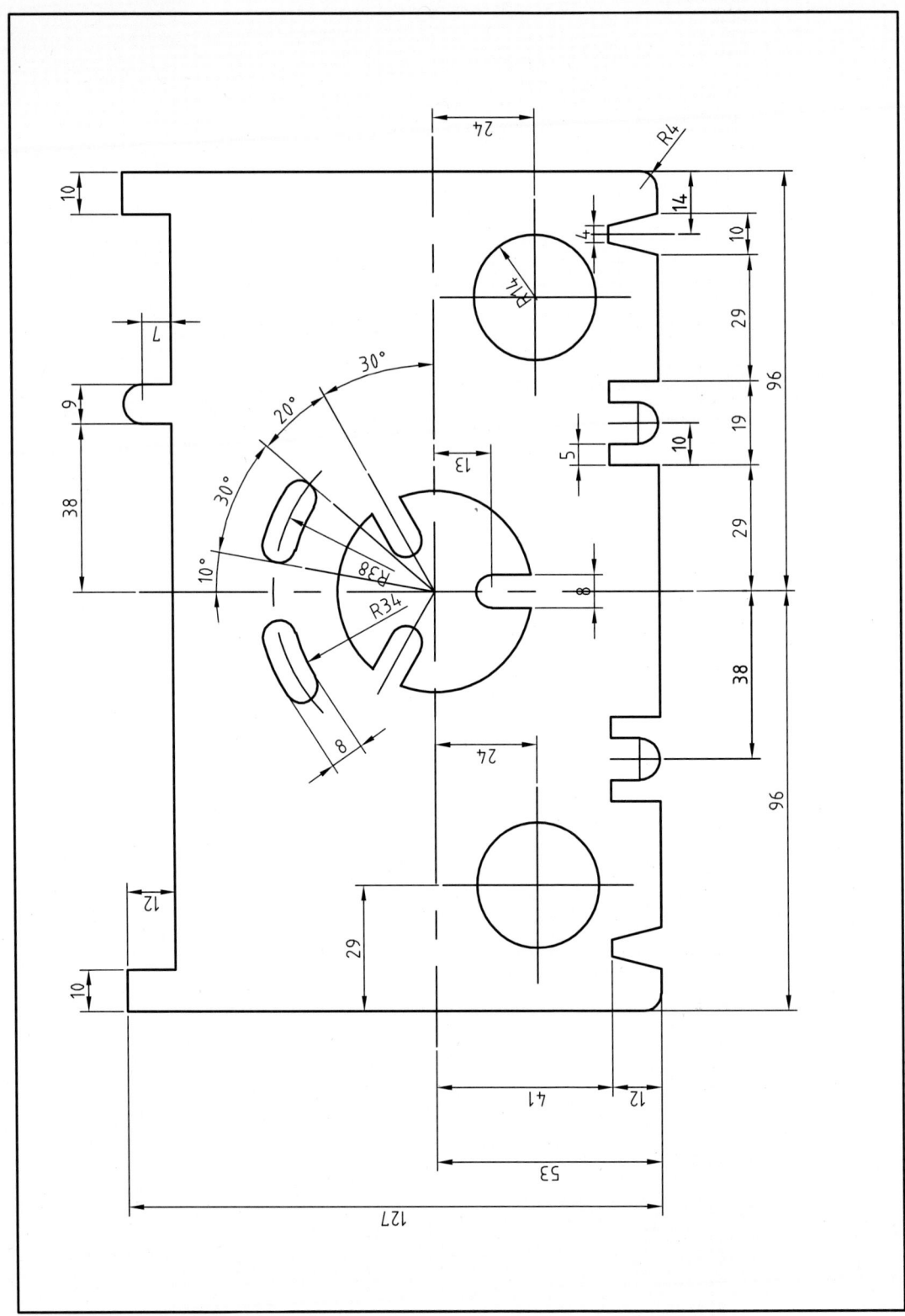

기초도면 18

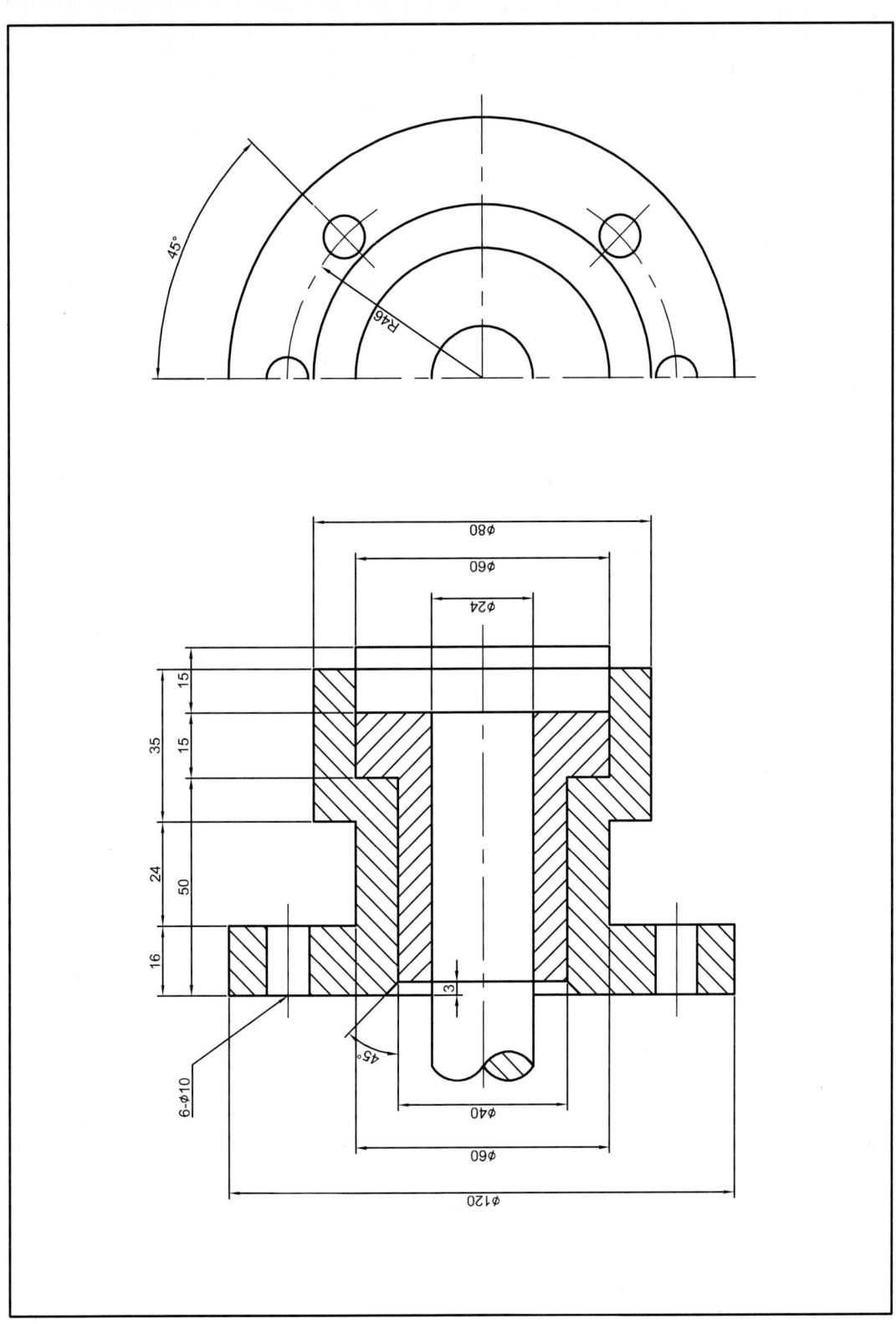

기초도면 19

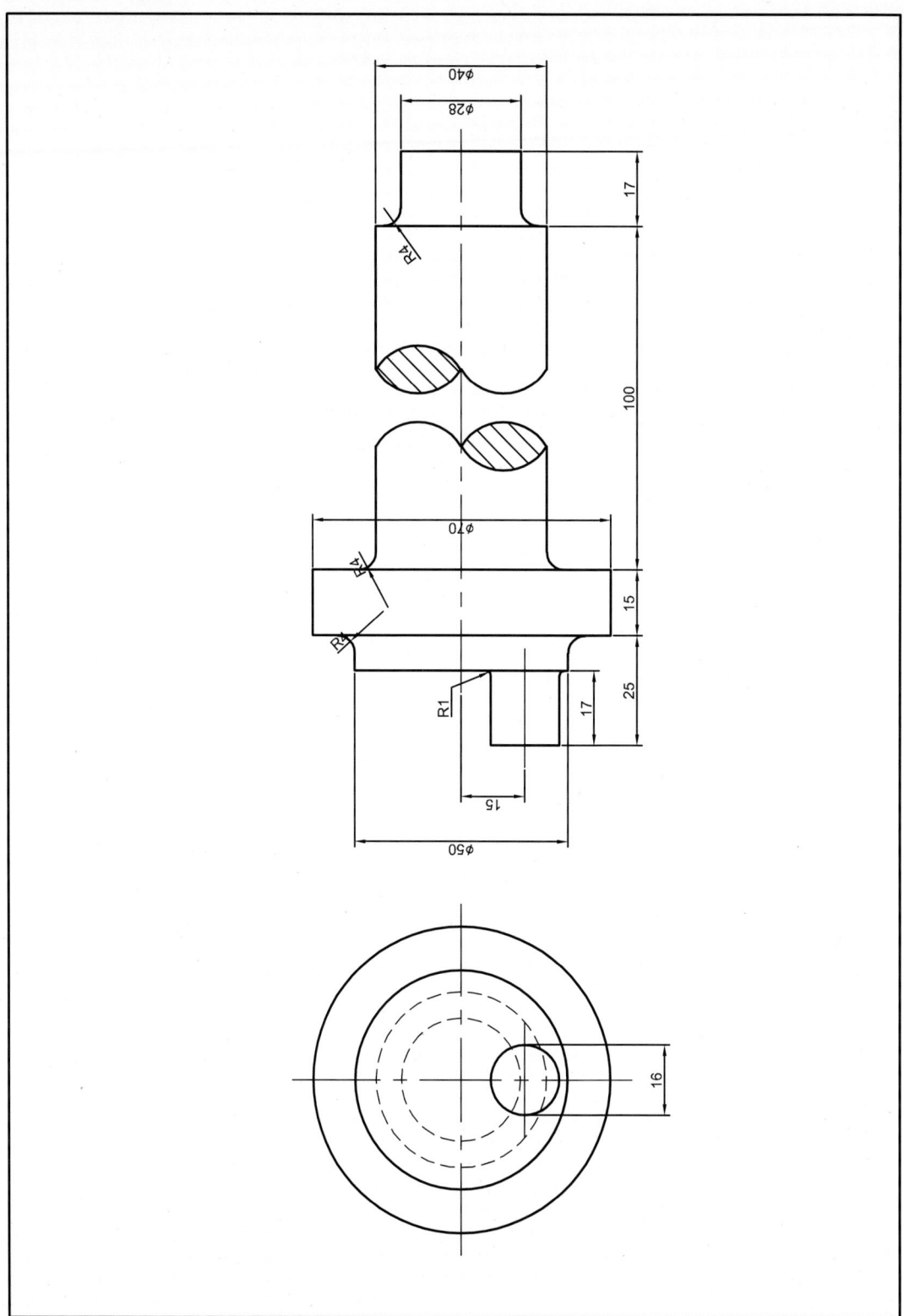

기초도면 20

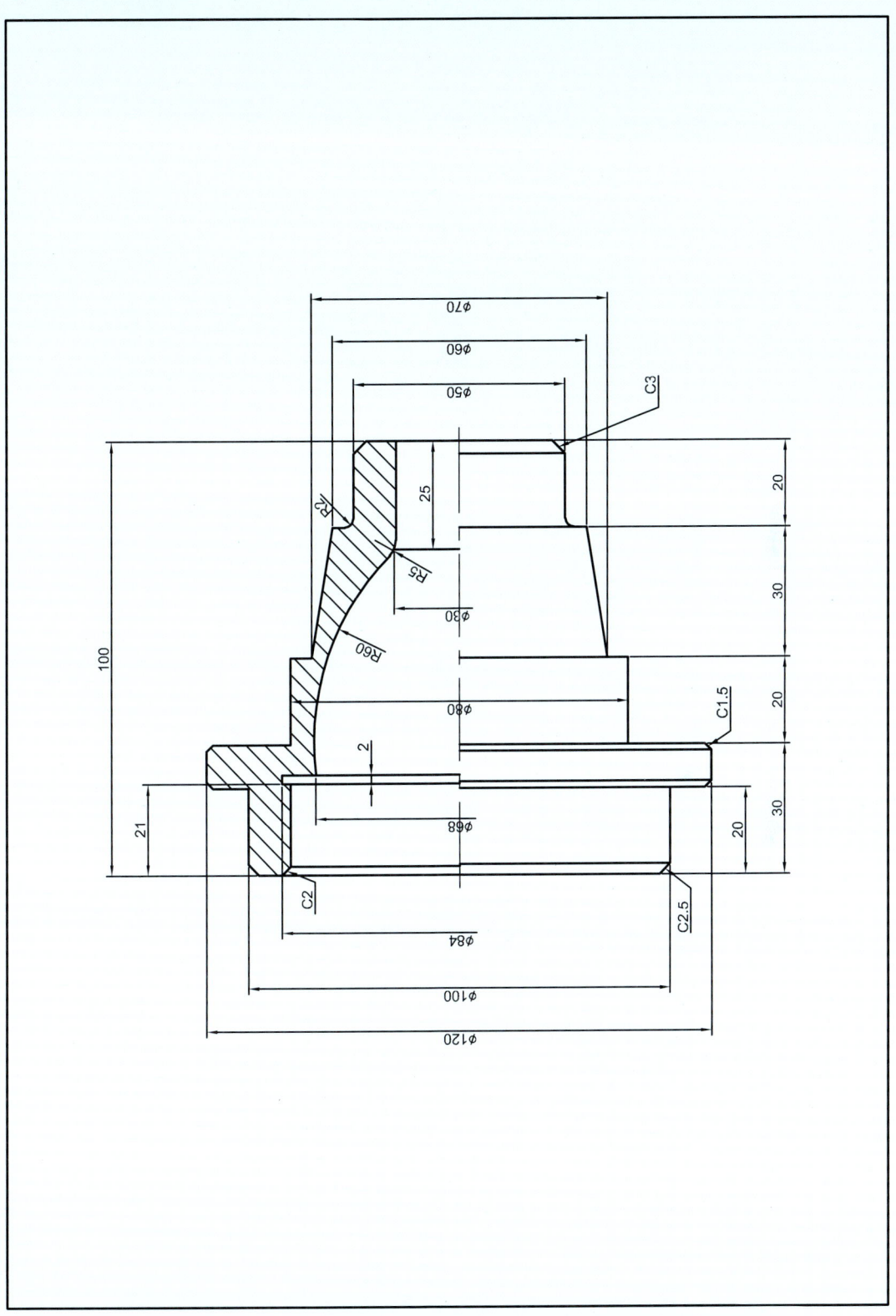

기초도면 21

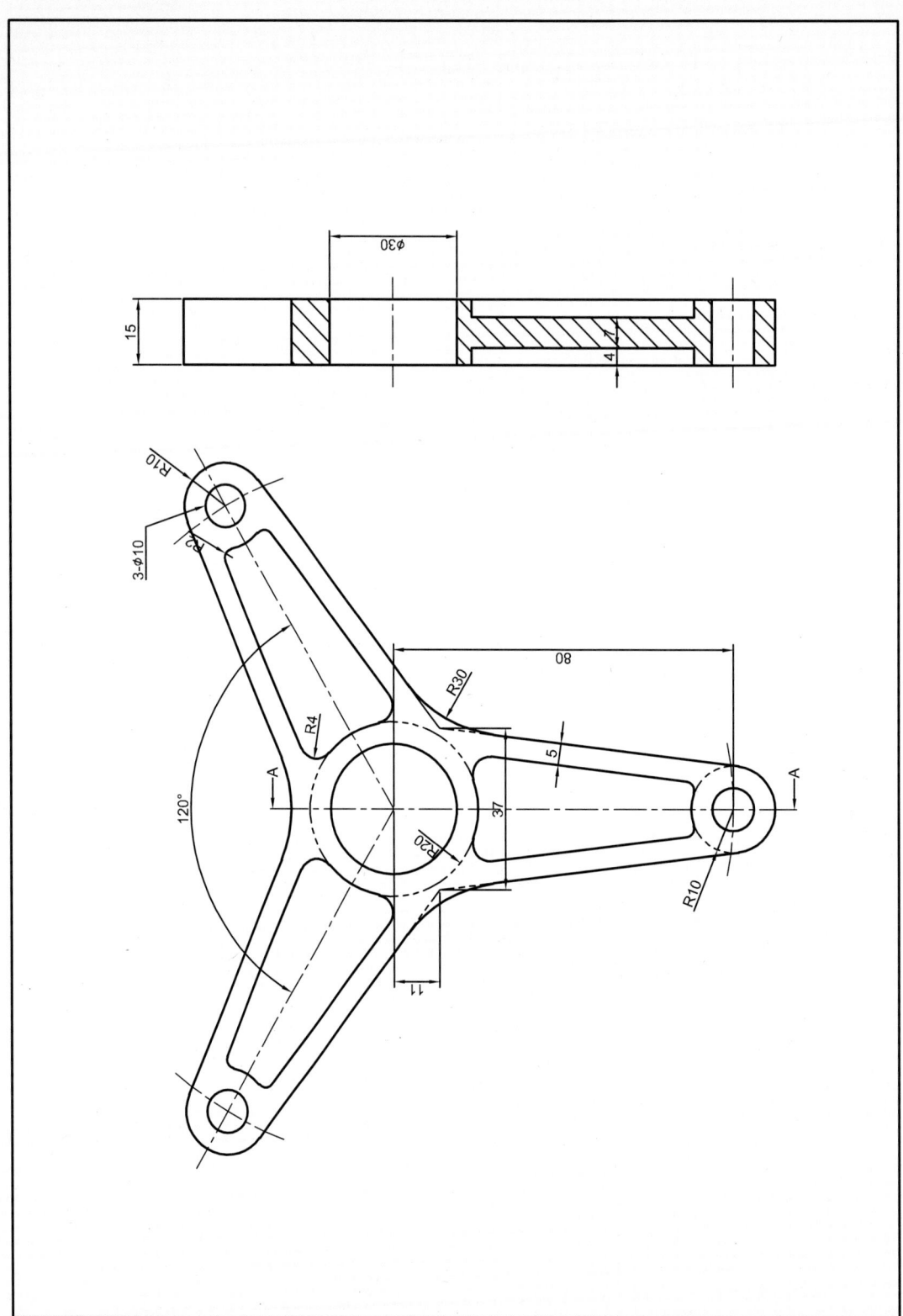

기초도면 22

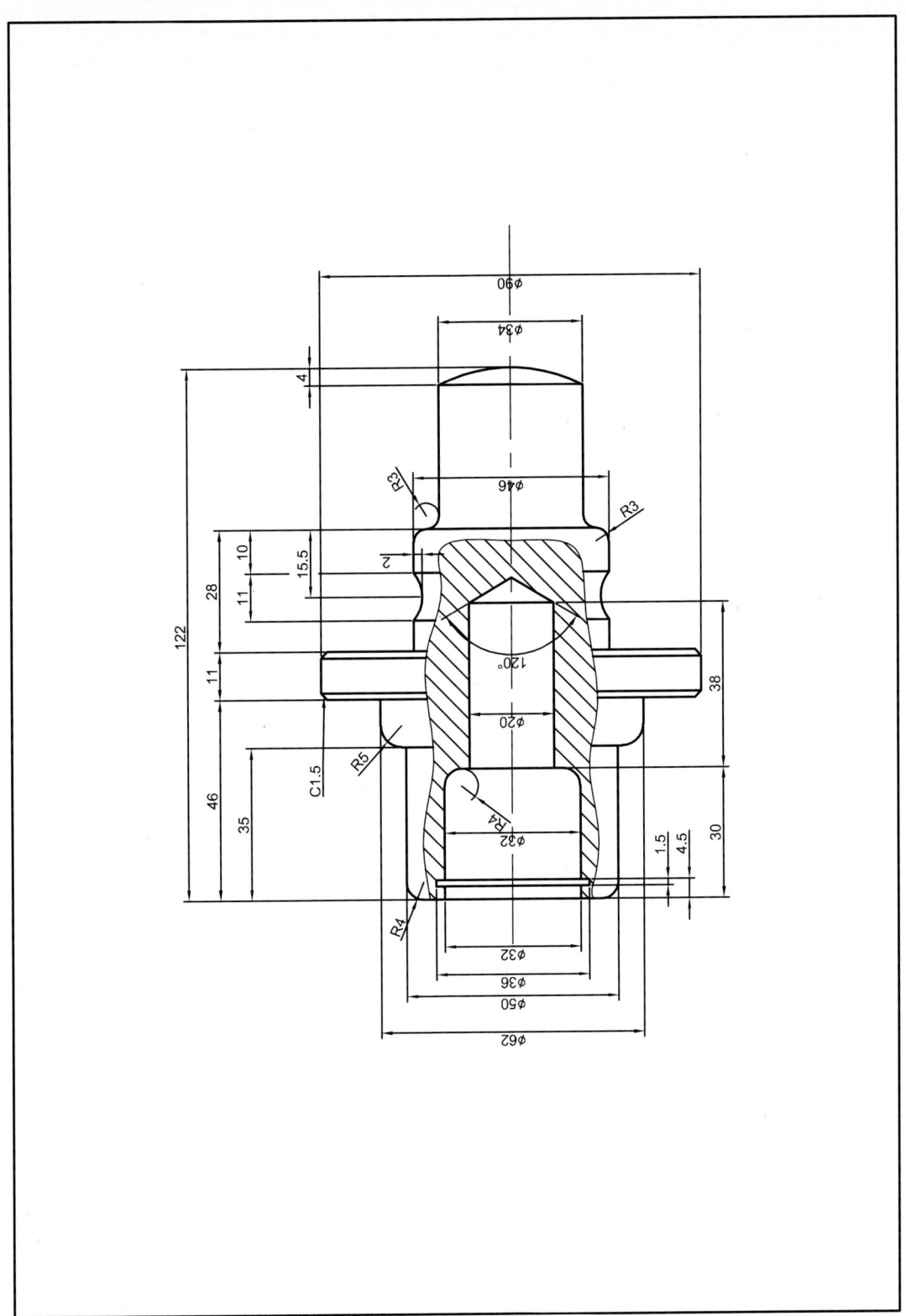

기초도면 23

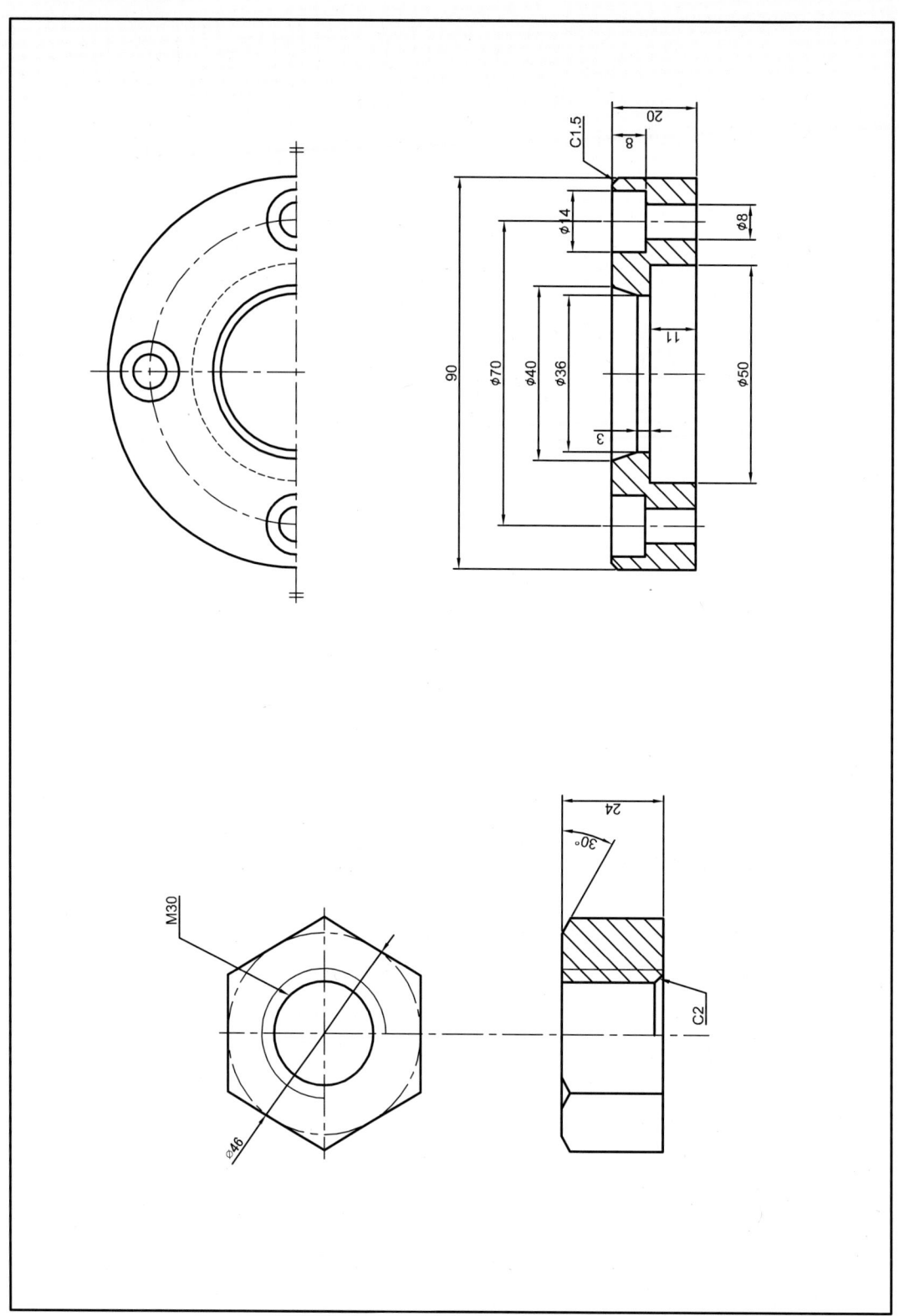

기초도면 24

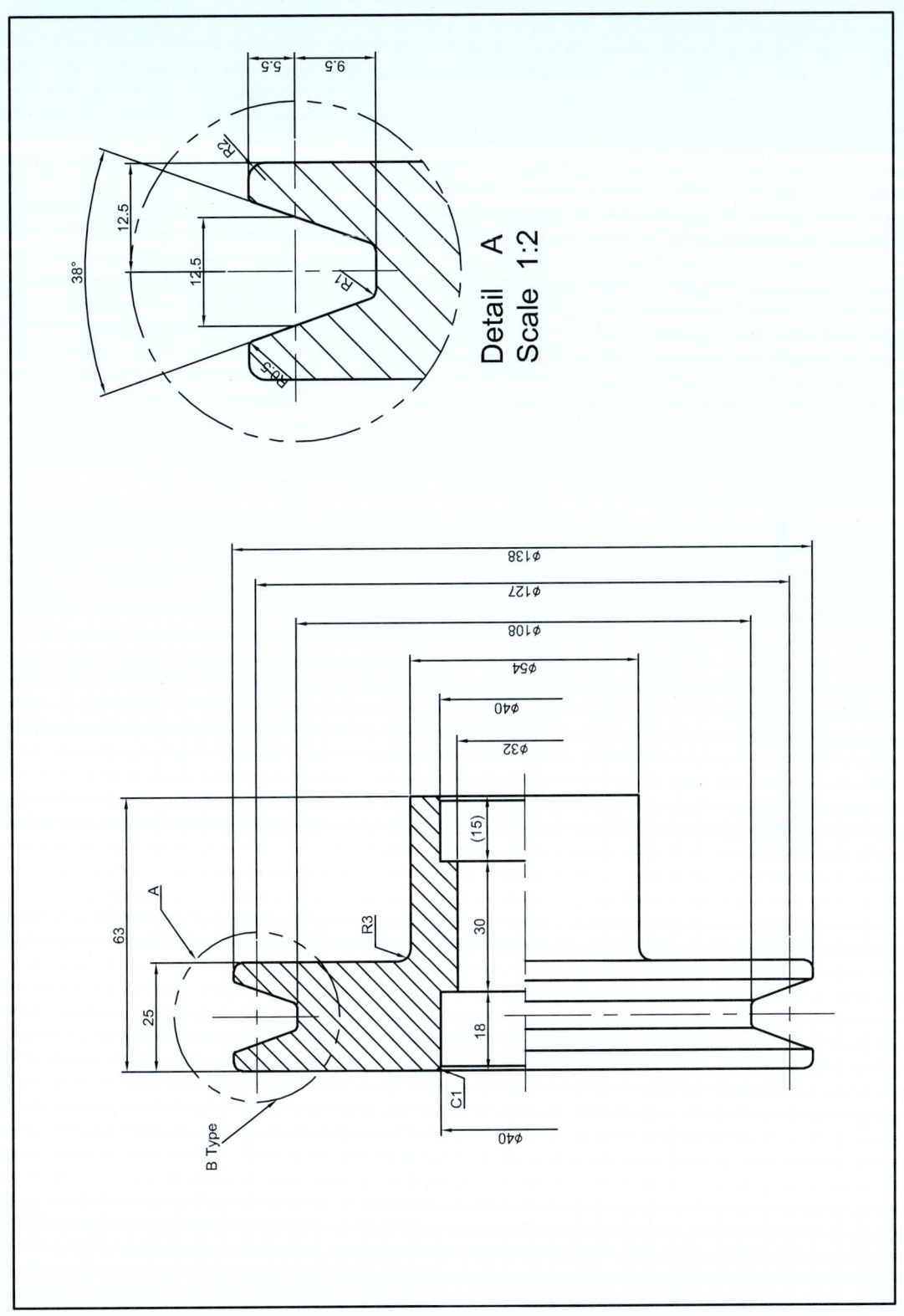

기초도면 25

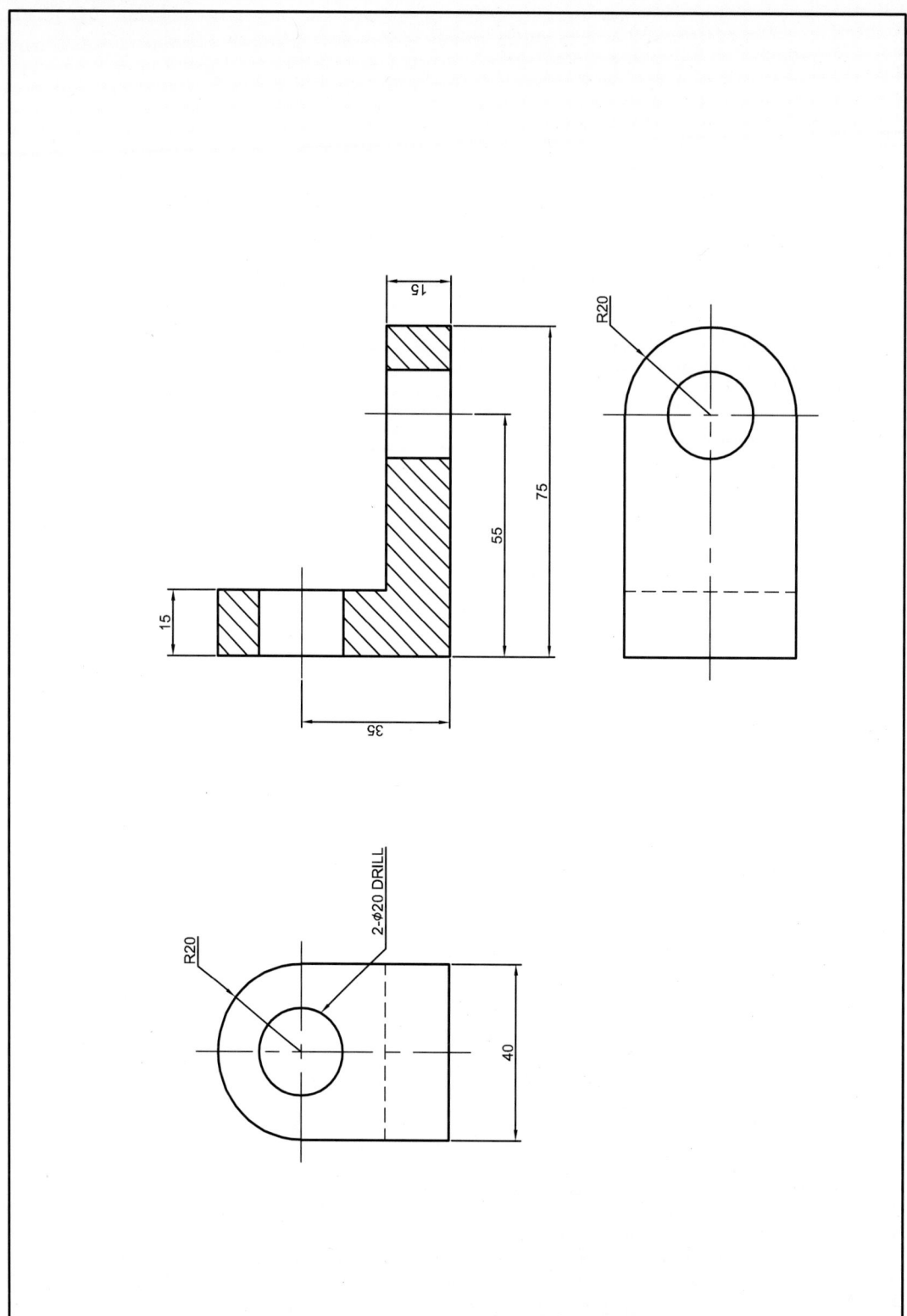

기초도면 26

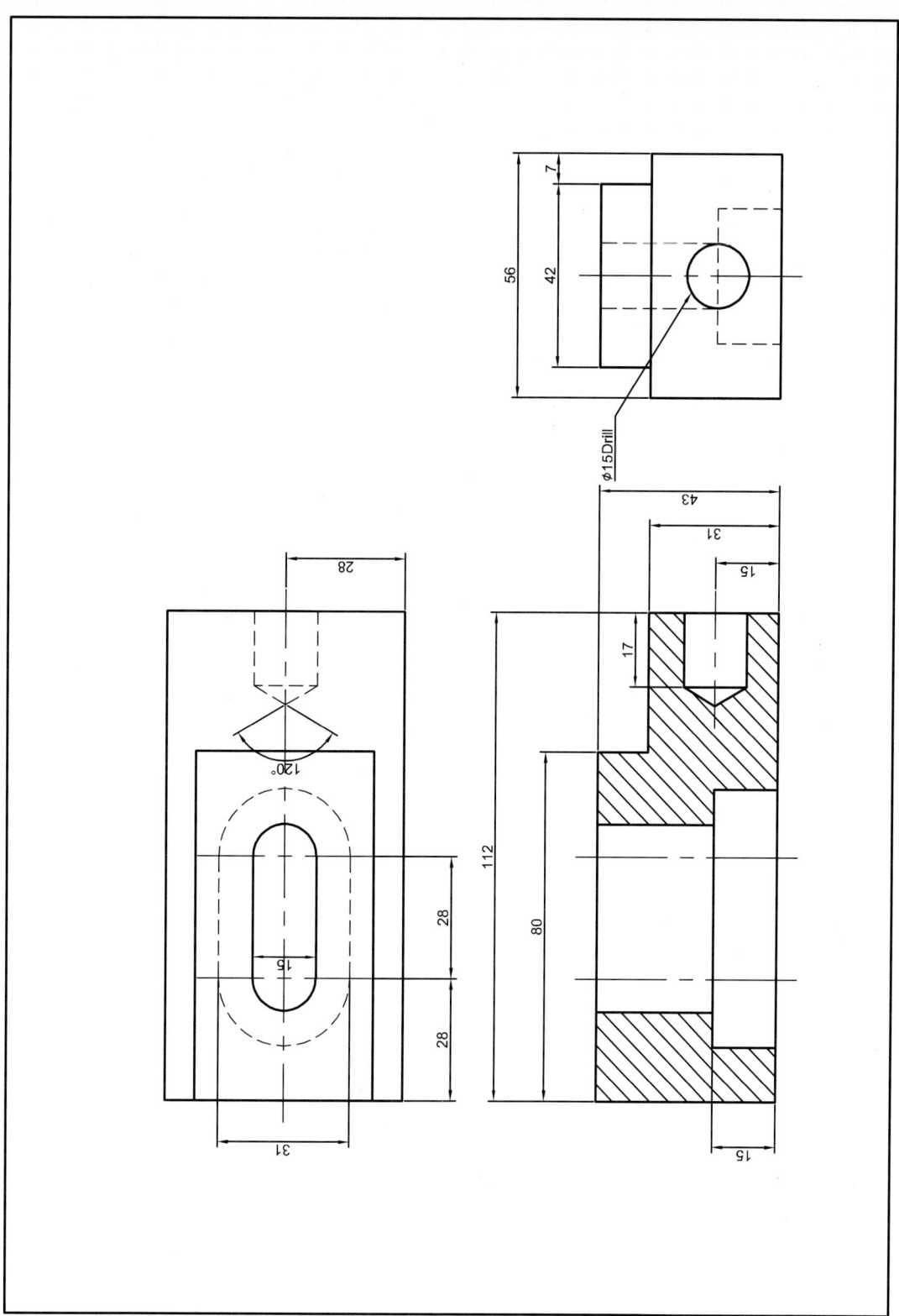

기초도면 27

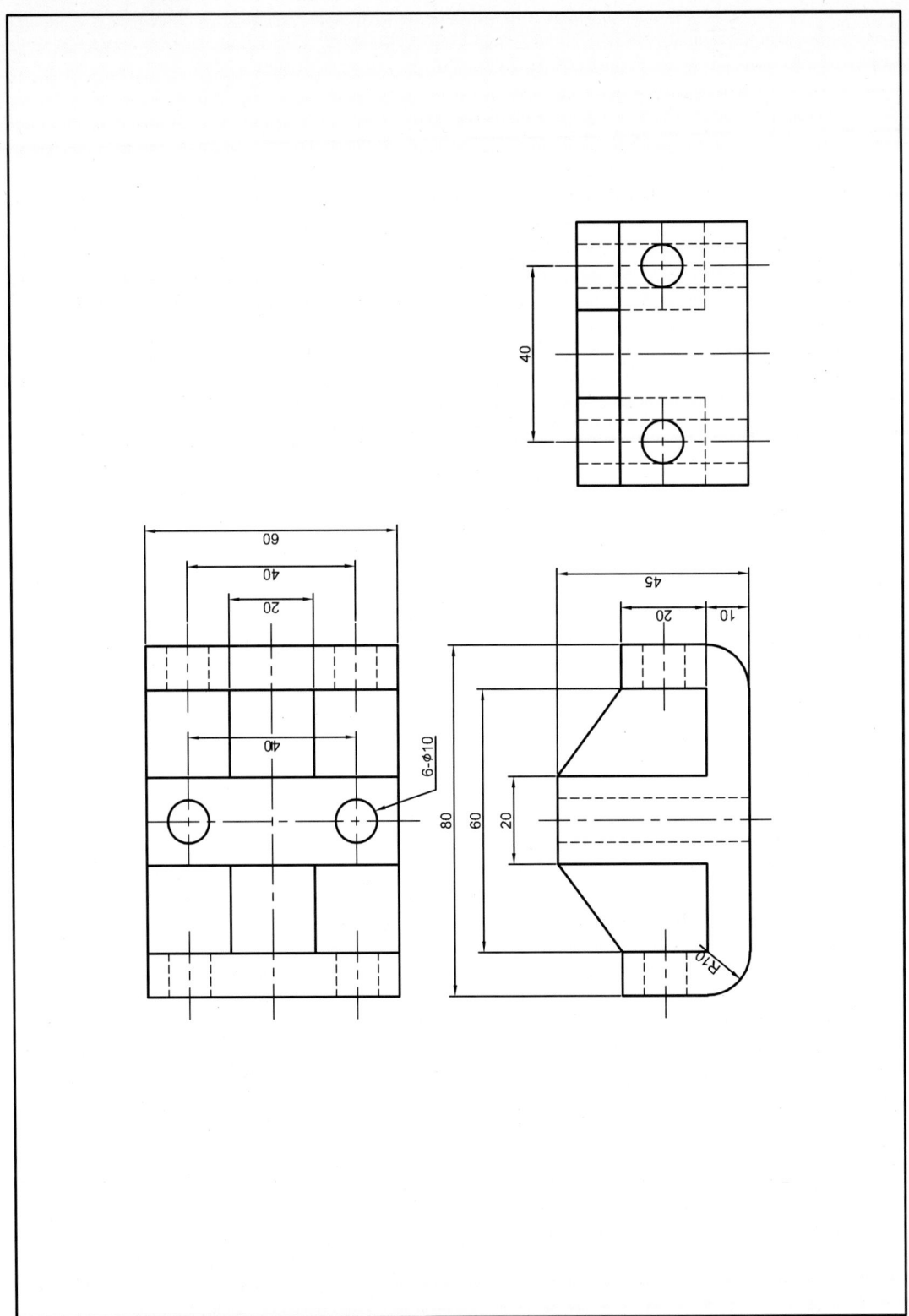

기초도면 28

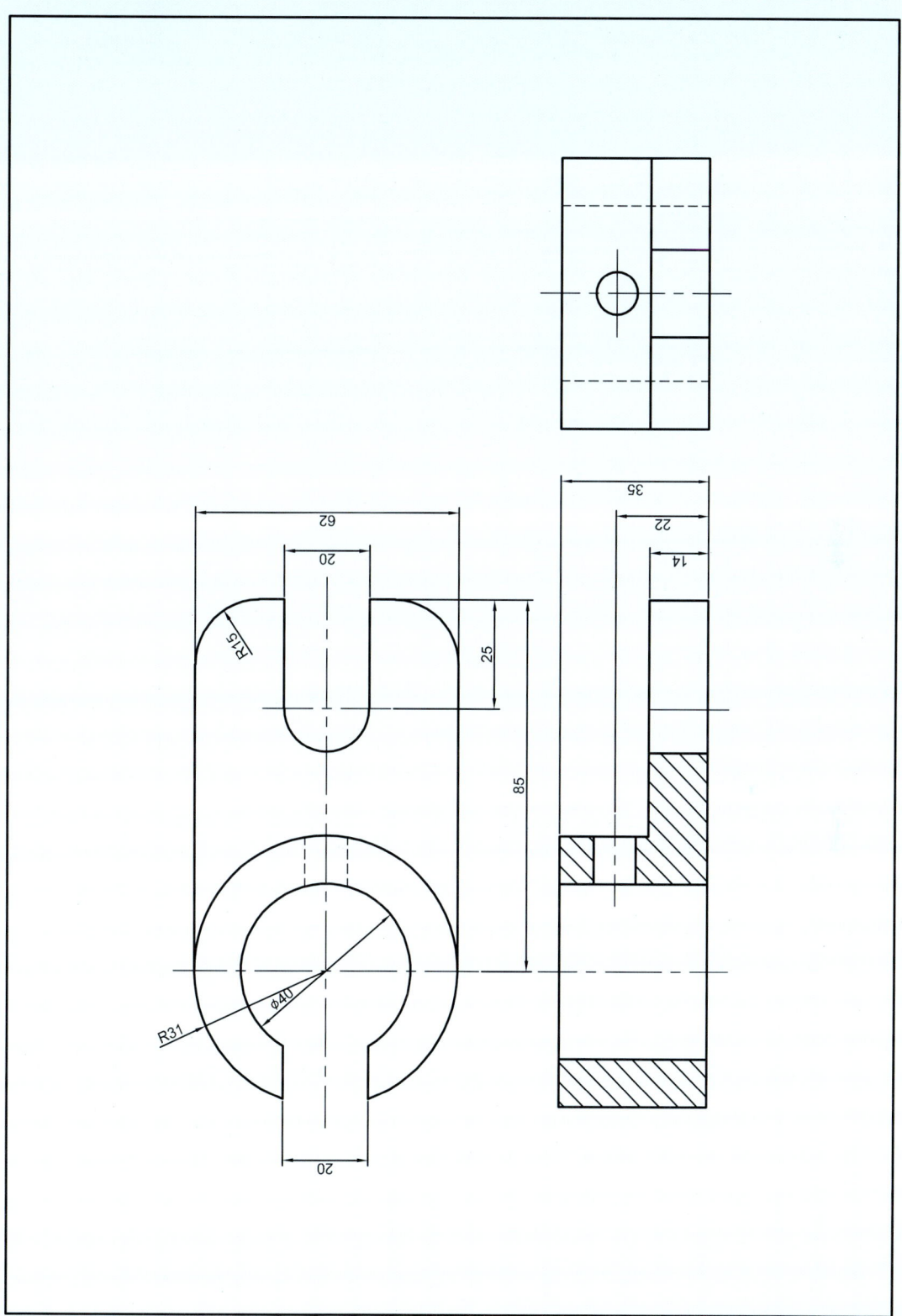

기초도면 29

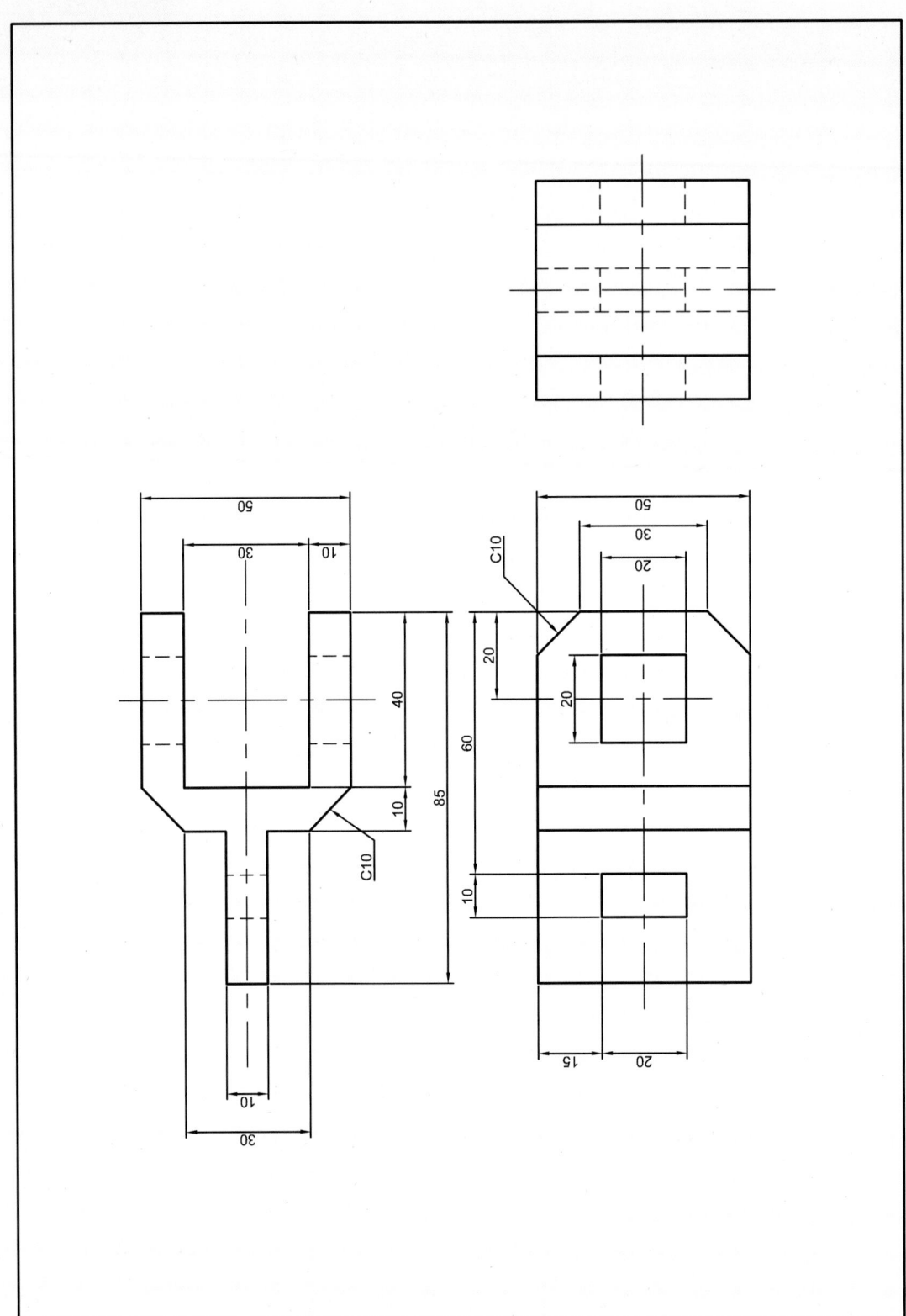

기초도면 30

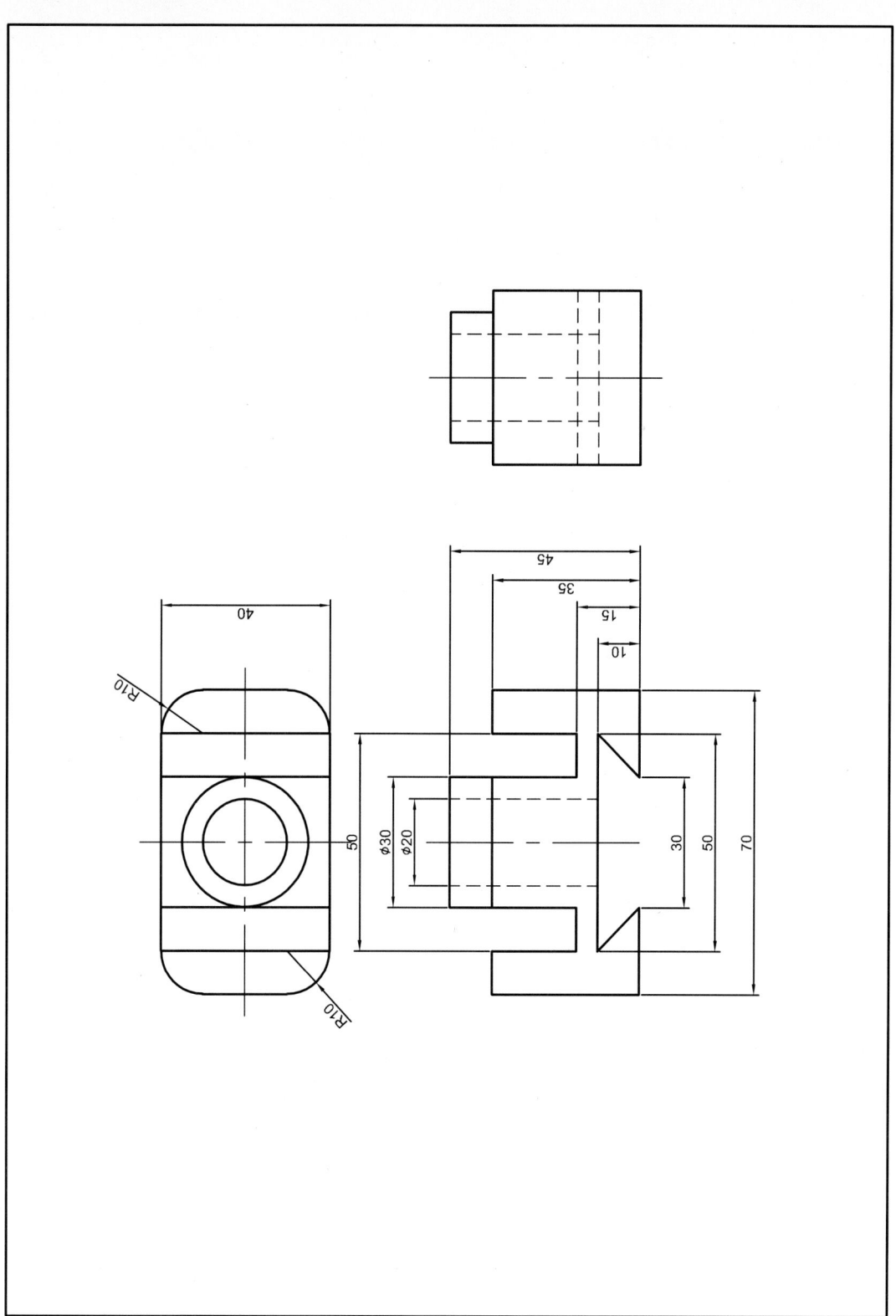

기초도면 31

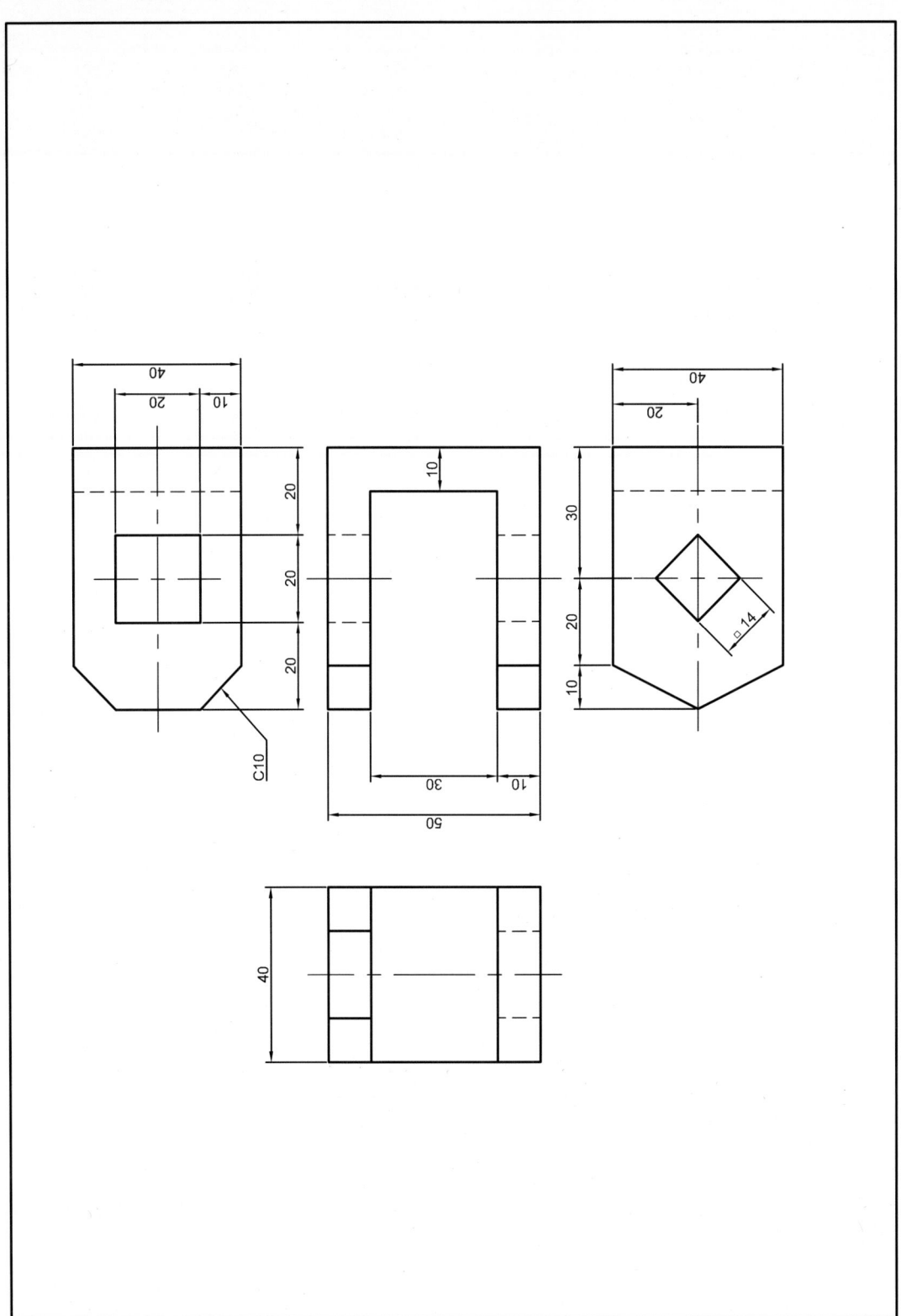

기초도면 32

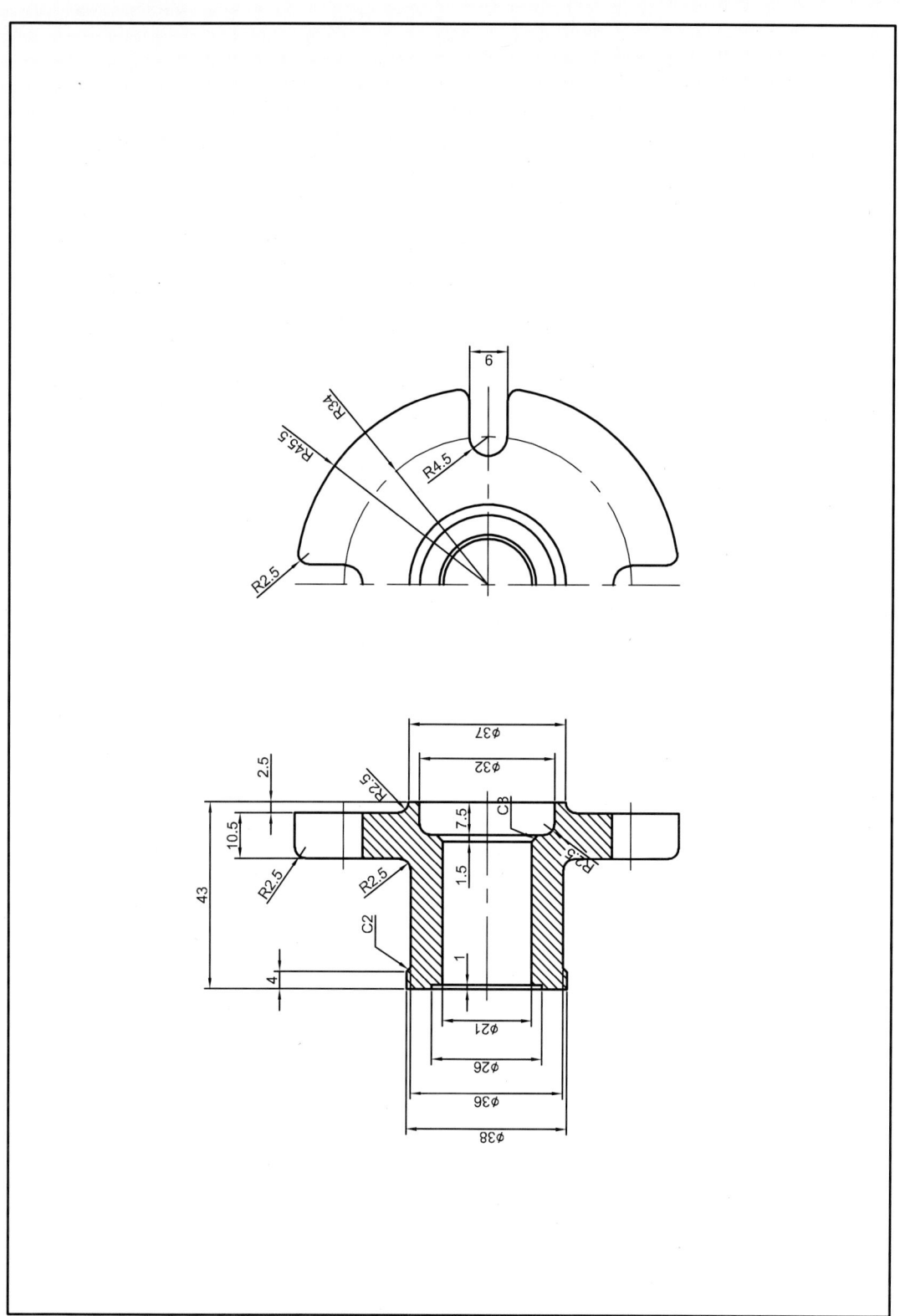

기초도면 33

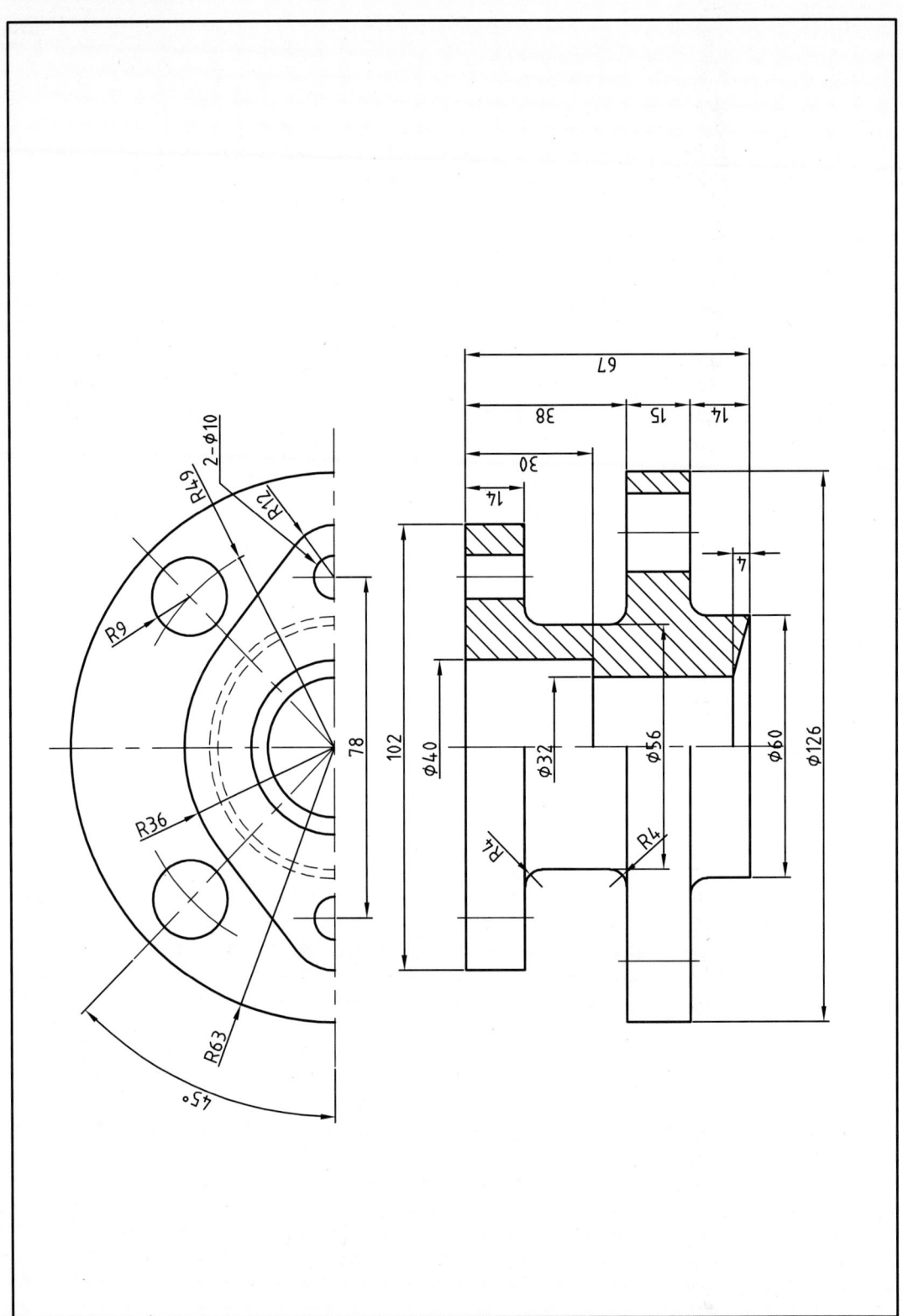

기초도면 34

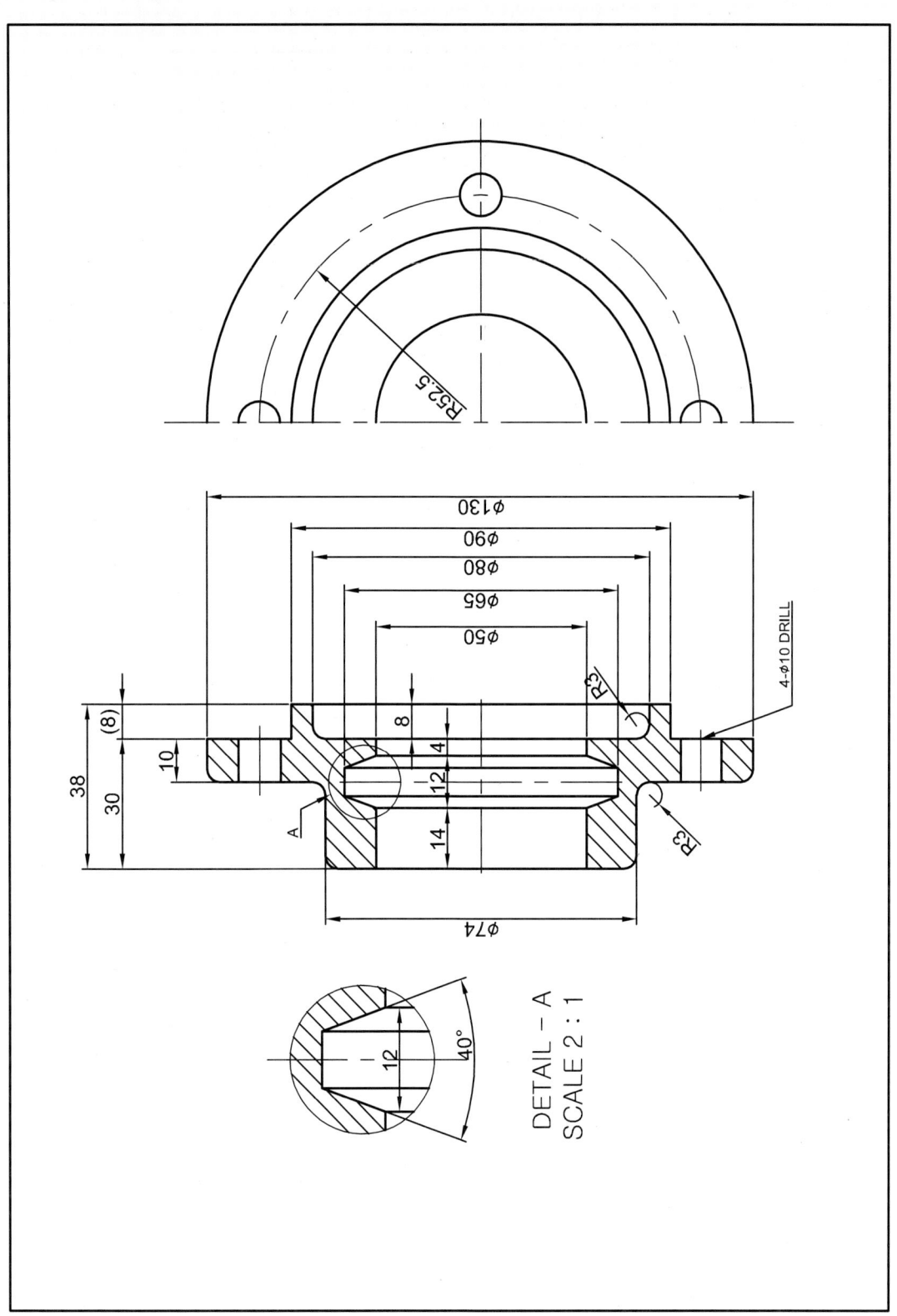

DETAIL – A
SCALE 2 : 1

기초도면 실습예제

기초도면 35

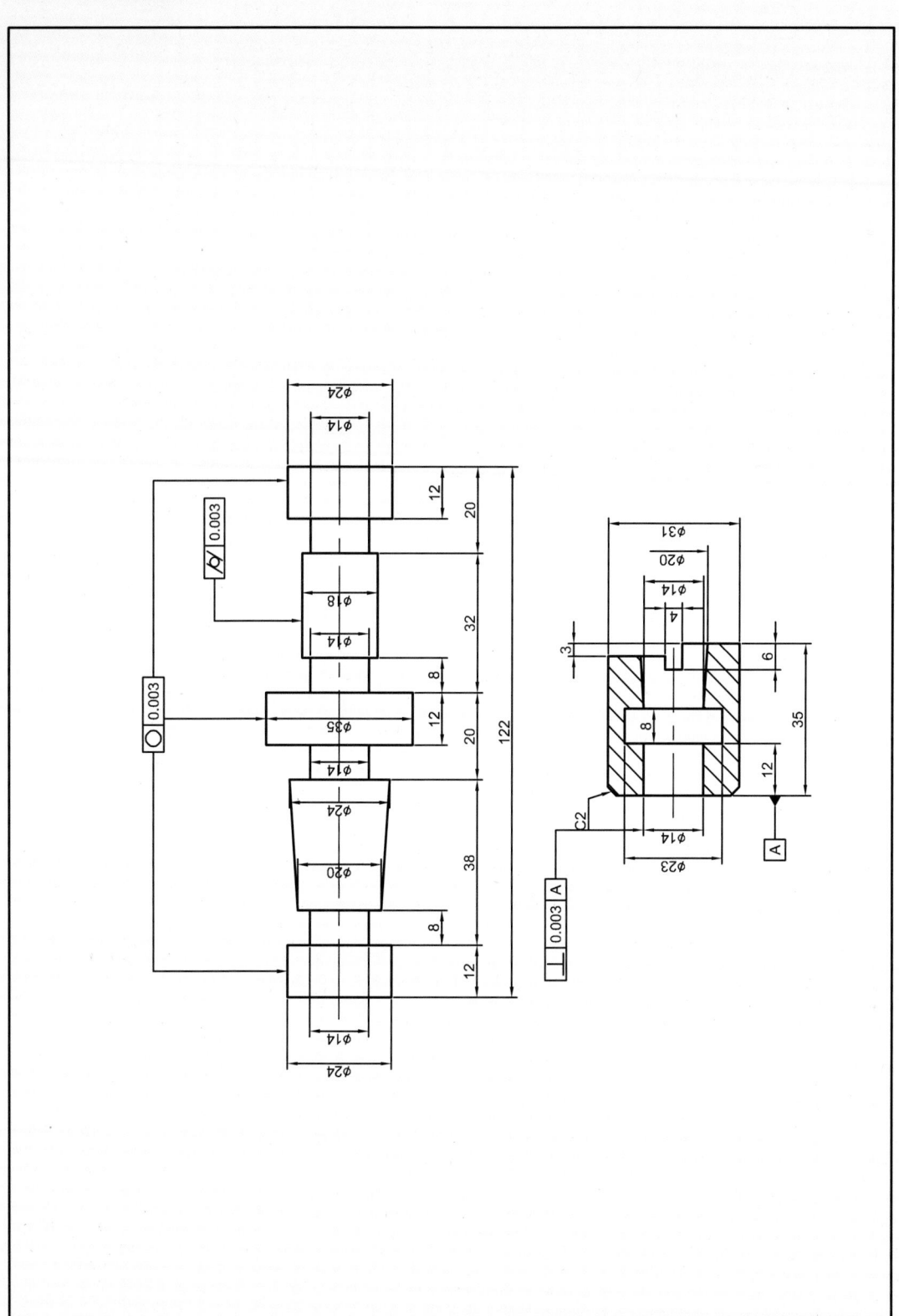

MEMO

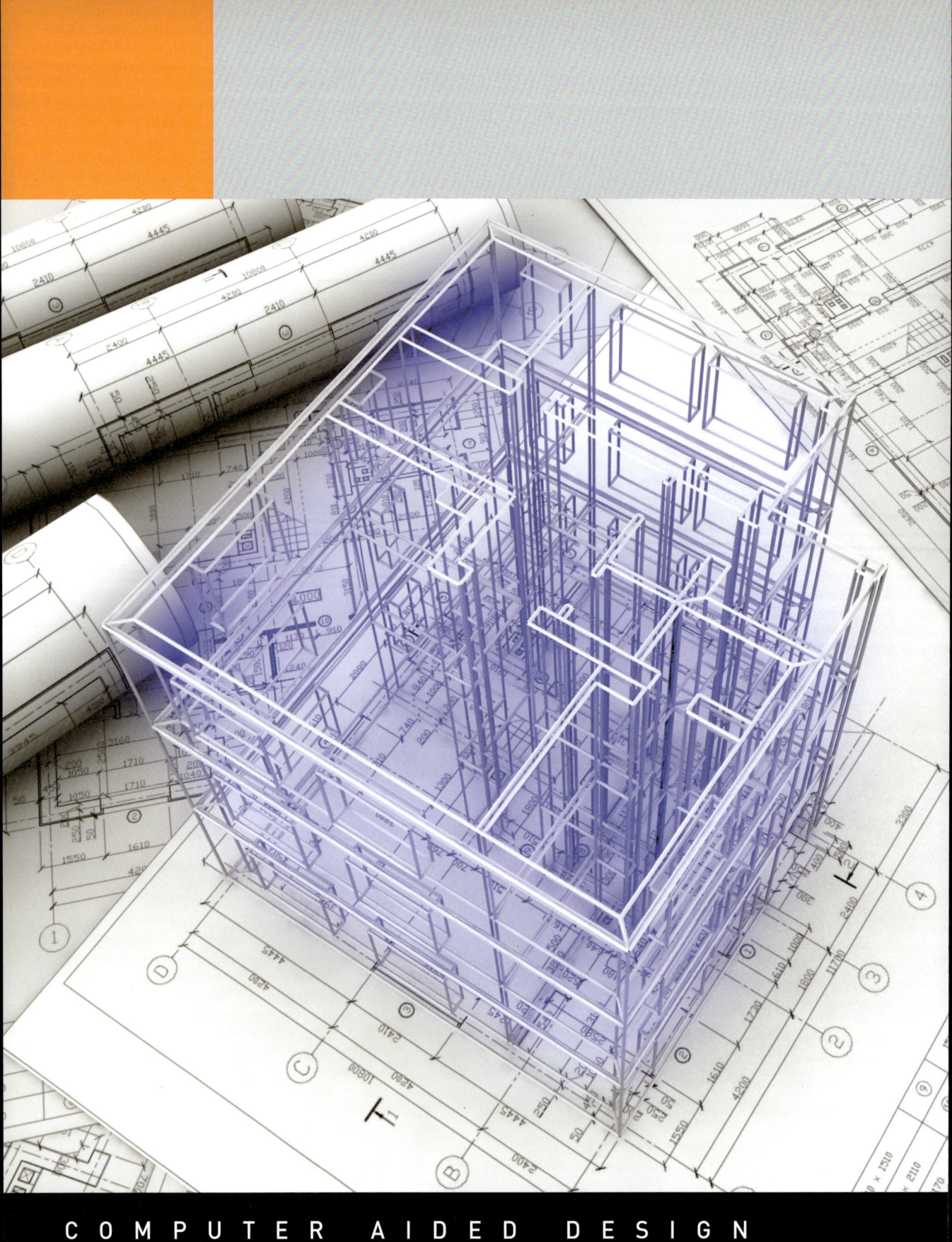

COMPUTER AIDED DESIGN

PART 05

국제기술자격증 CADTC 캐드설계기술관리사 가이드북

CADTC 기술자격증 기출문제

SECTION 01 | 3급 기출문제
SECTION 02 | 2급 기출문제
SECTION 03 | 1급 기출문제

3급 기출문제 01

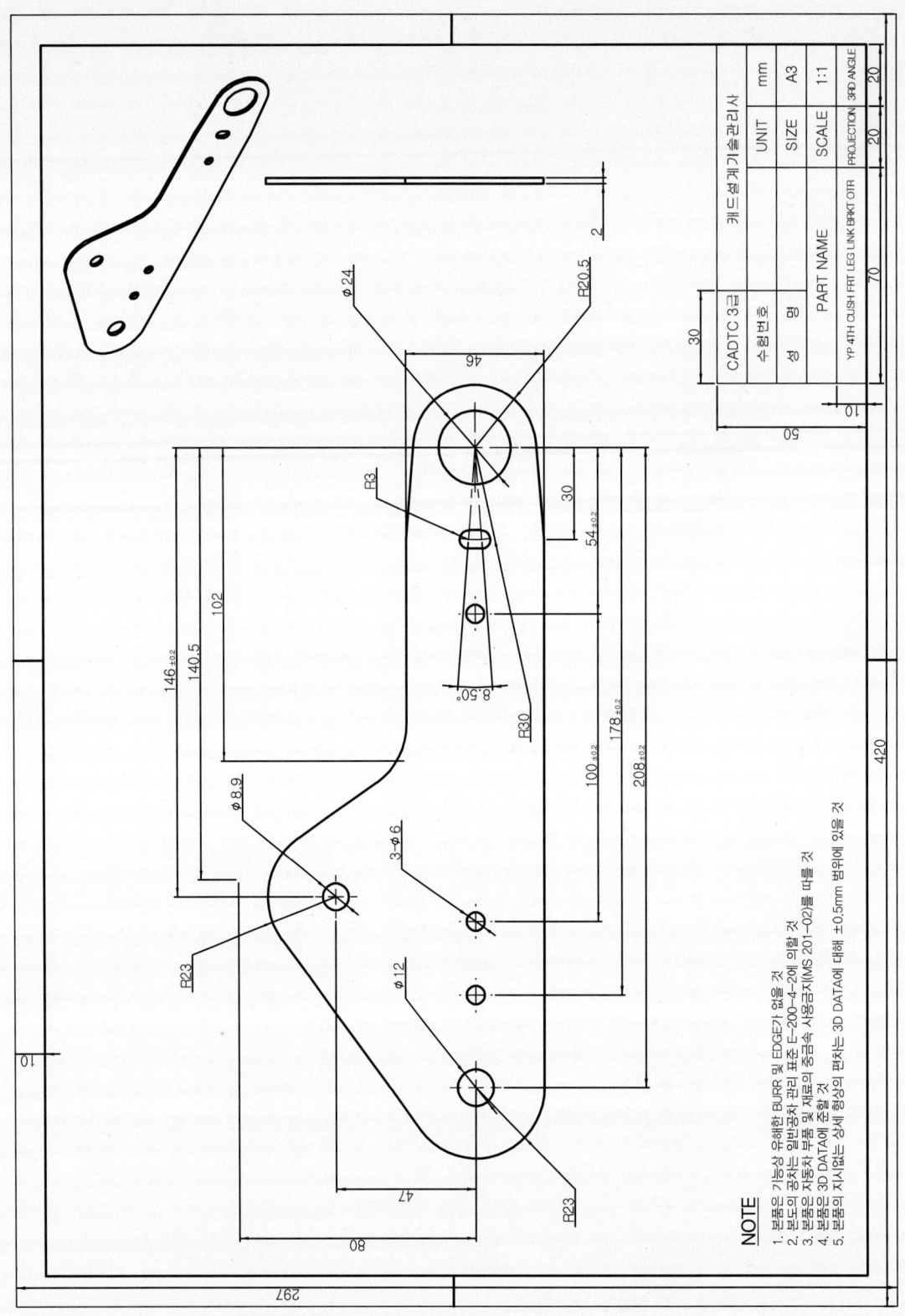

3급 기출문제 02

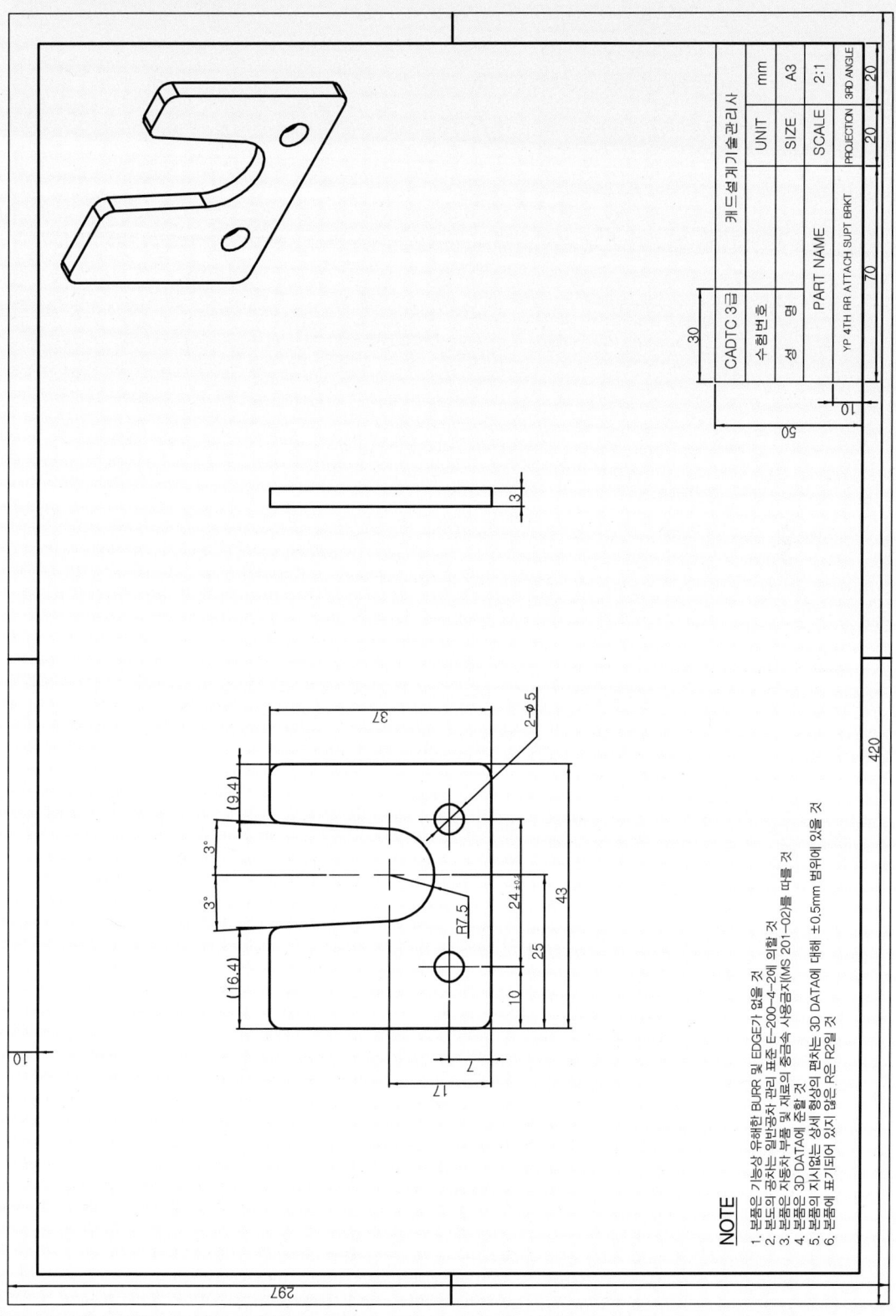

3급 기출문제 03

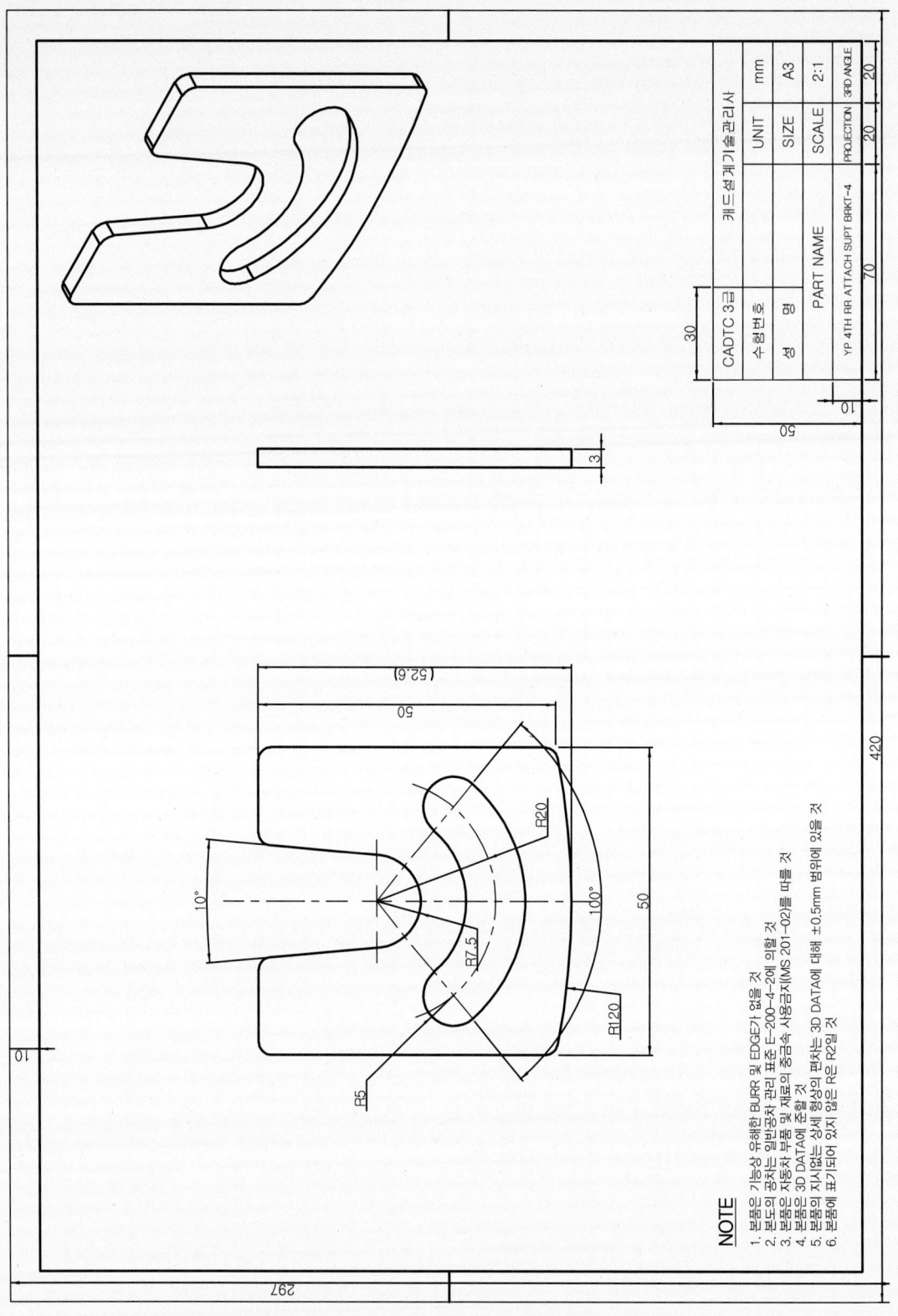

3급 기출문제 04

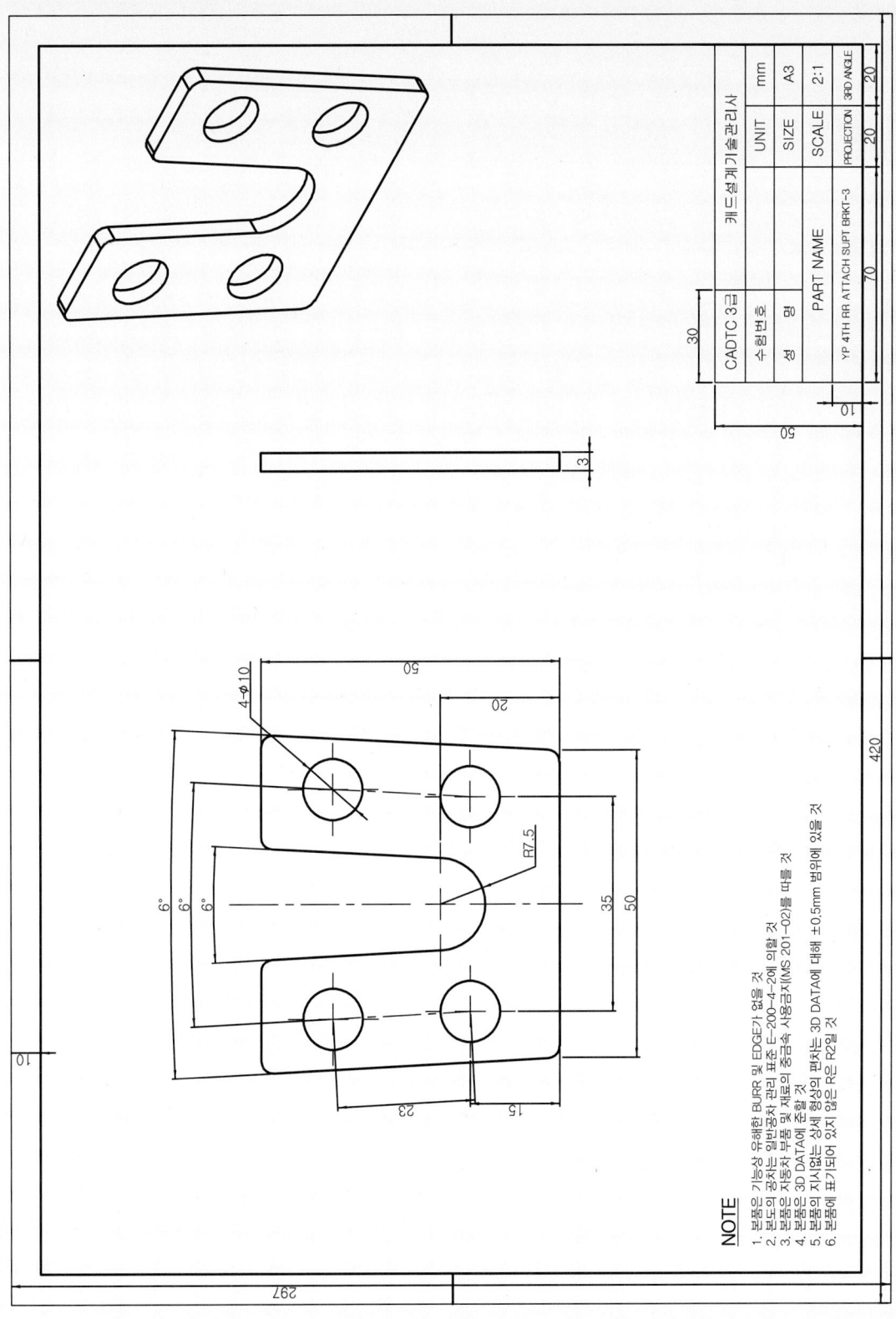

3급 기출문제 05

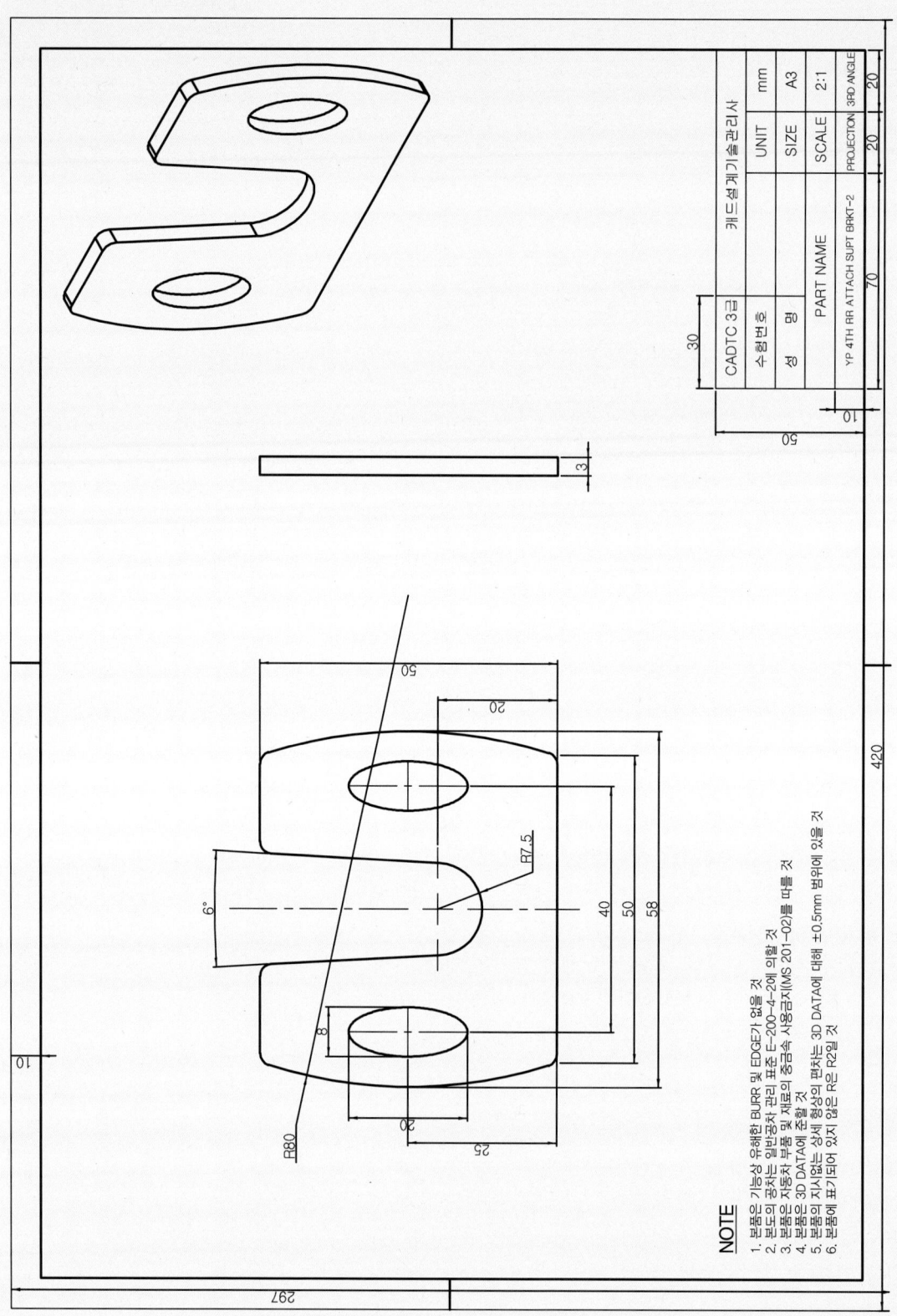

3급 기출문제 06

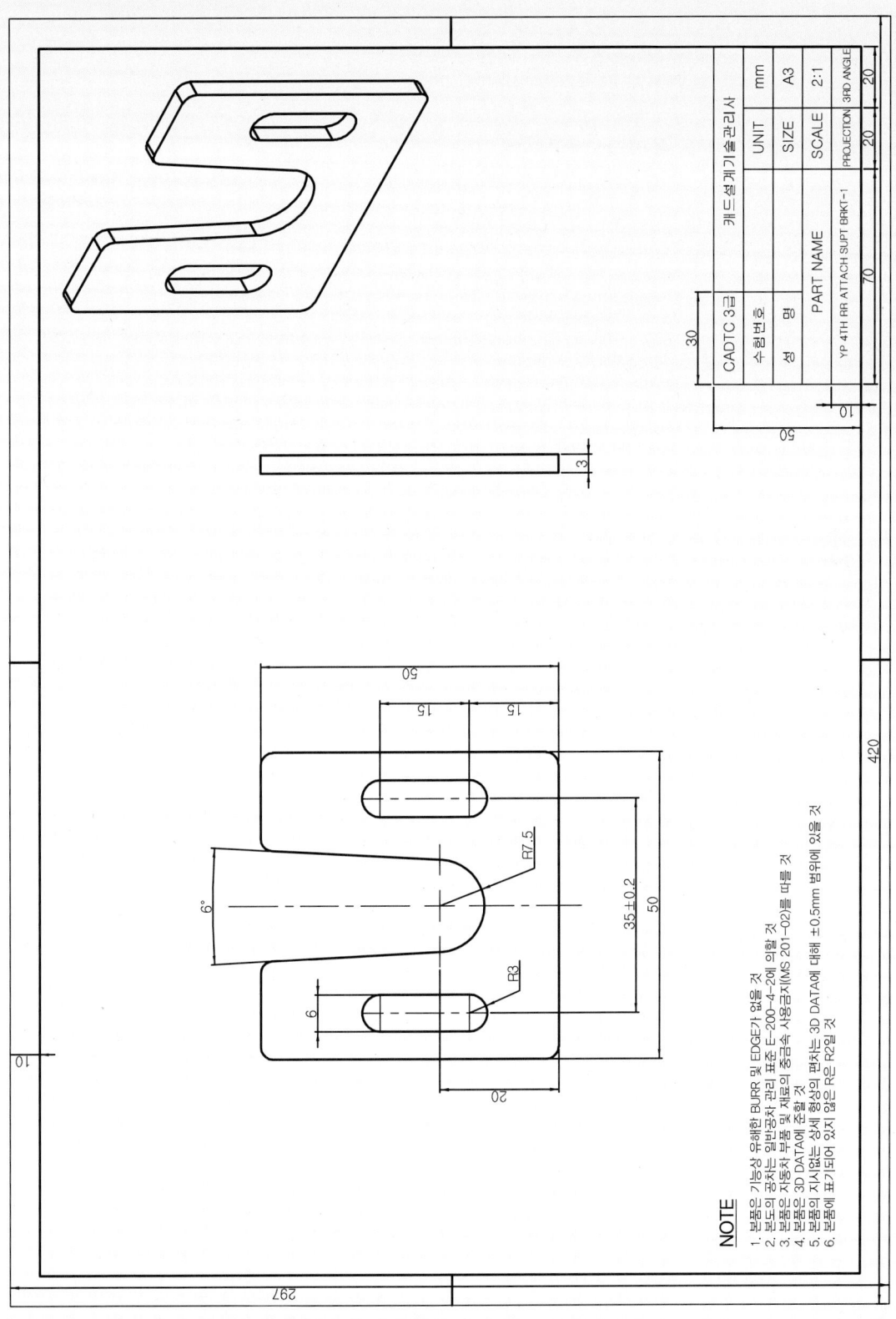

3급 기출문제 07

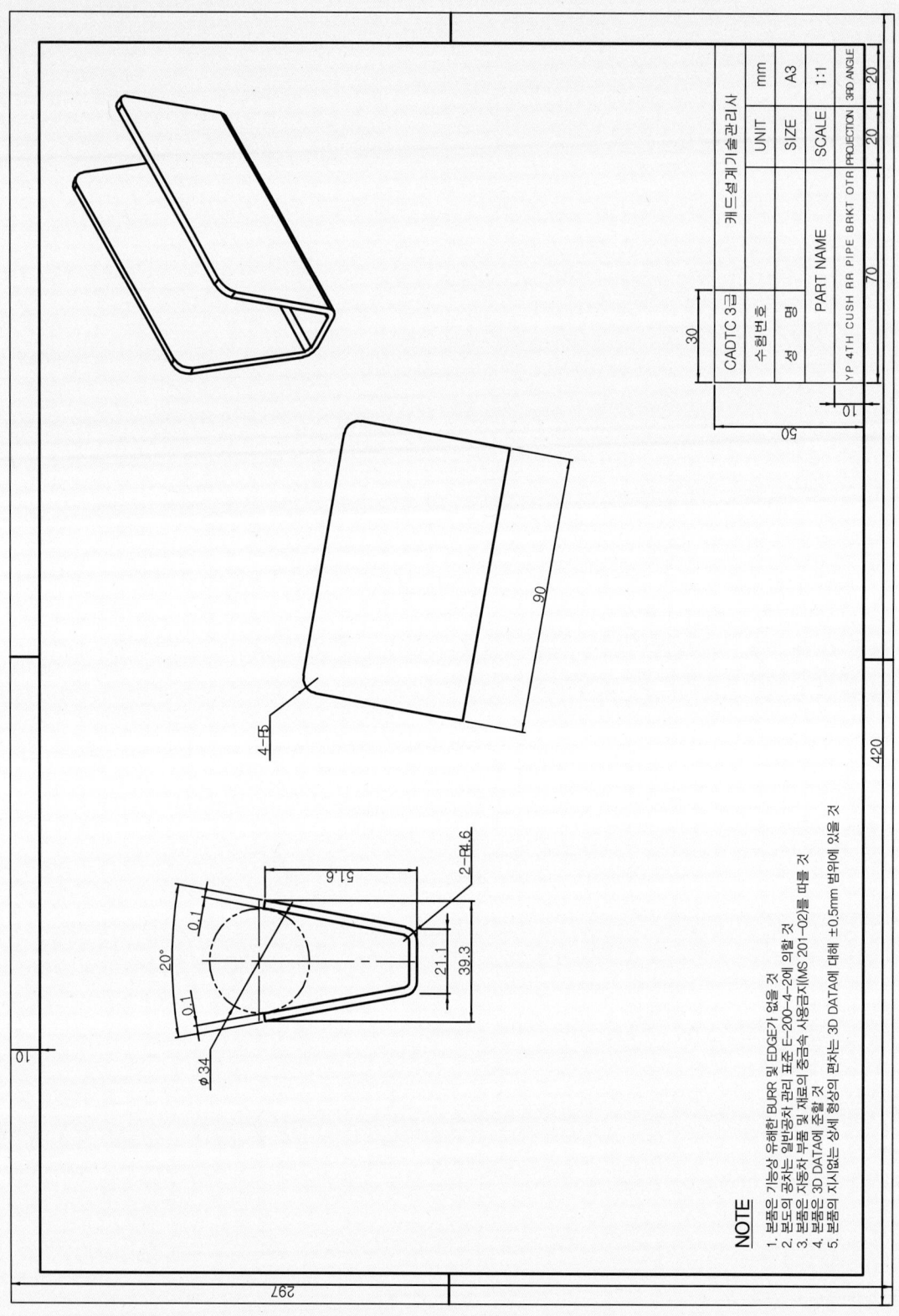

3급 기출문제 08

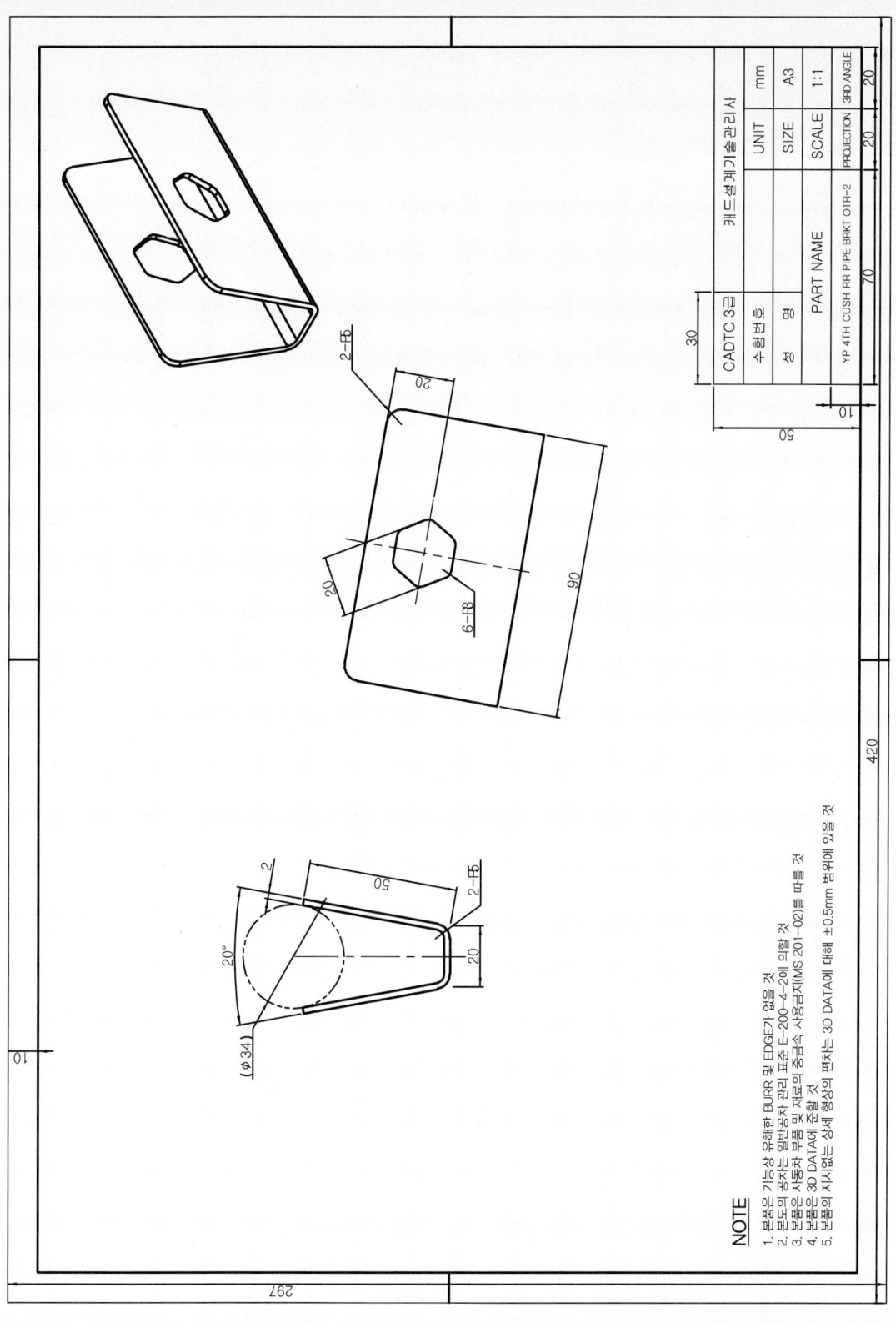

3급 기출문제 09

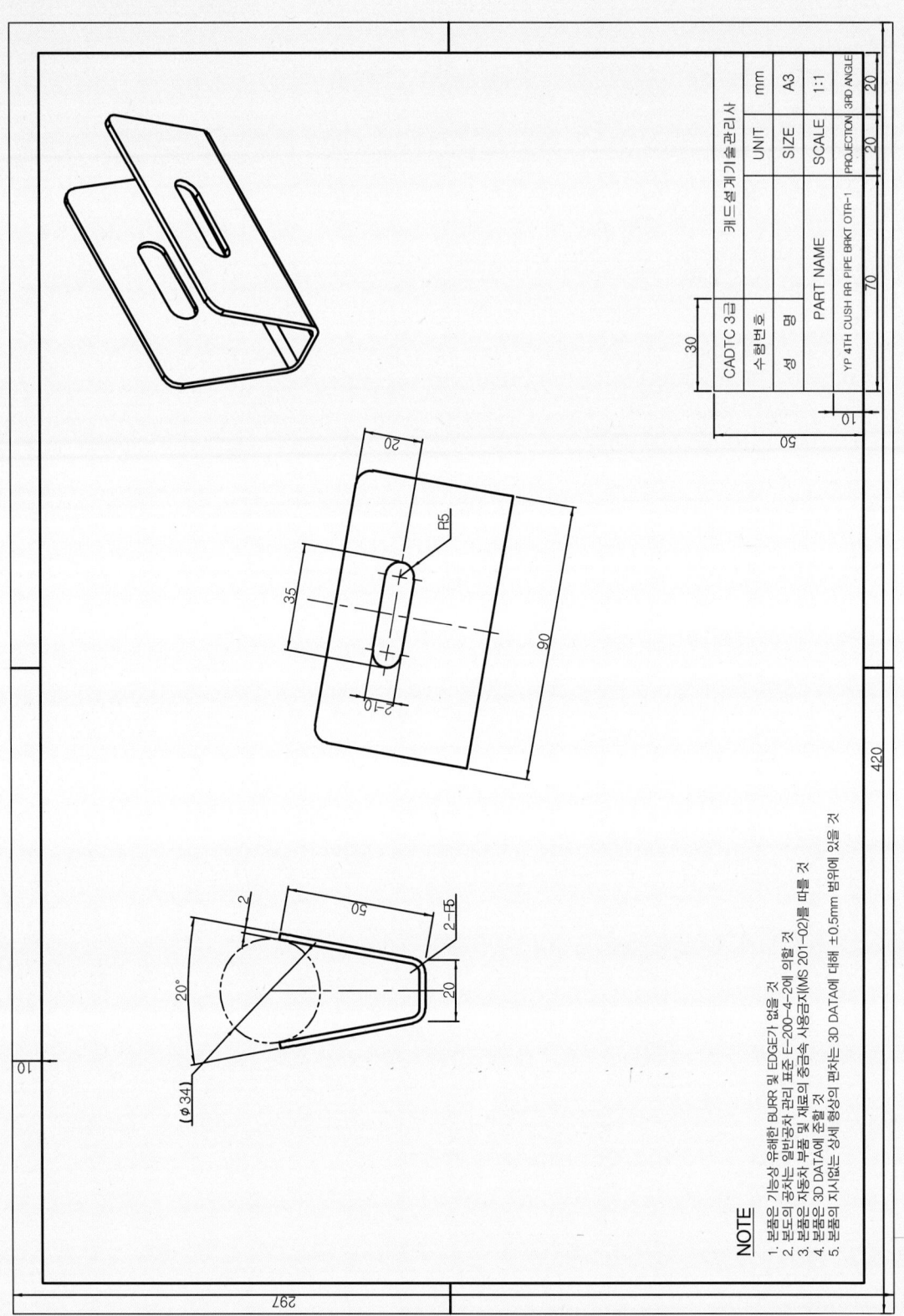

3급 기출문제 ❿

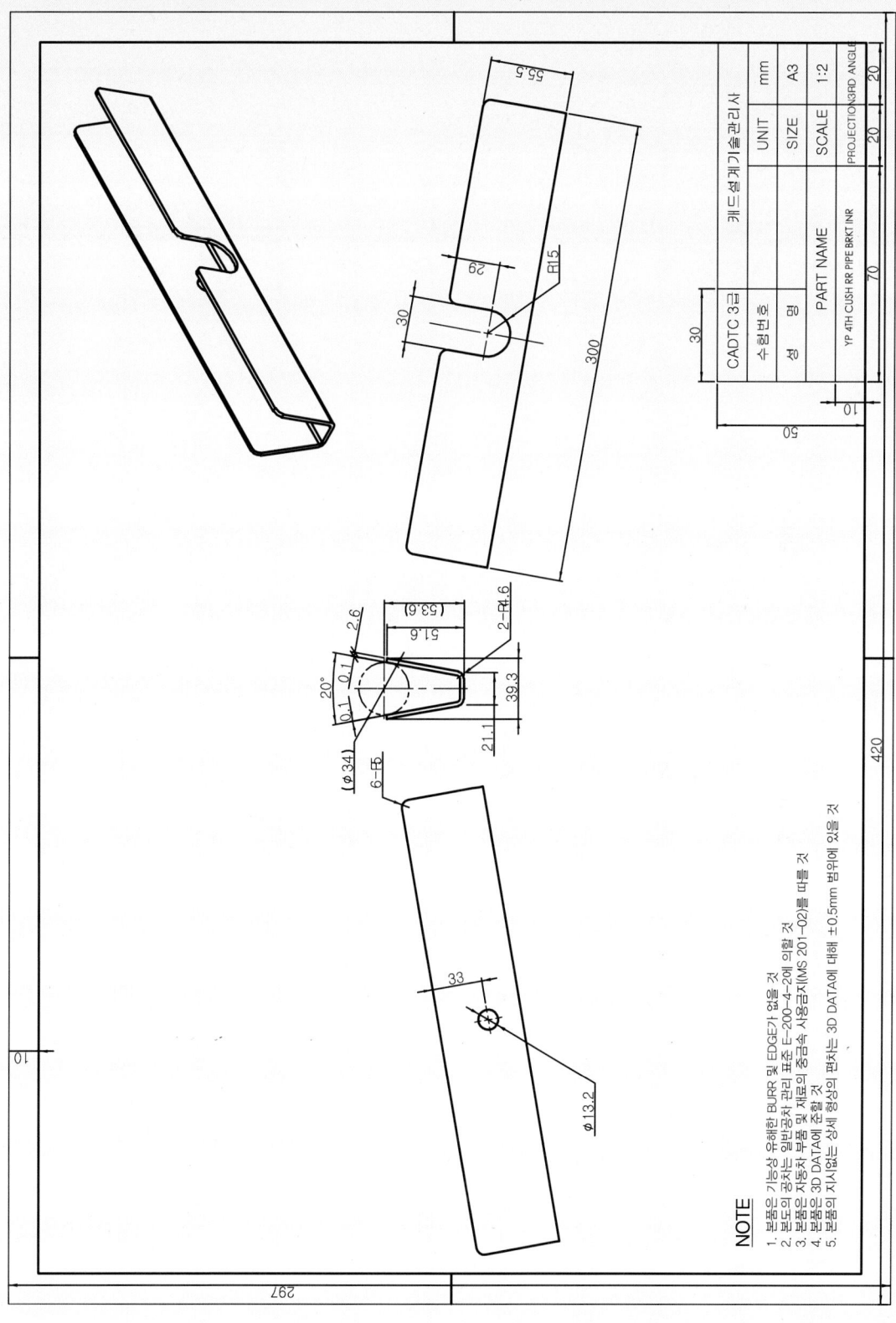

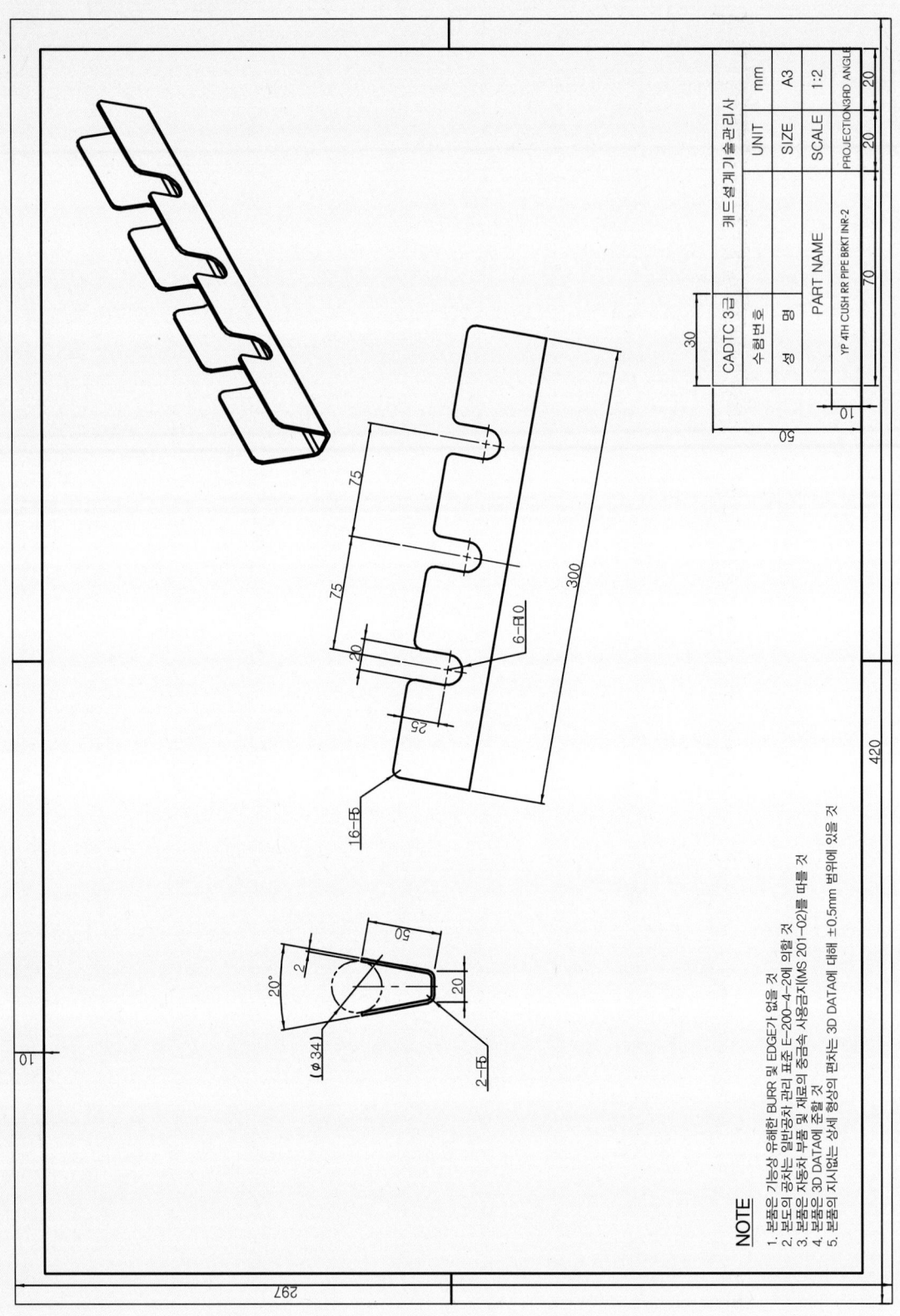

3급 기출문제 12

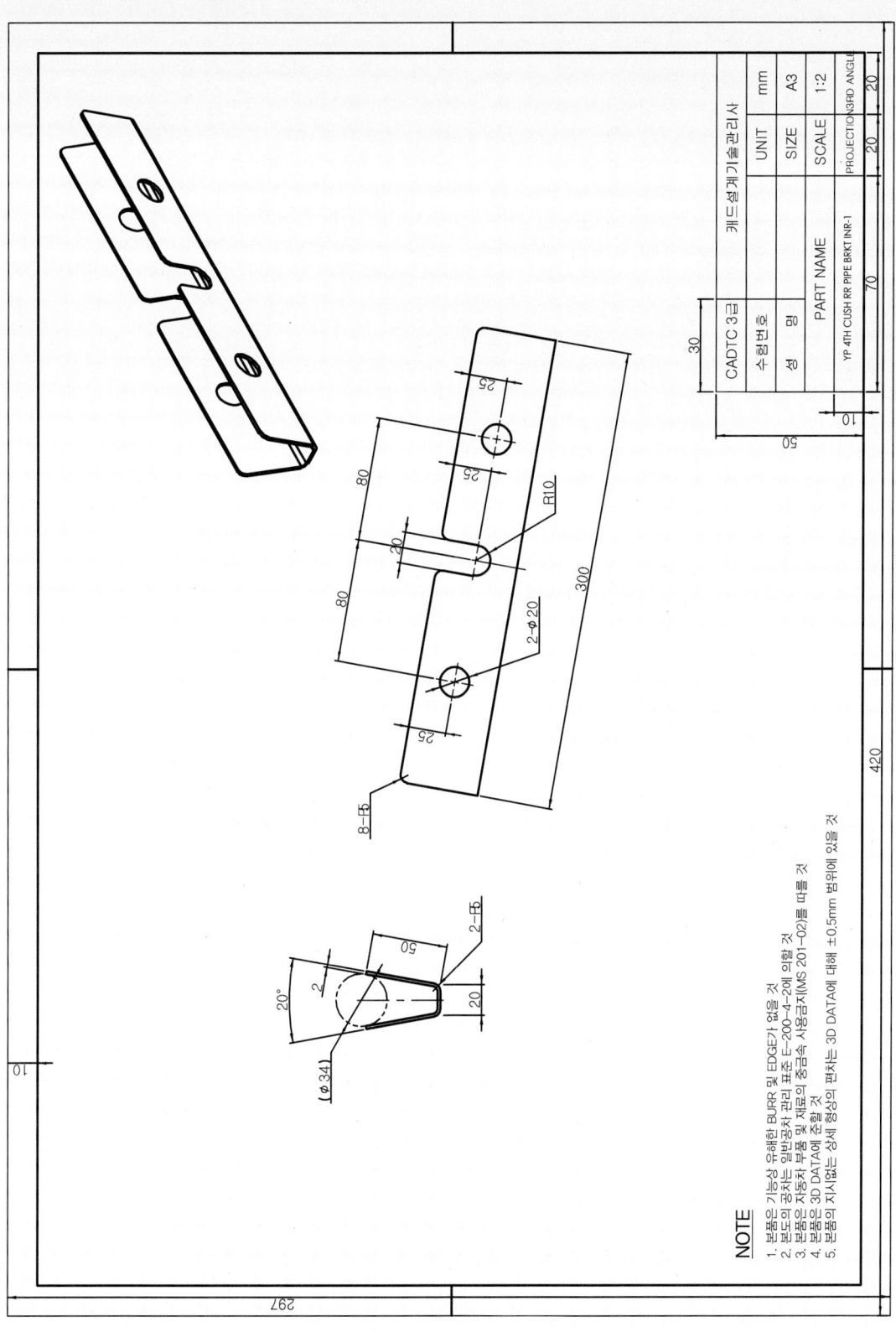

3급 기출문제 13

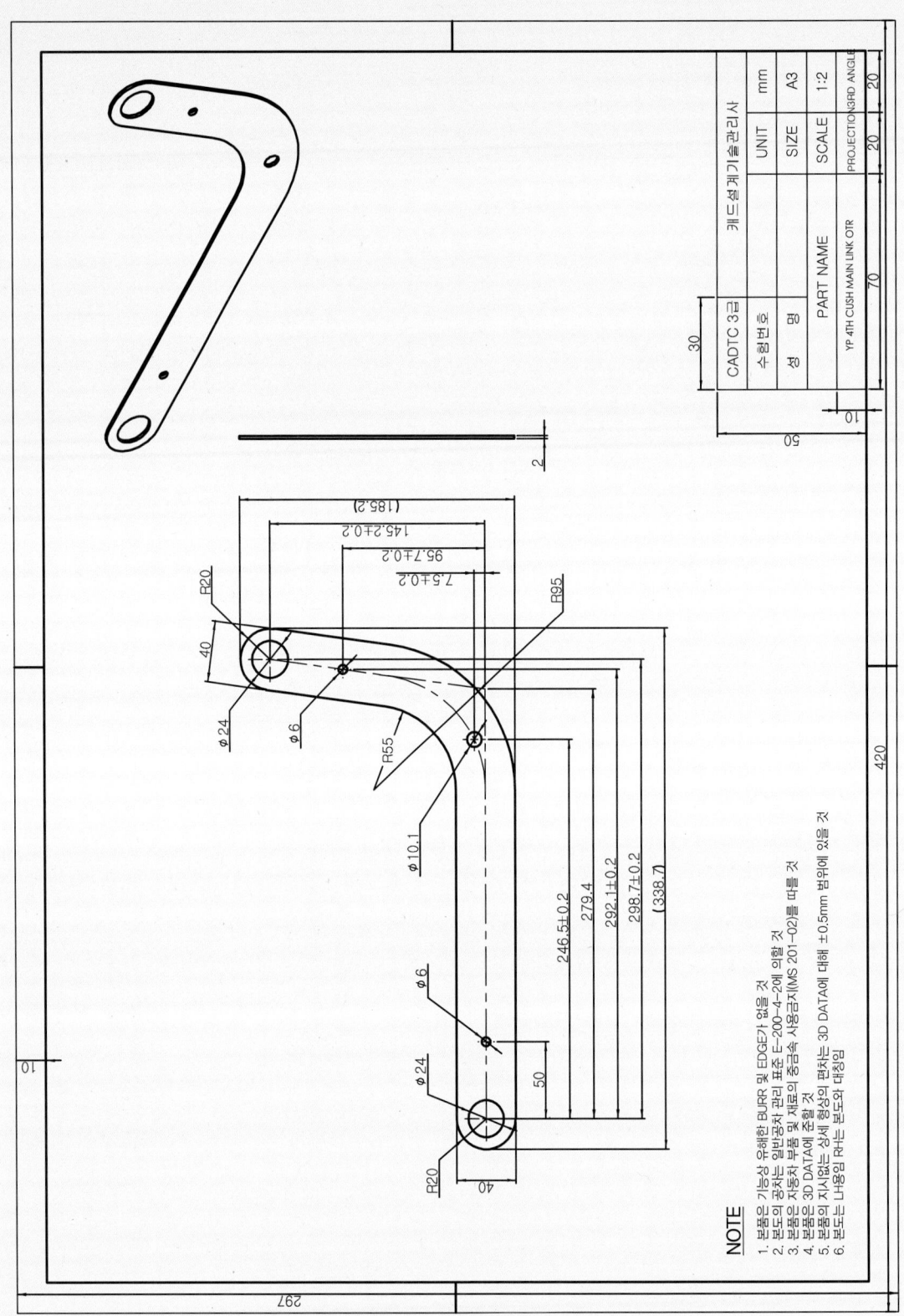

3급 기출문제 14

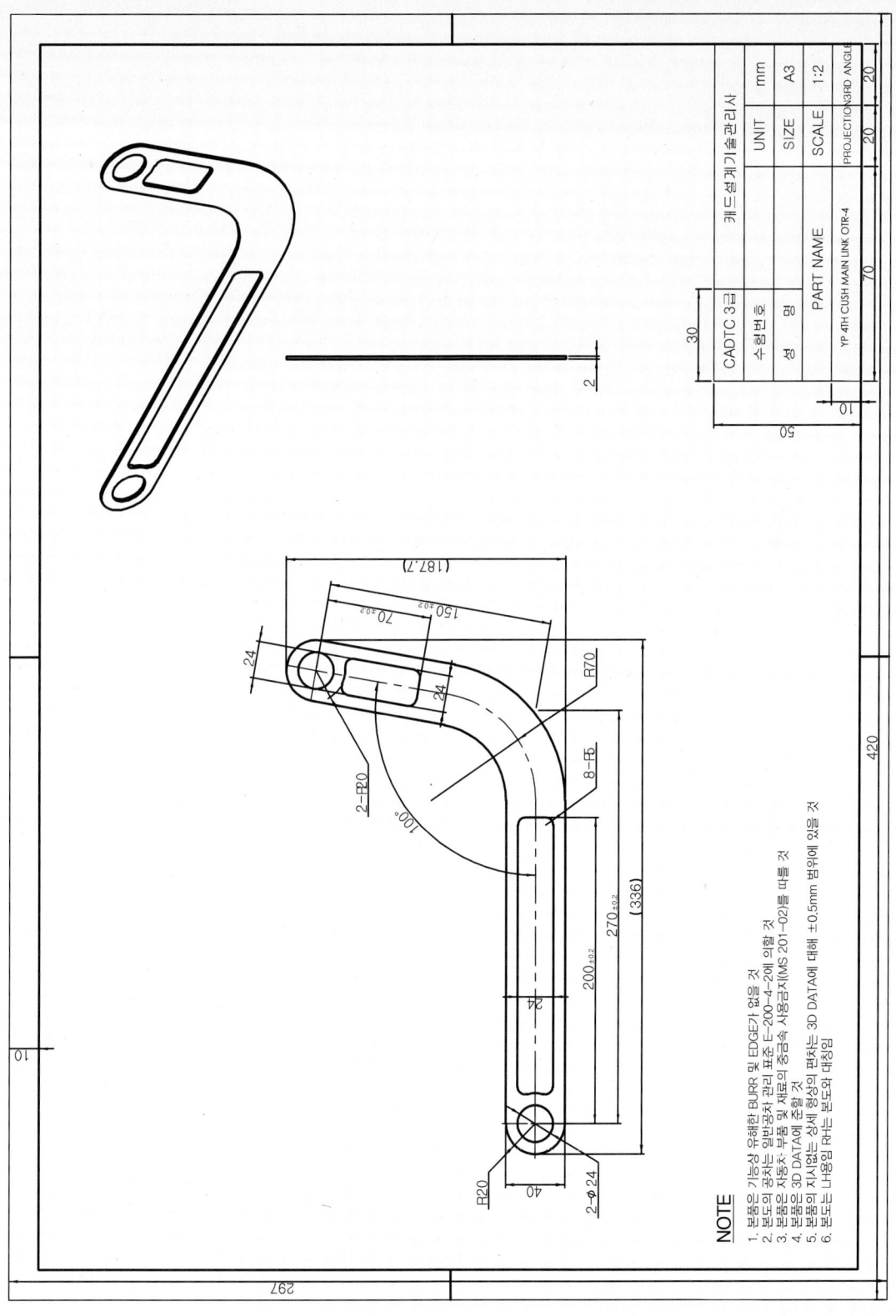

3급 기출문제 15

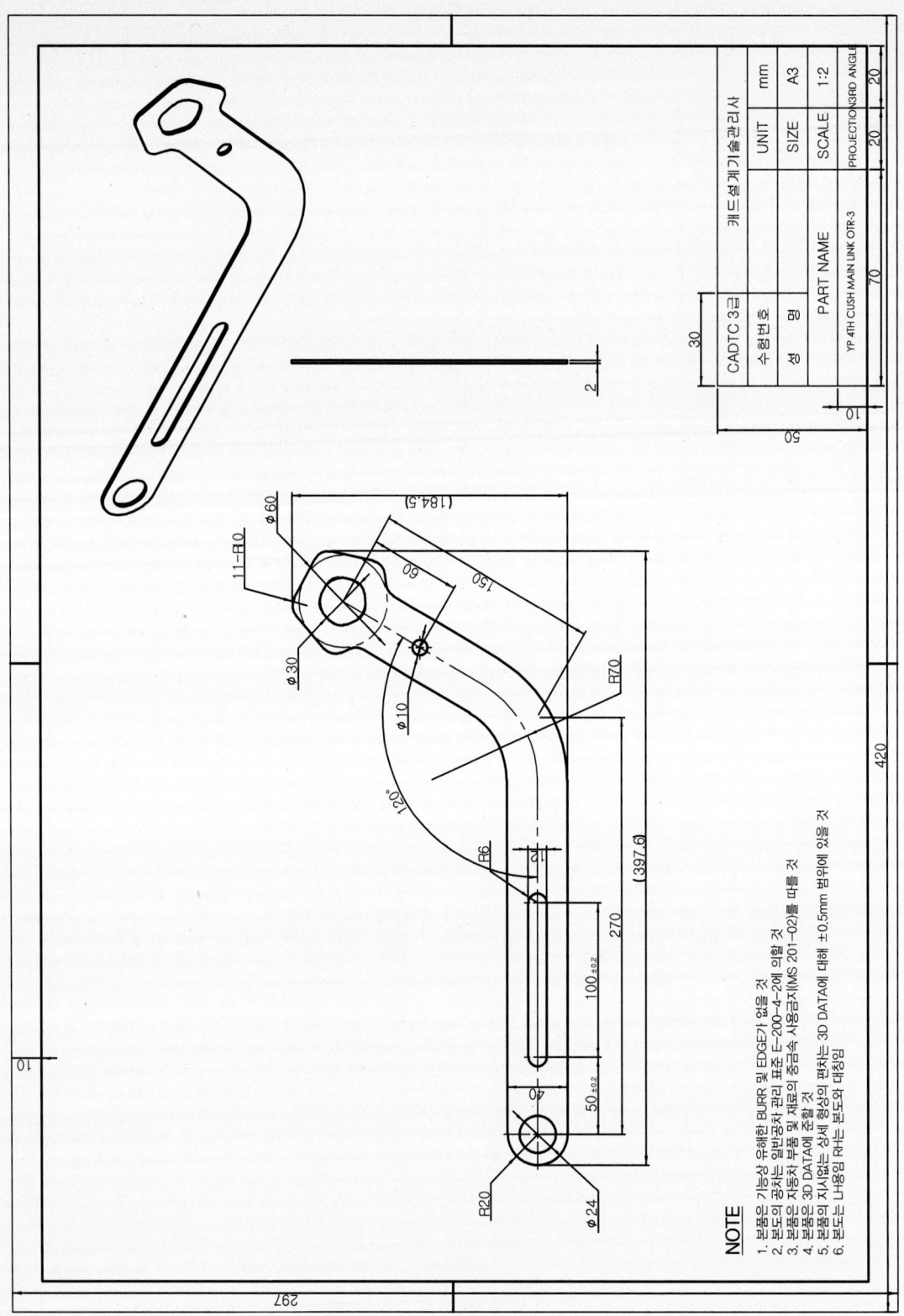

3급 기출문제 16

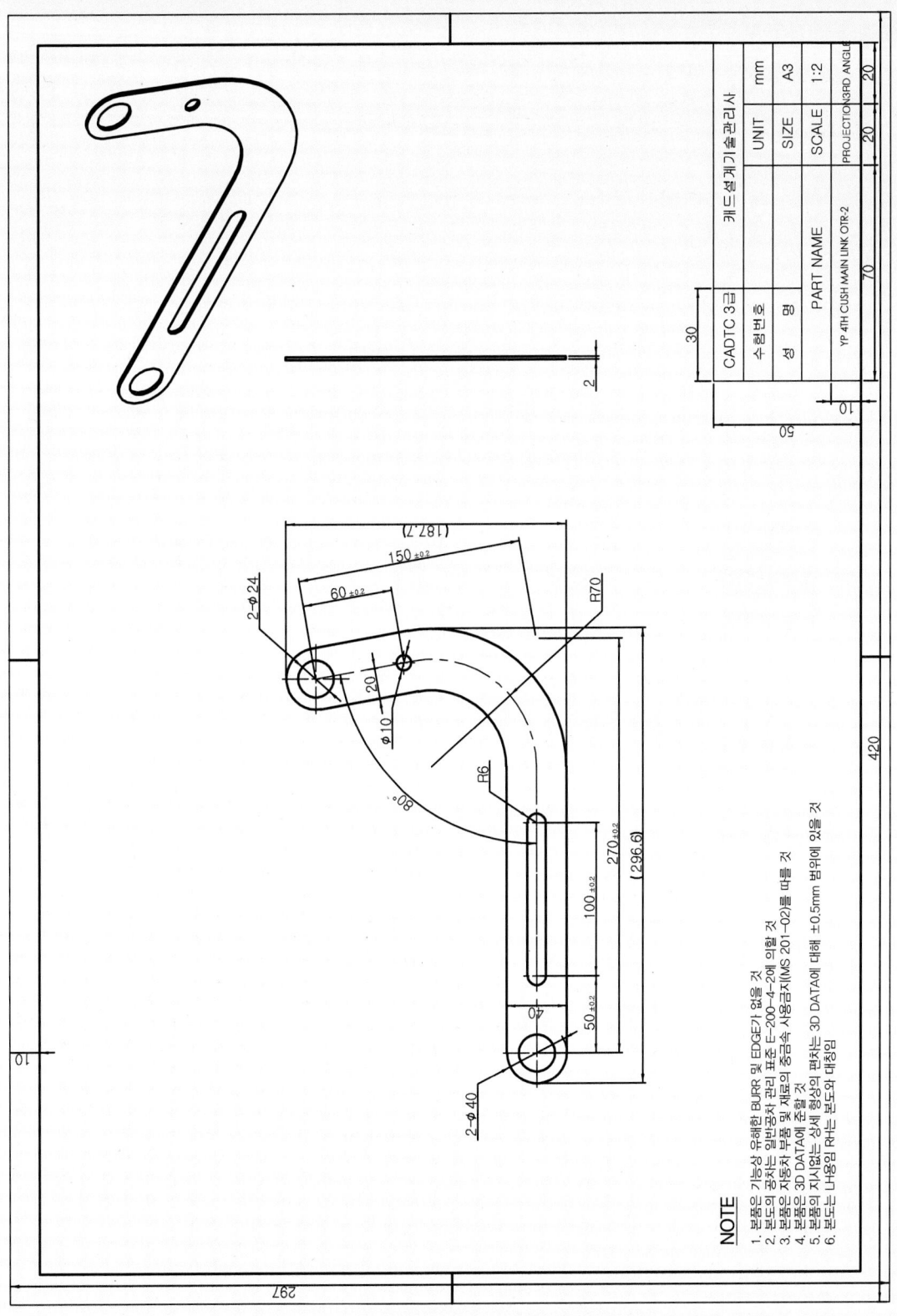

3급 기출문제 17

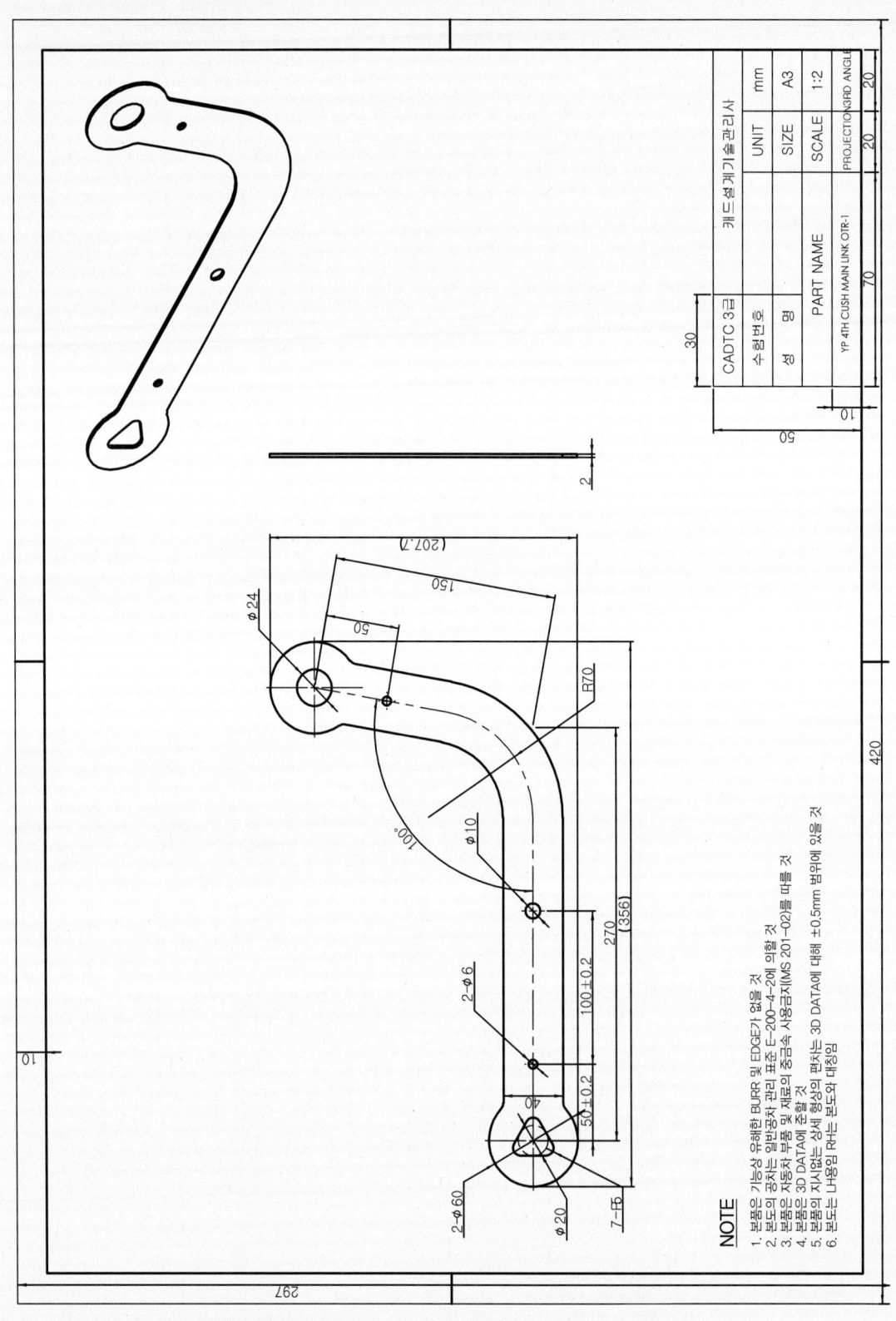

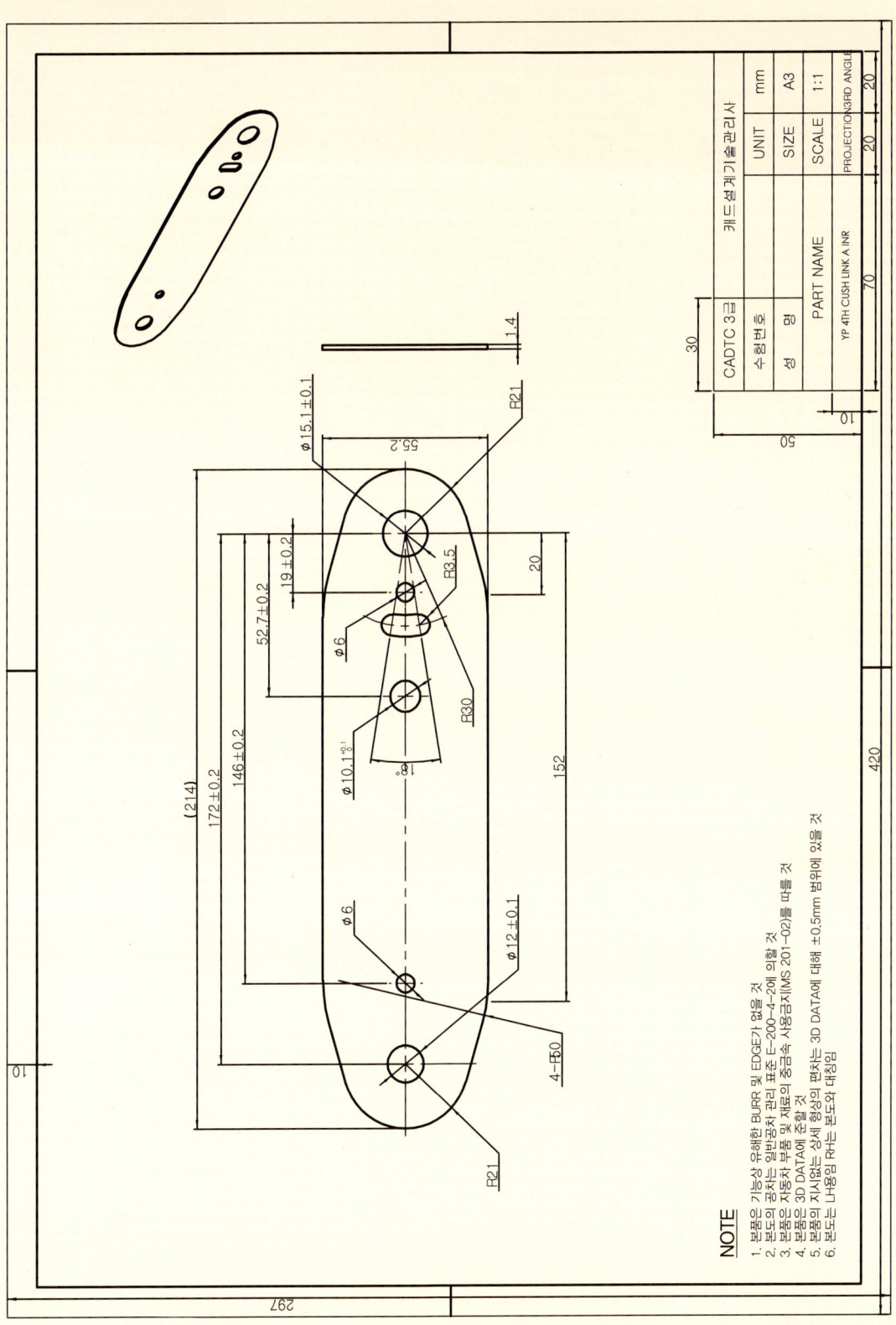

3급 기출문제 19

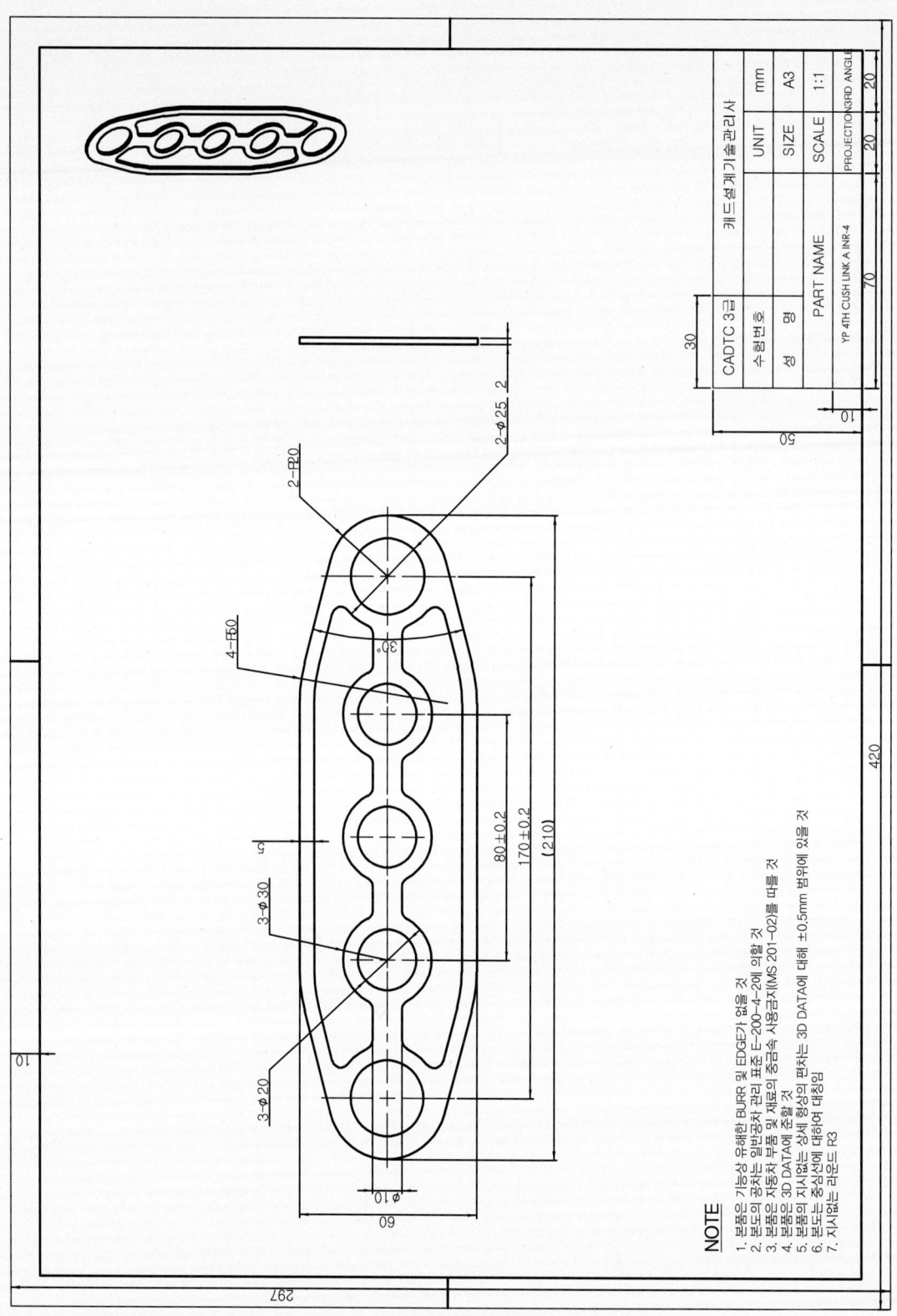

3급 기출문제 20

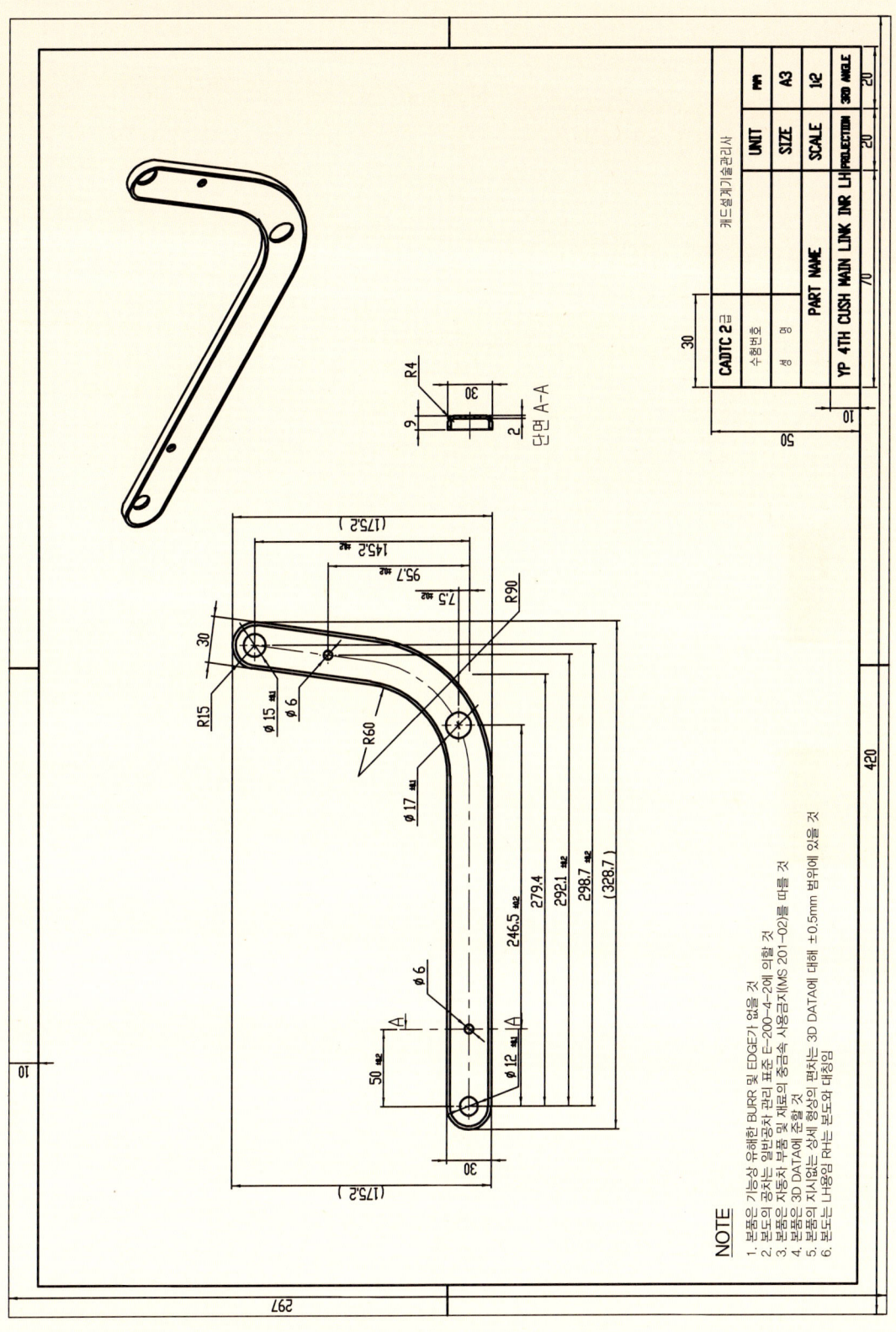

3급 기출문제 21

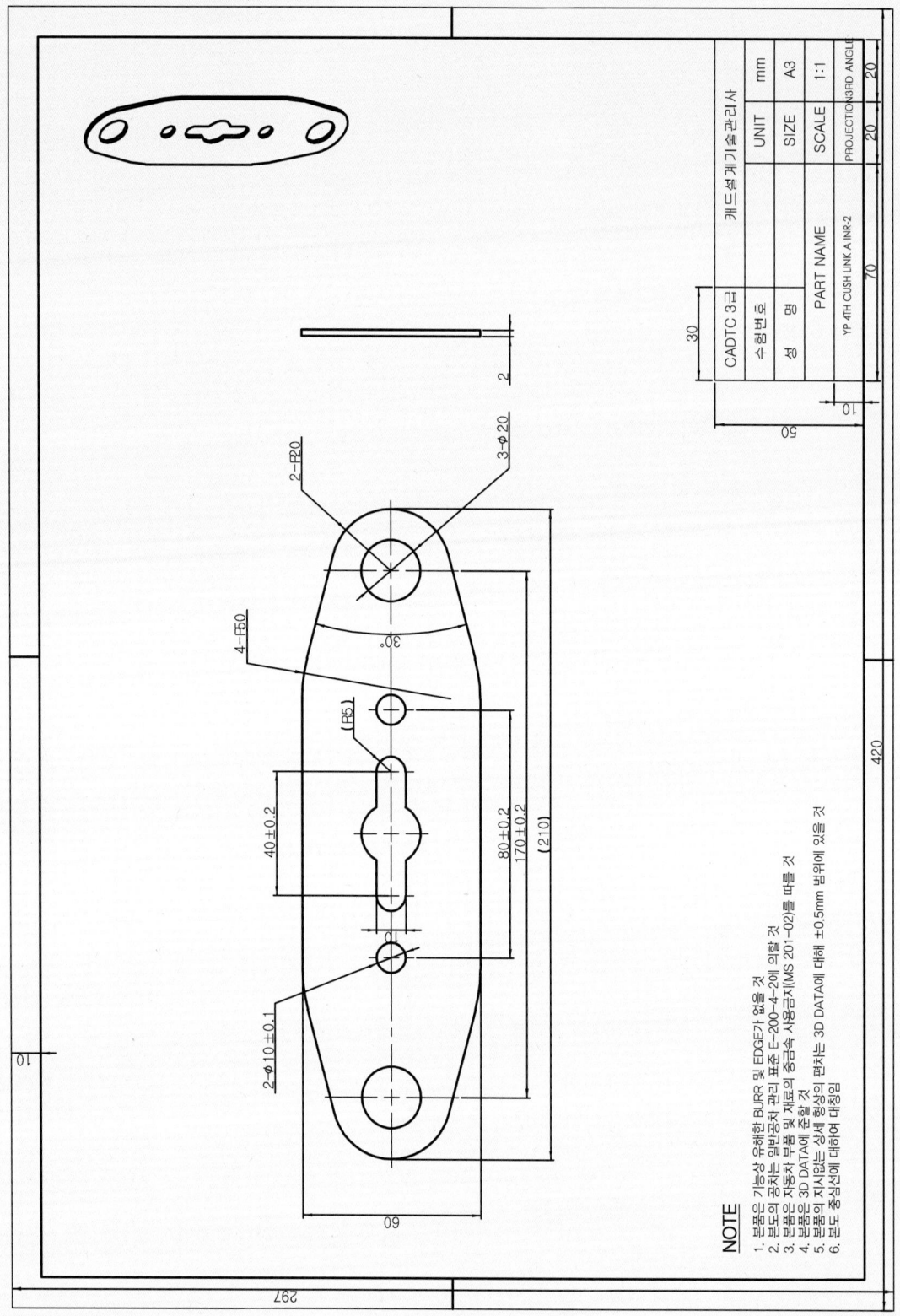

3급 기출문제 22

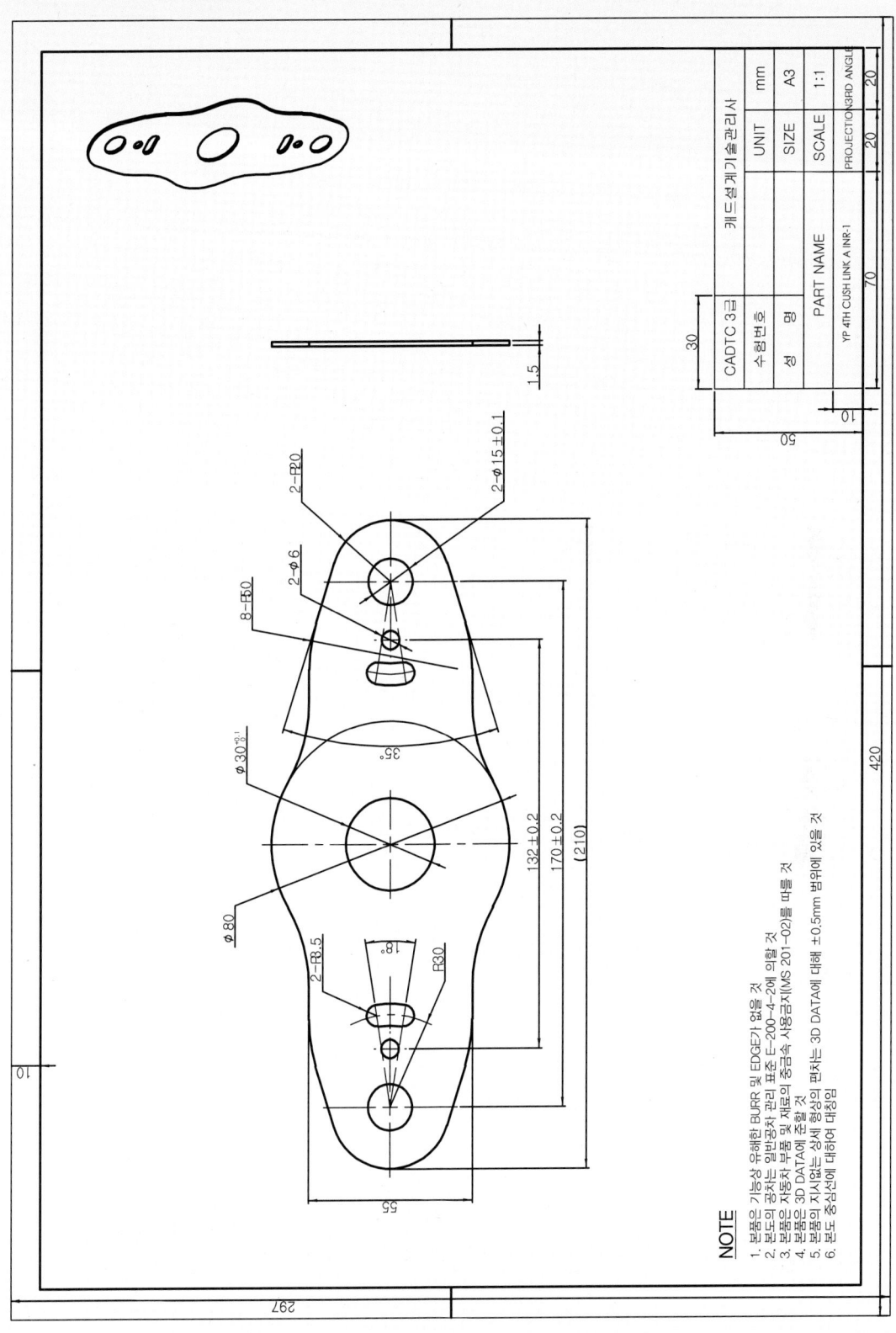

3급 기출문제 23

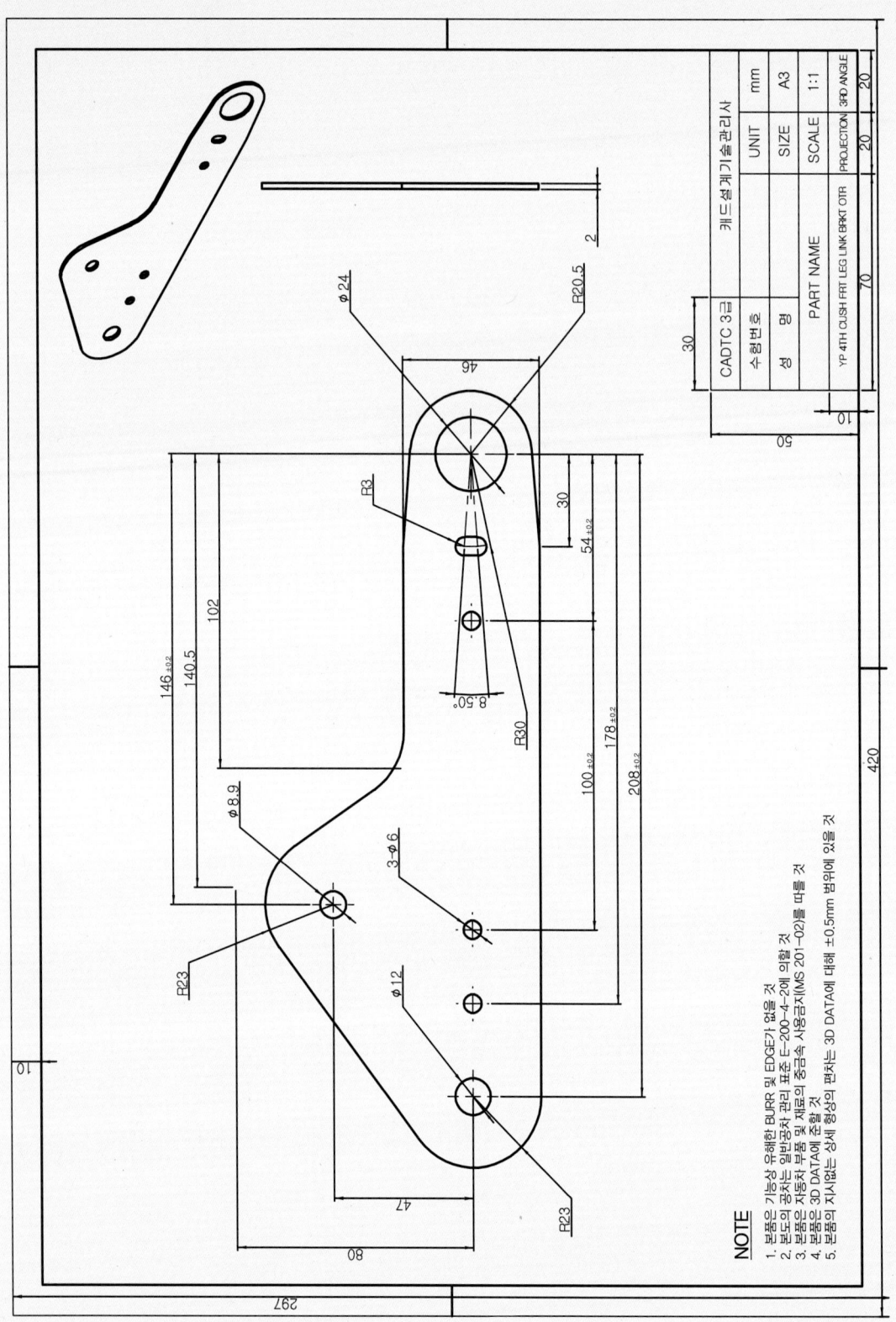

3급 기출문제 24

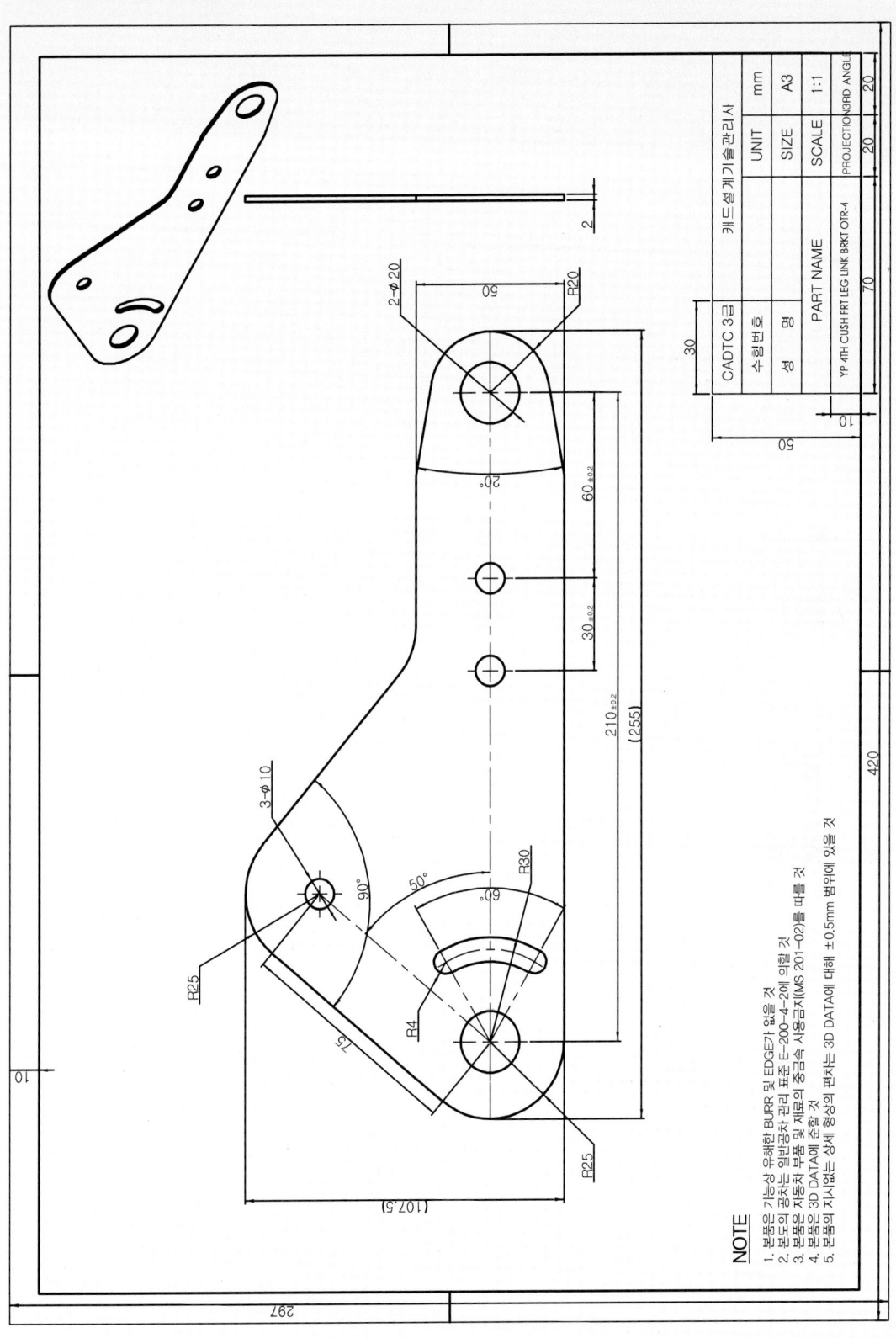

3급 기출문제 25

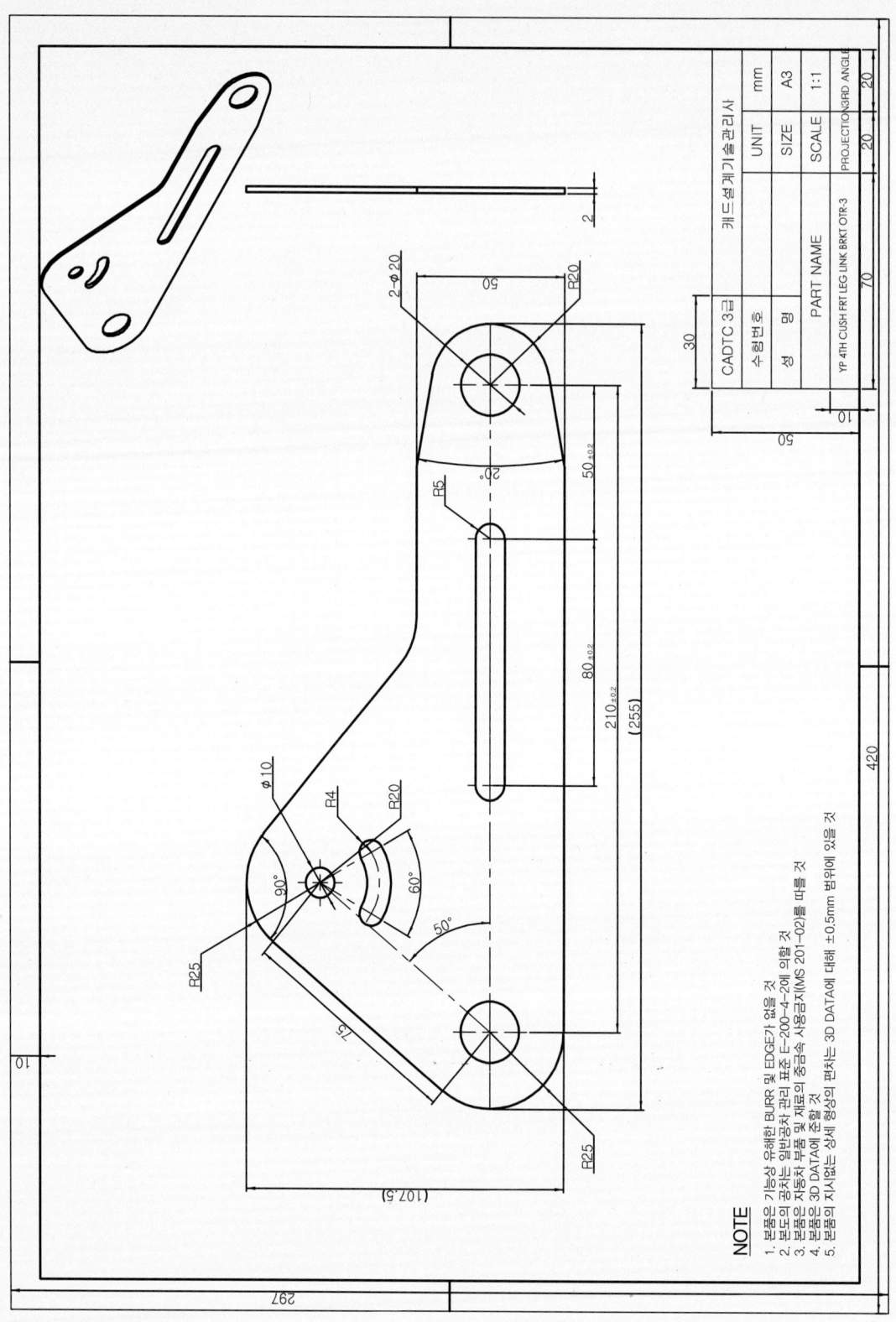

3급 기출문제 26

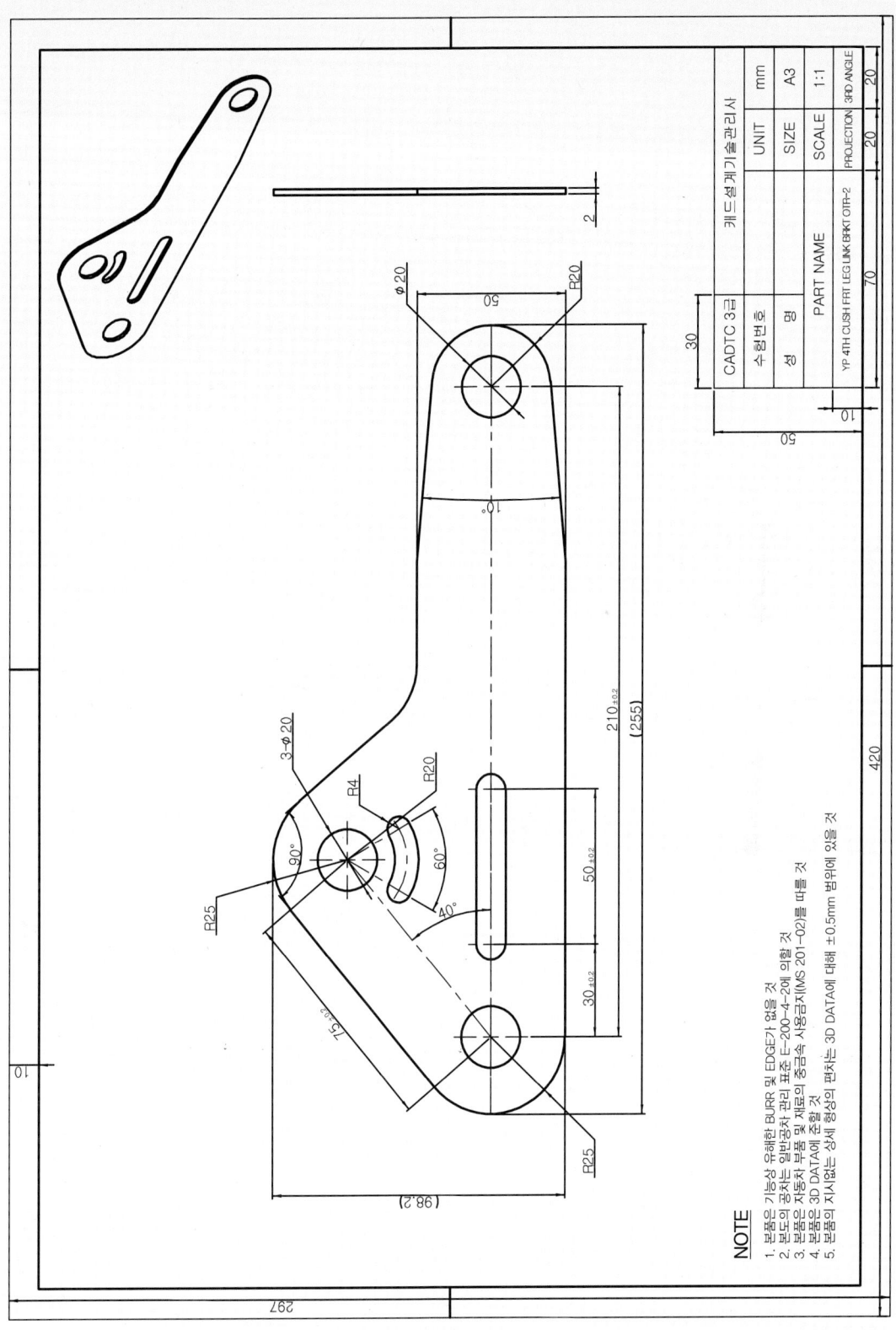

3급 기출문제 27

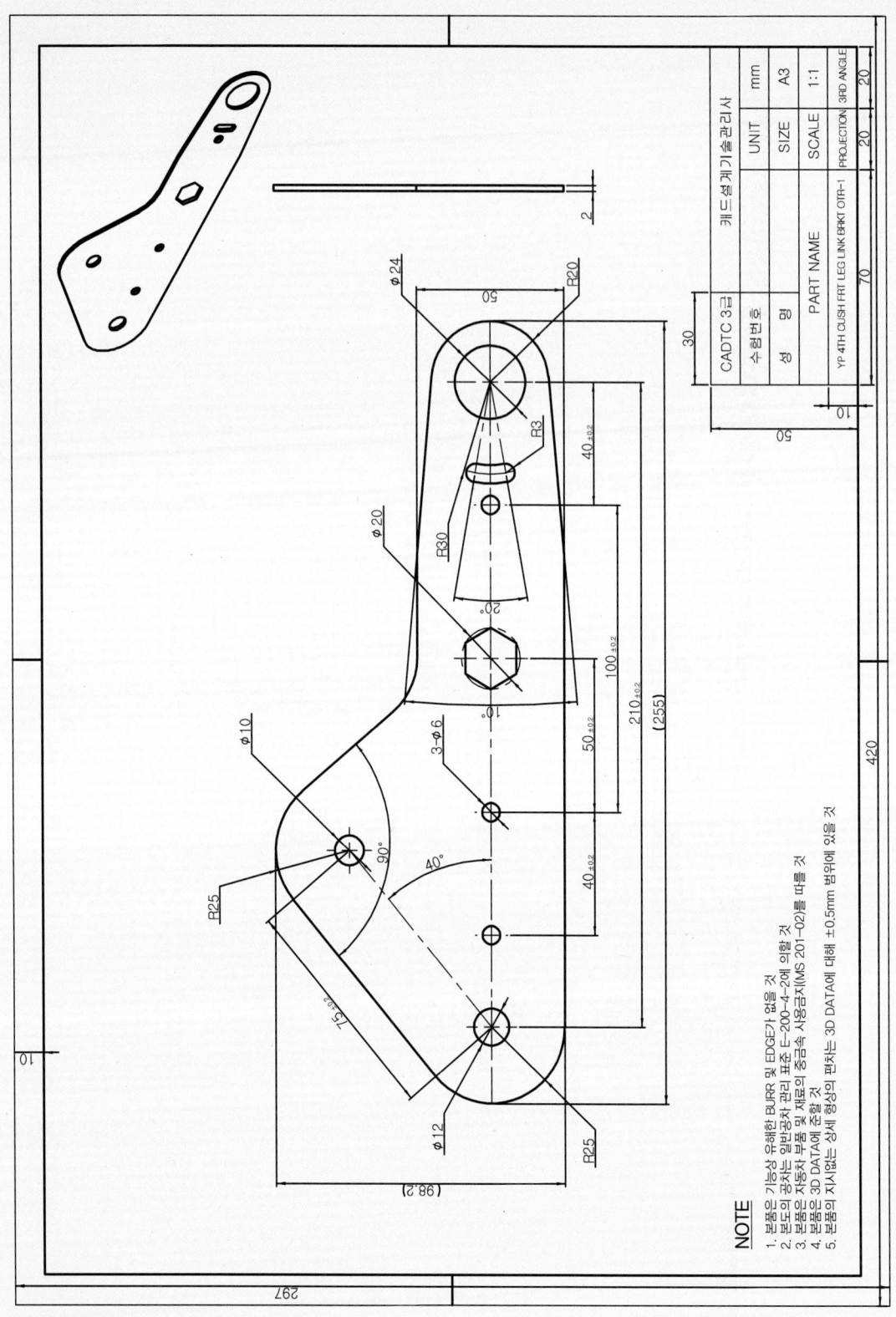

2급 기출문제 01

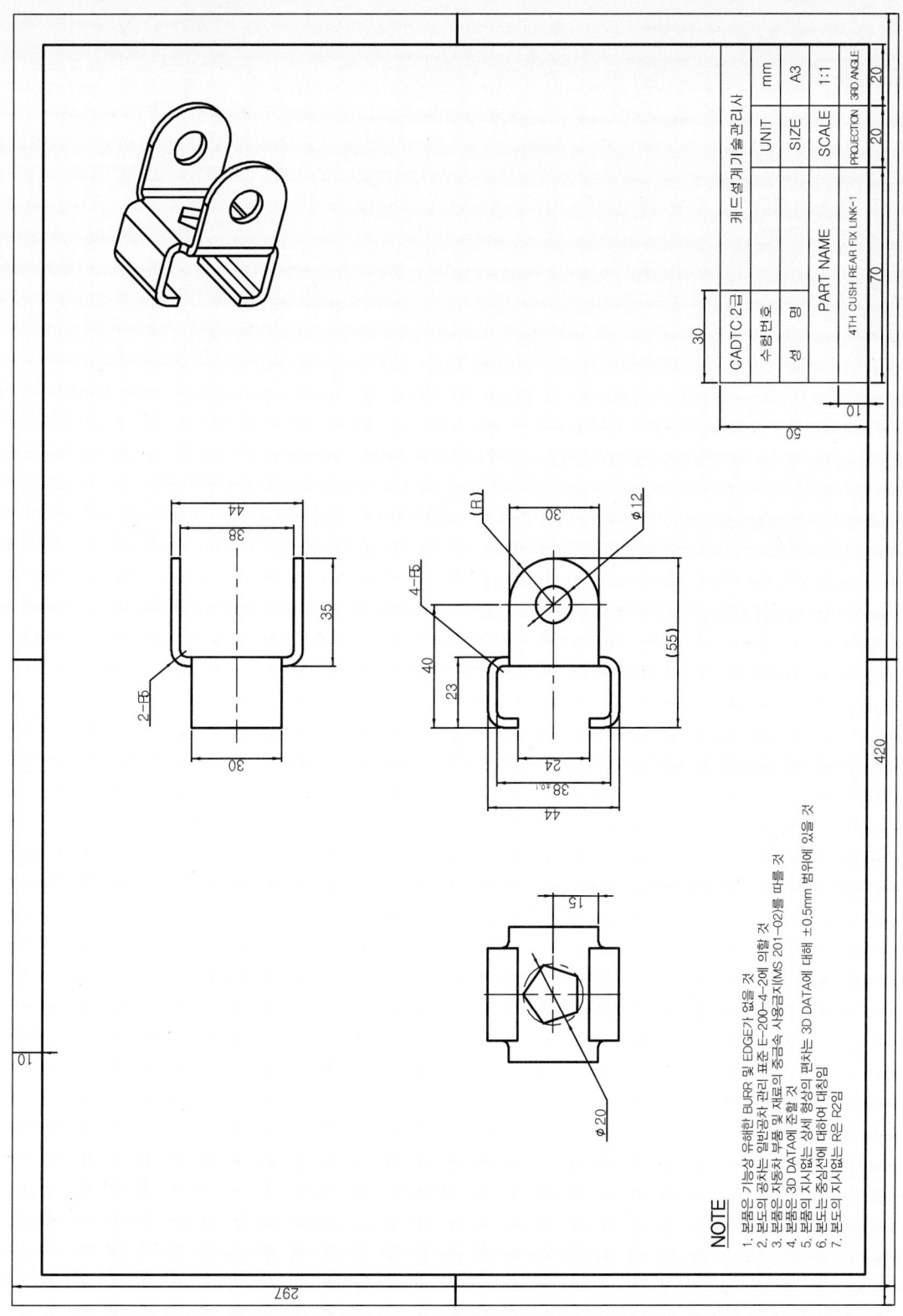

2급 기출문제 02

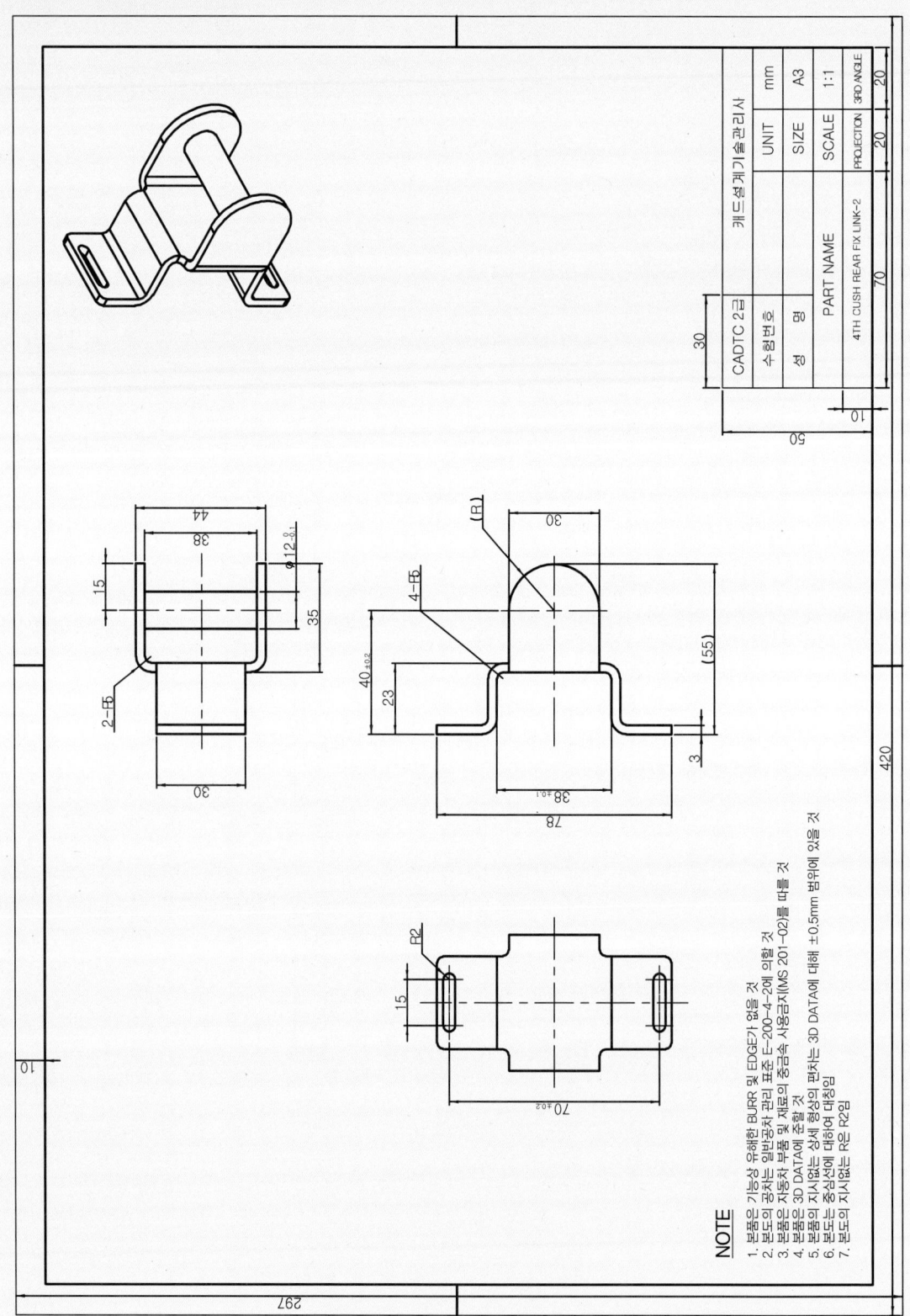

2급 기출문제 03

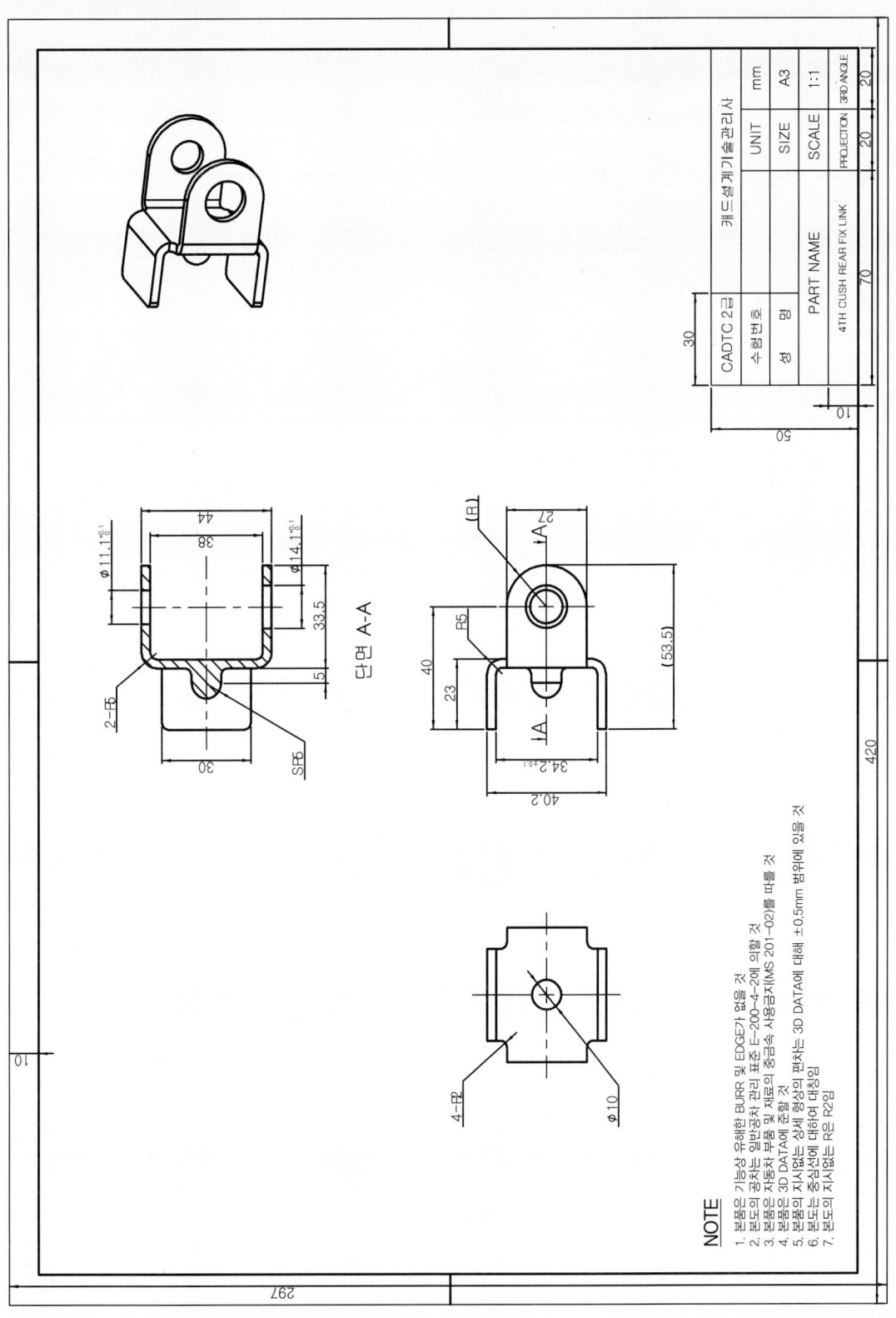

2급 기출문제 04

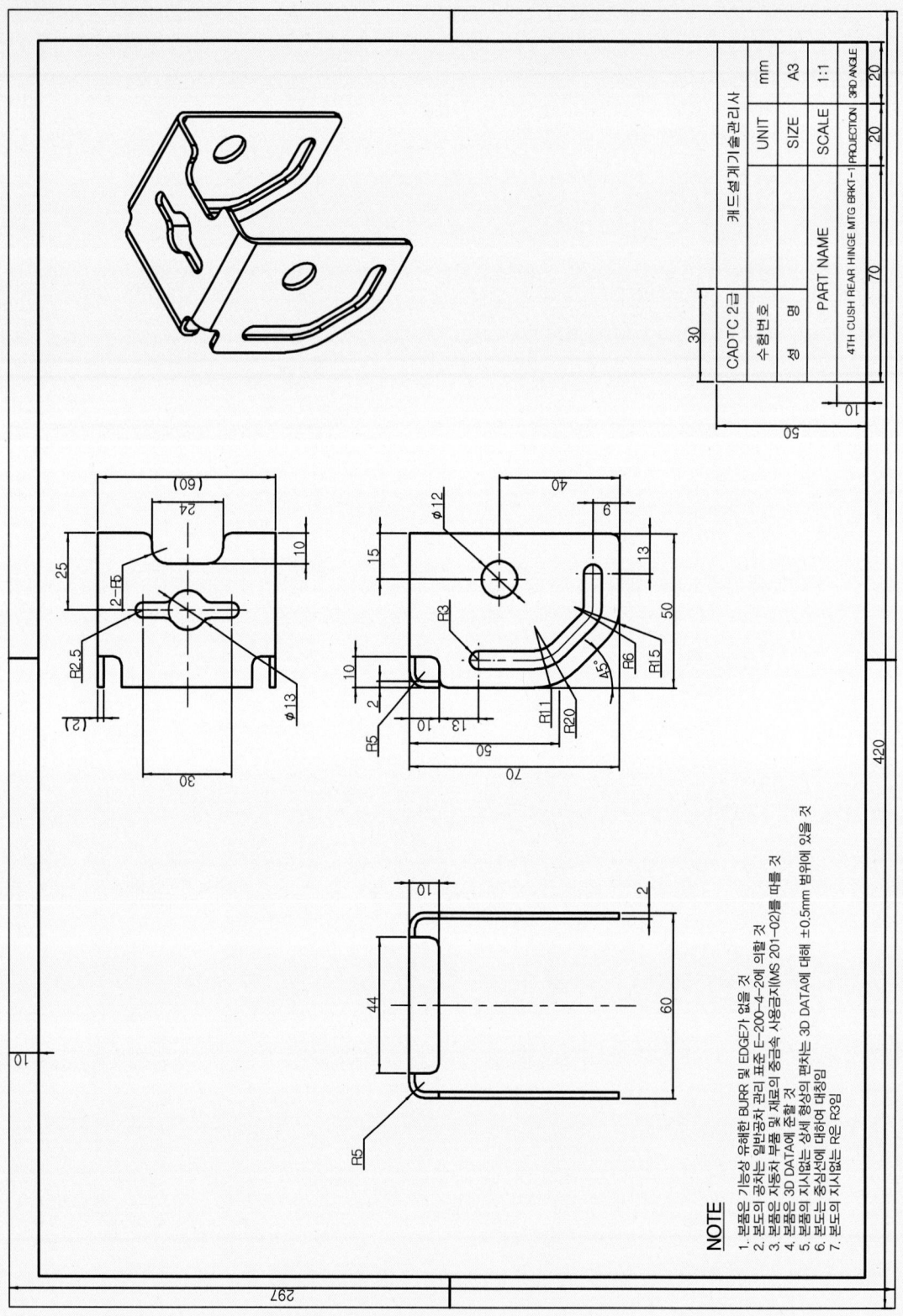

2급 기출문제 05

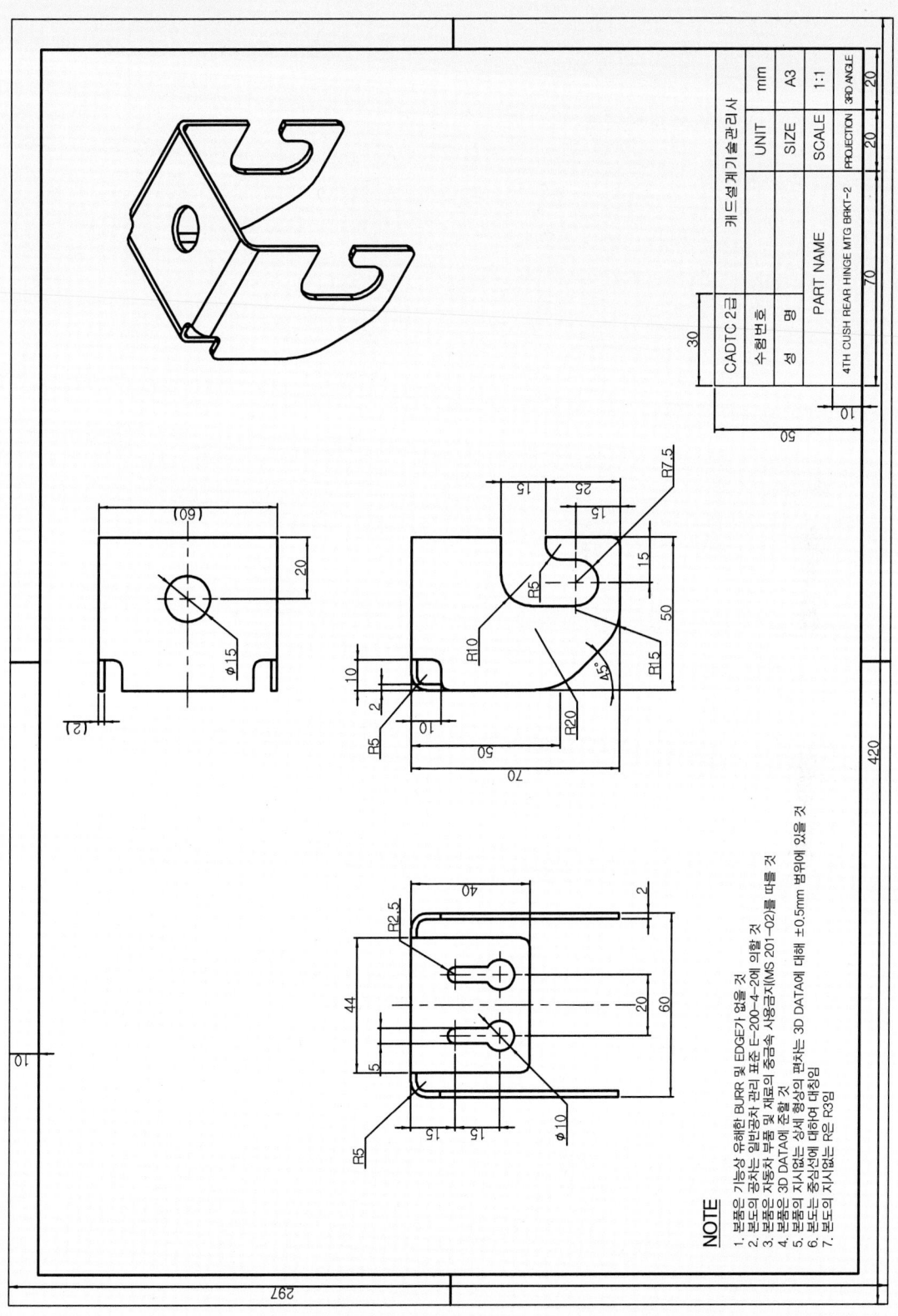

2급 기출문제 06

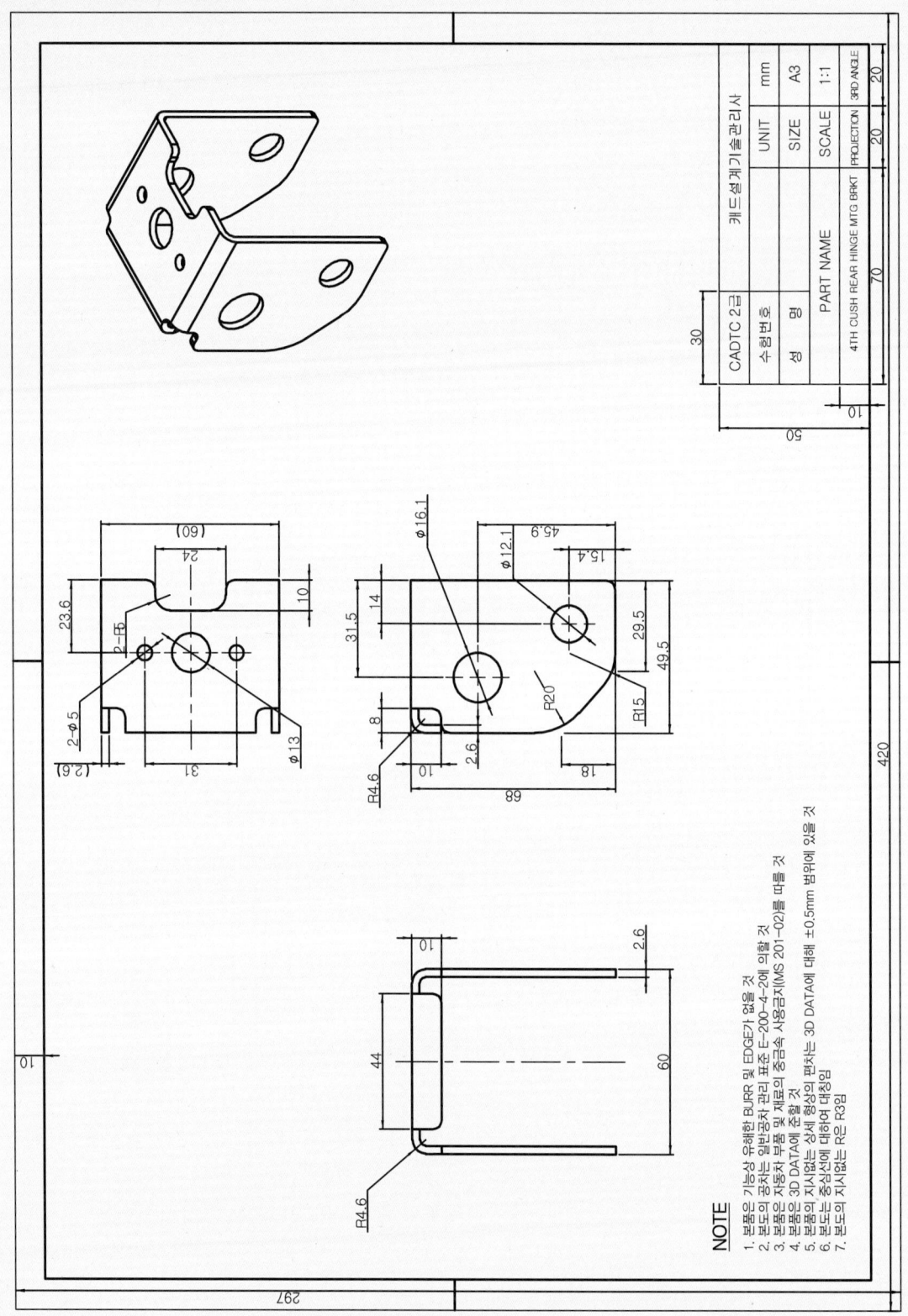

2급 기출문제 07

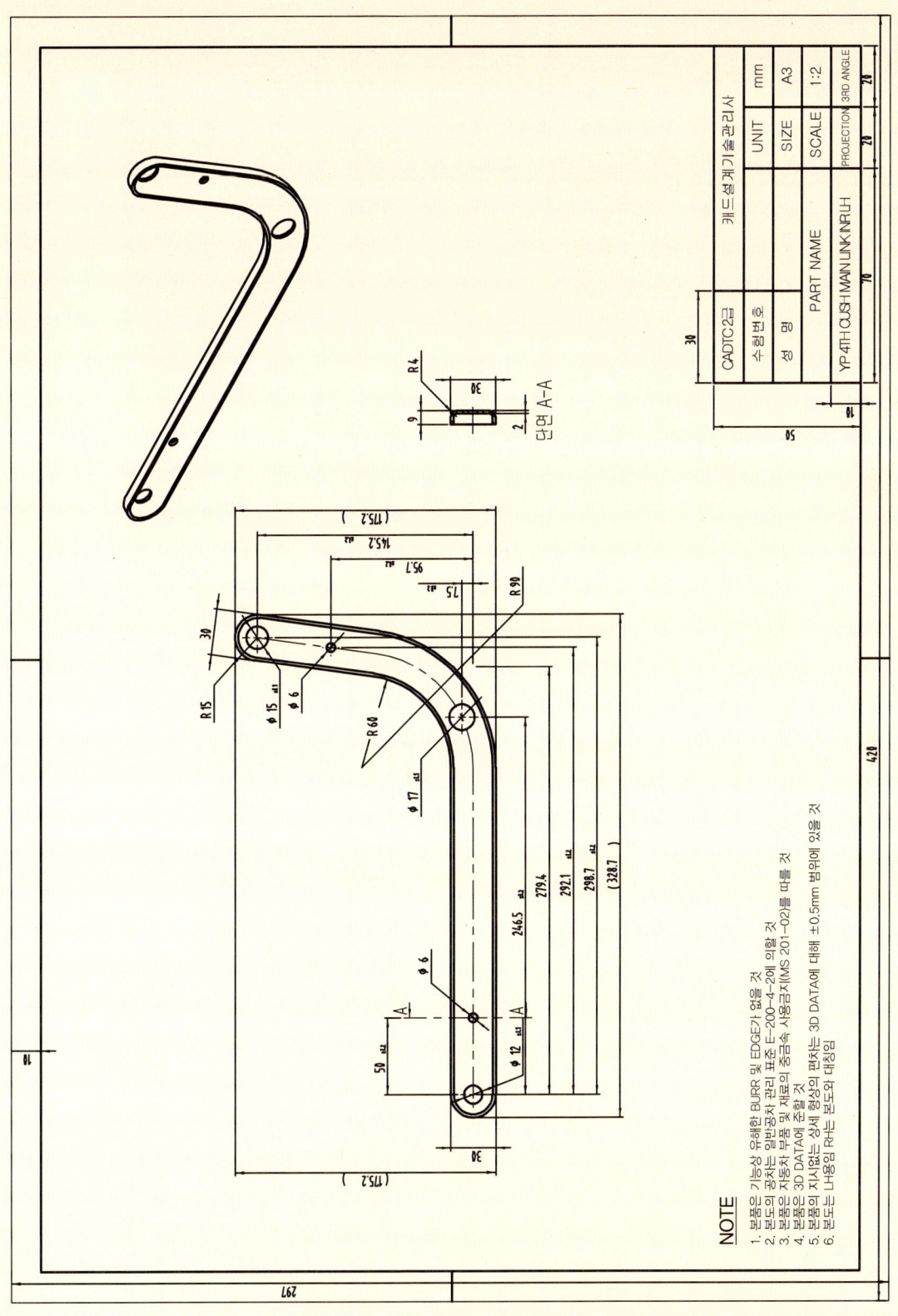

2급 기출문제 08

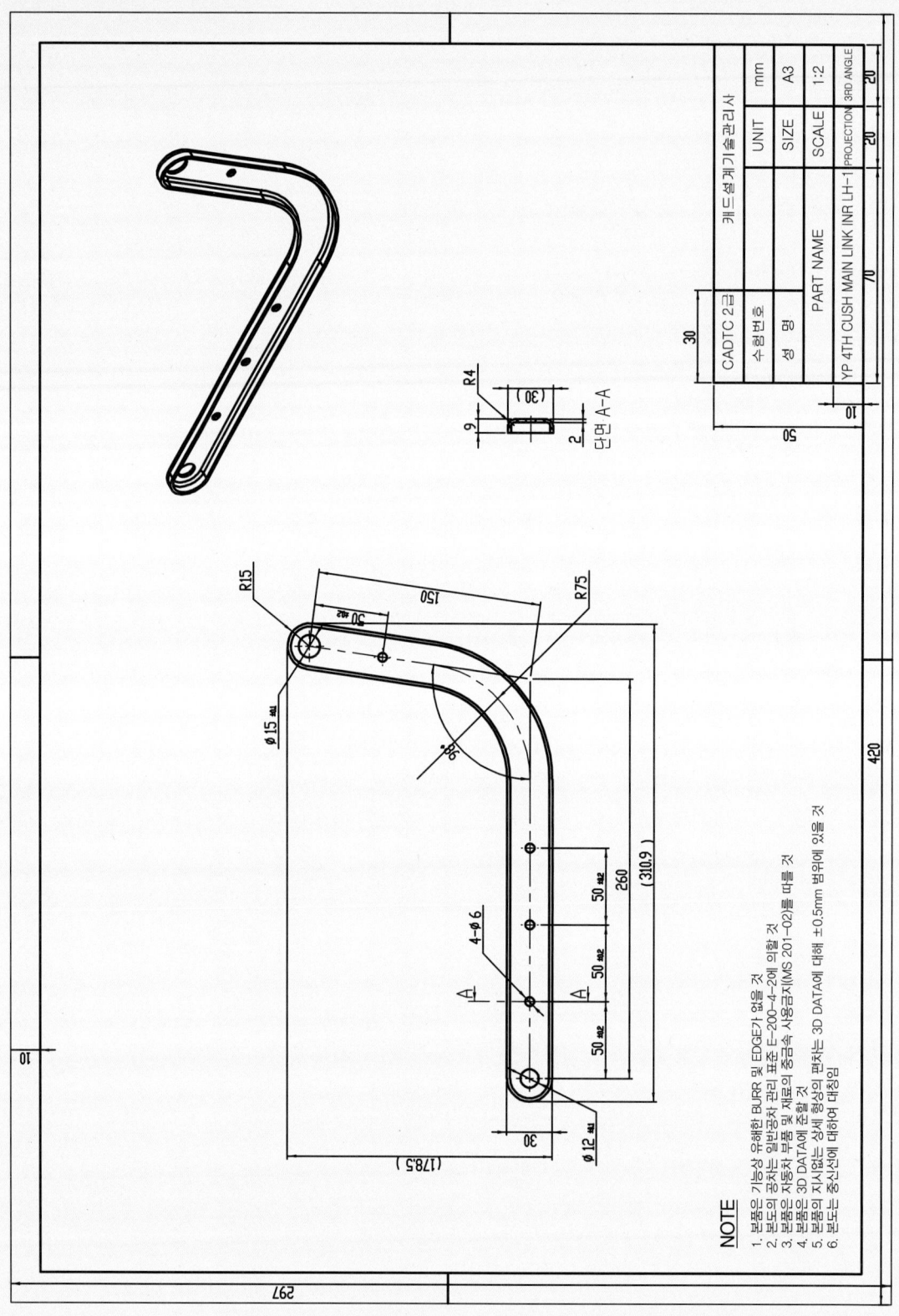

2급 기출문제 09

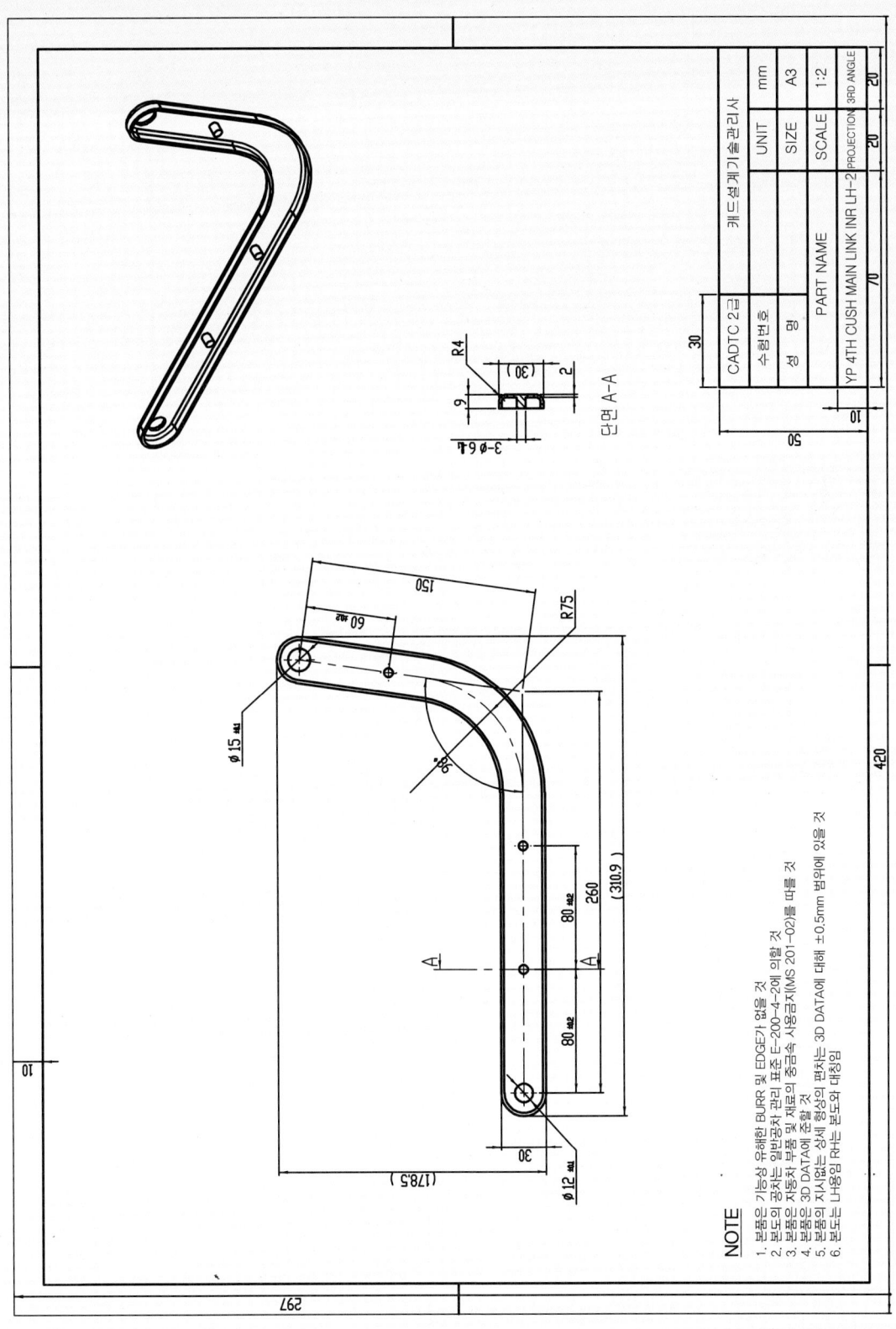

2급 기출문제 ⑩

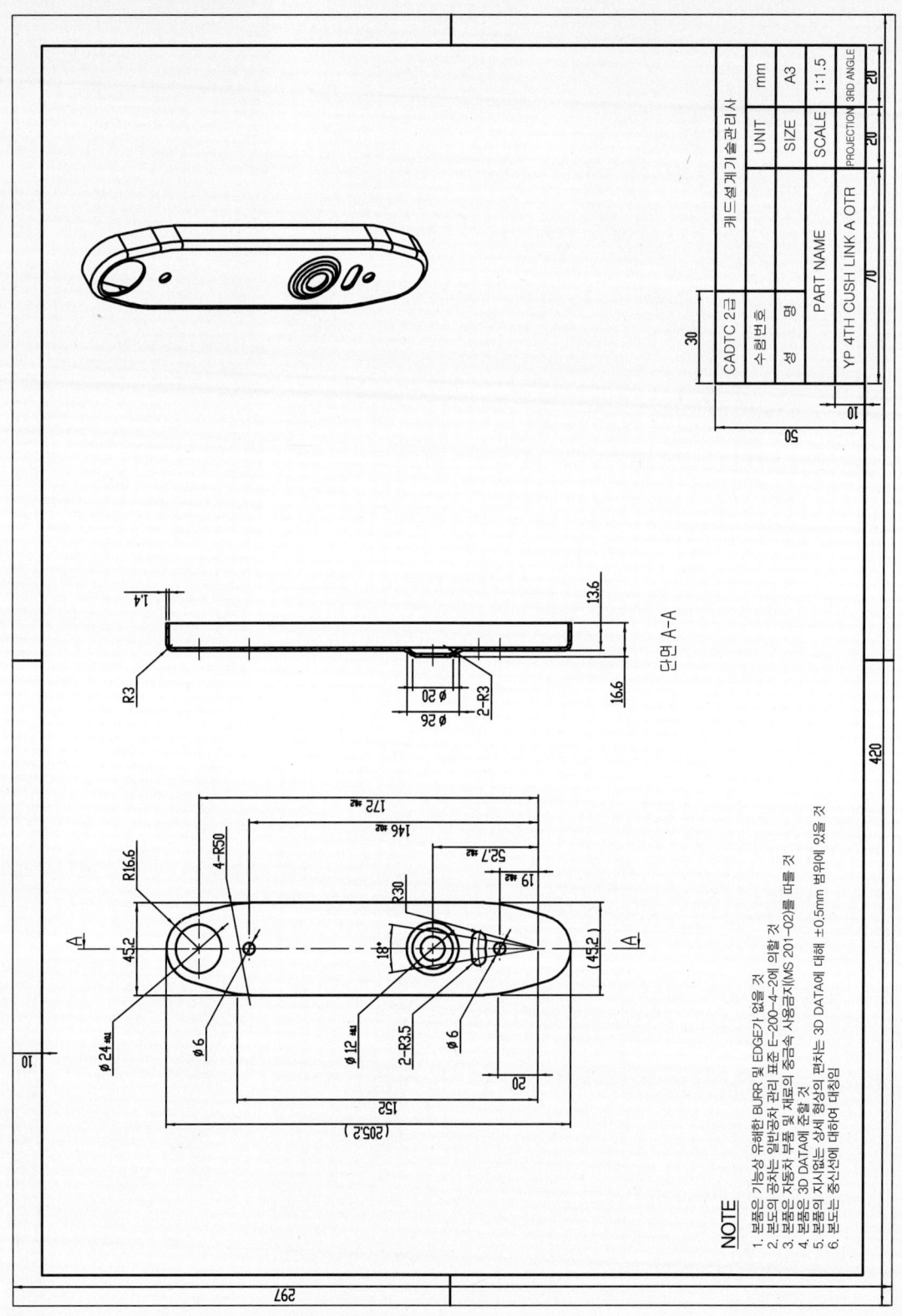

2급 기출문제 11

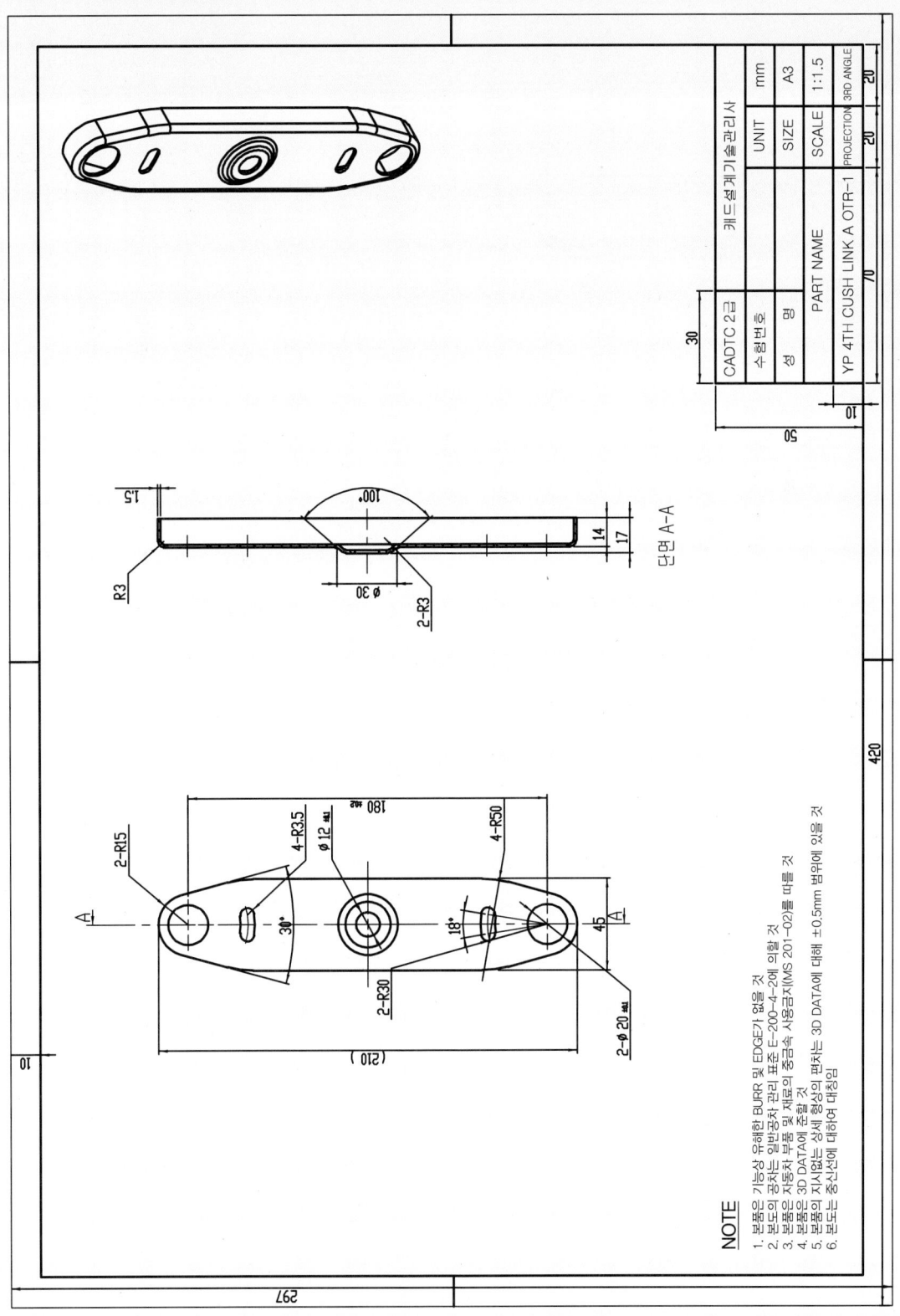

2급 기출문제 12

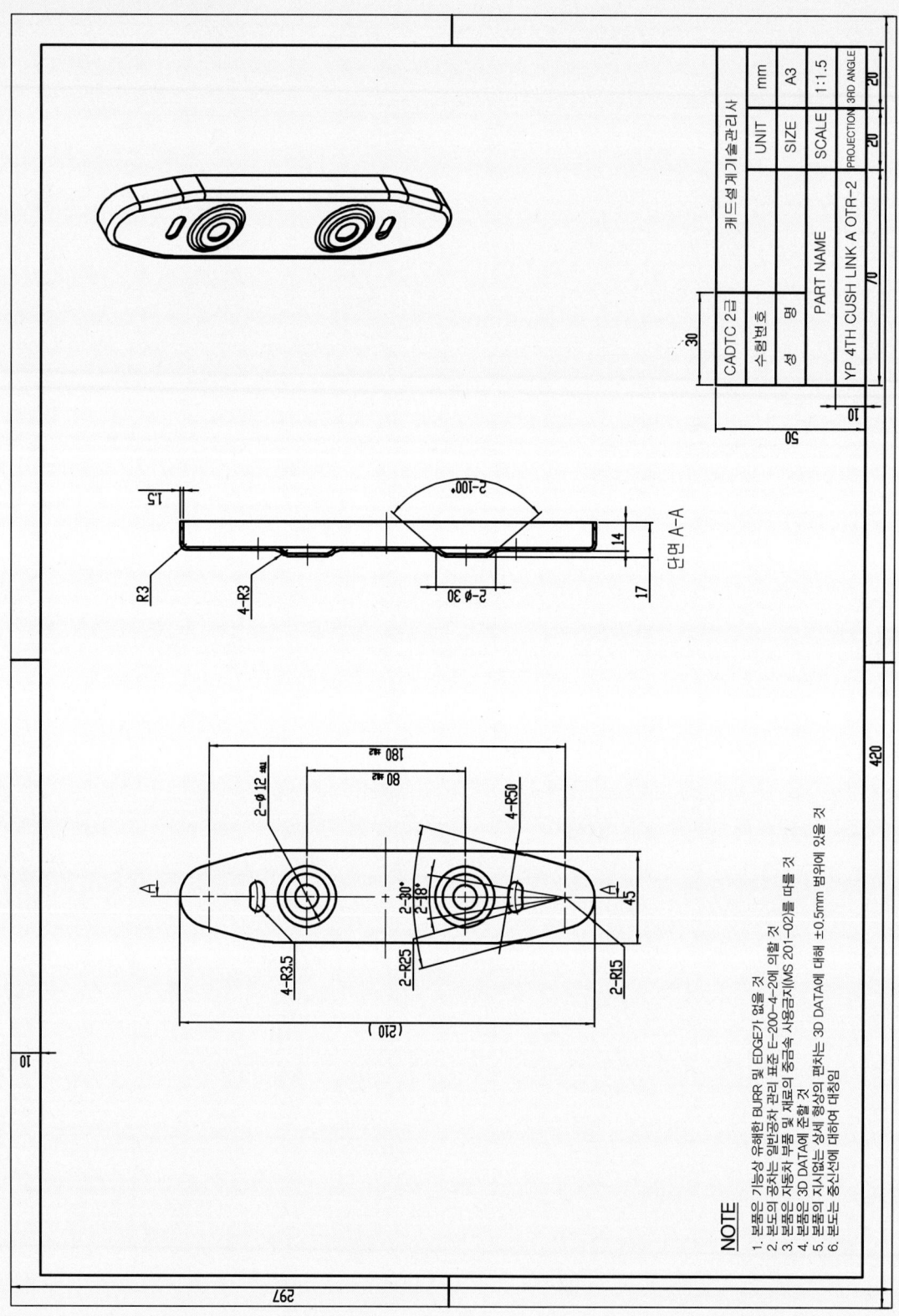

2급 기출문제 13

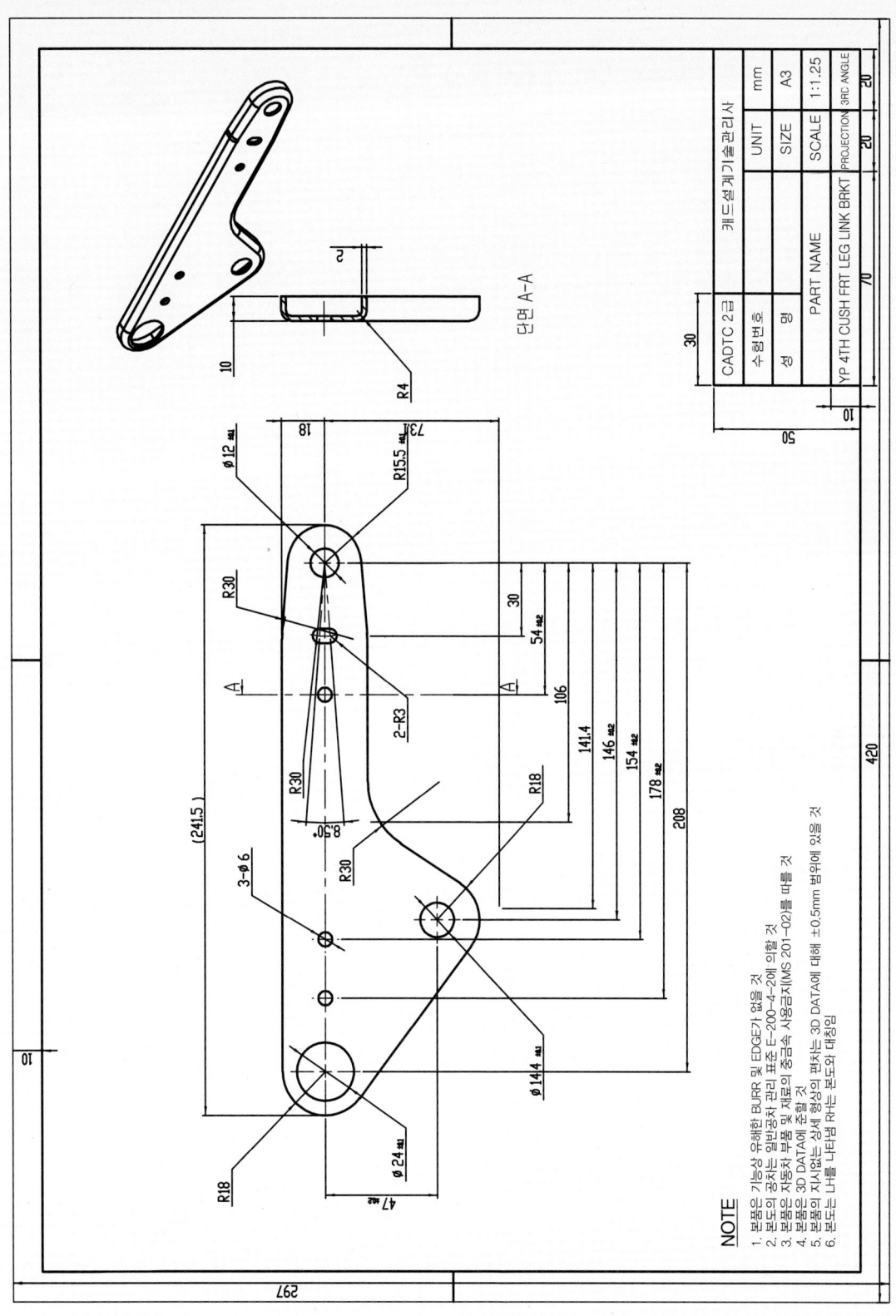

2급 기출문제 14

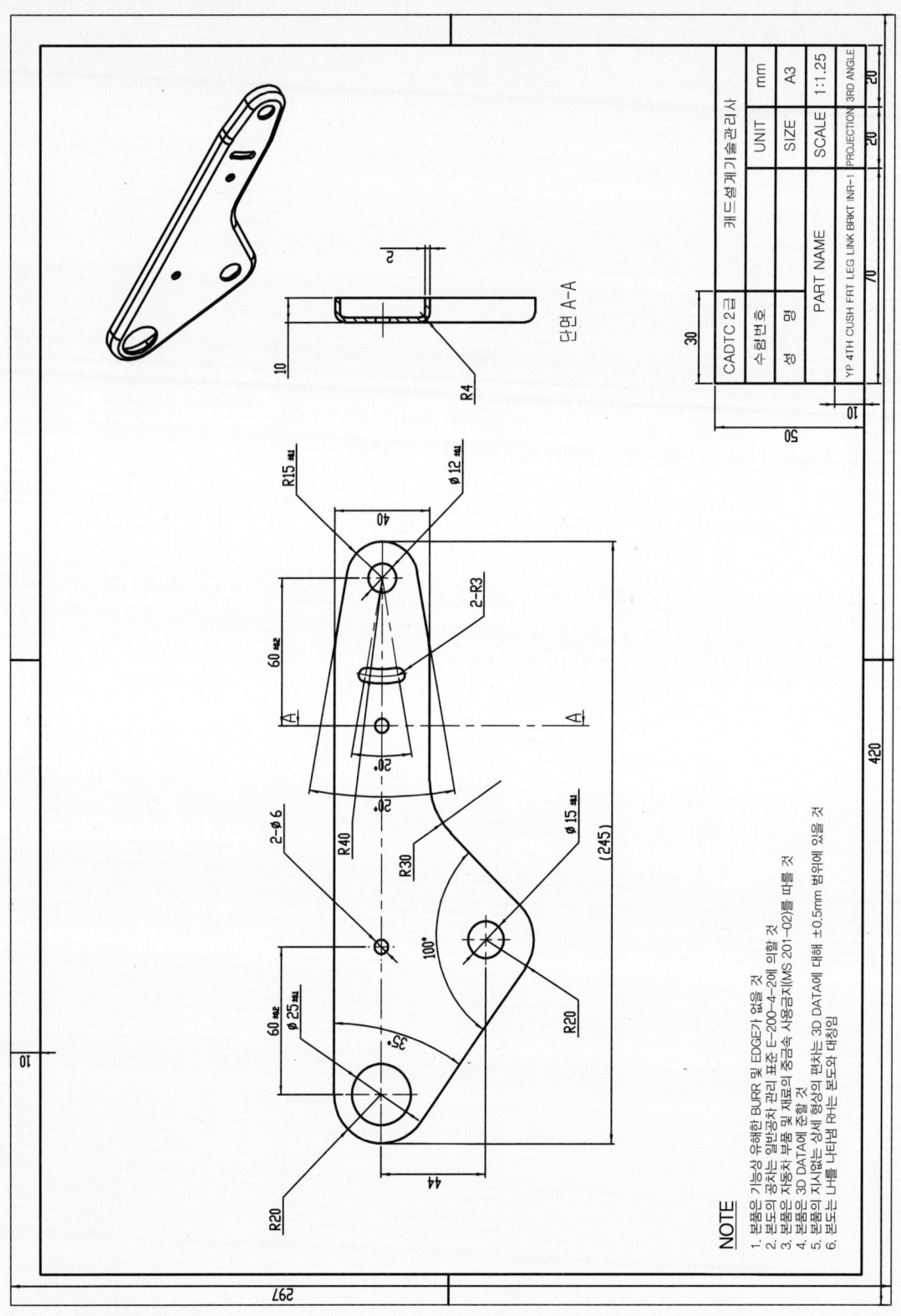

2급 기출문제 15

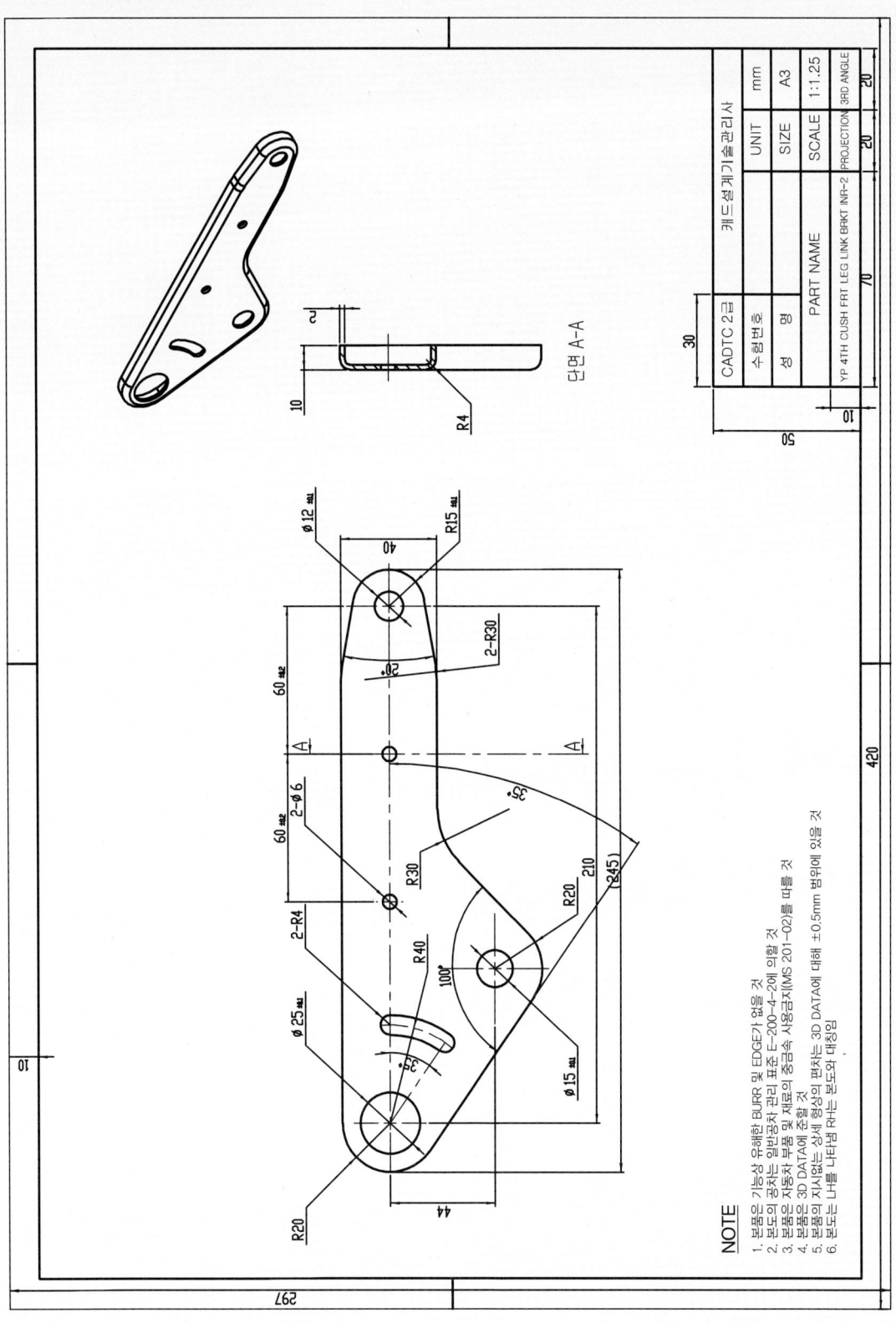

2급 기출문제 16

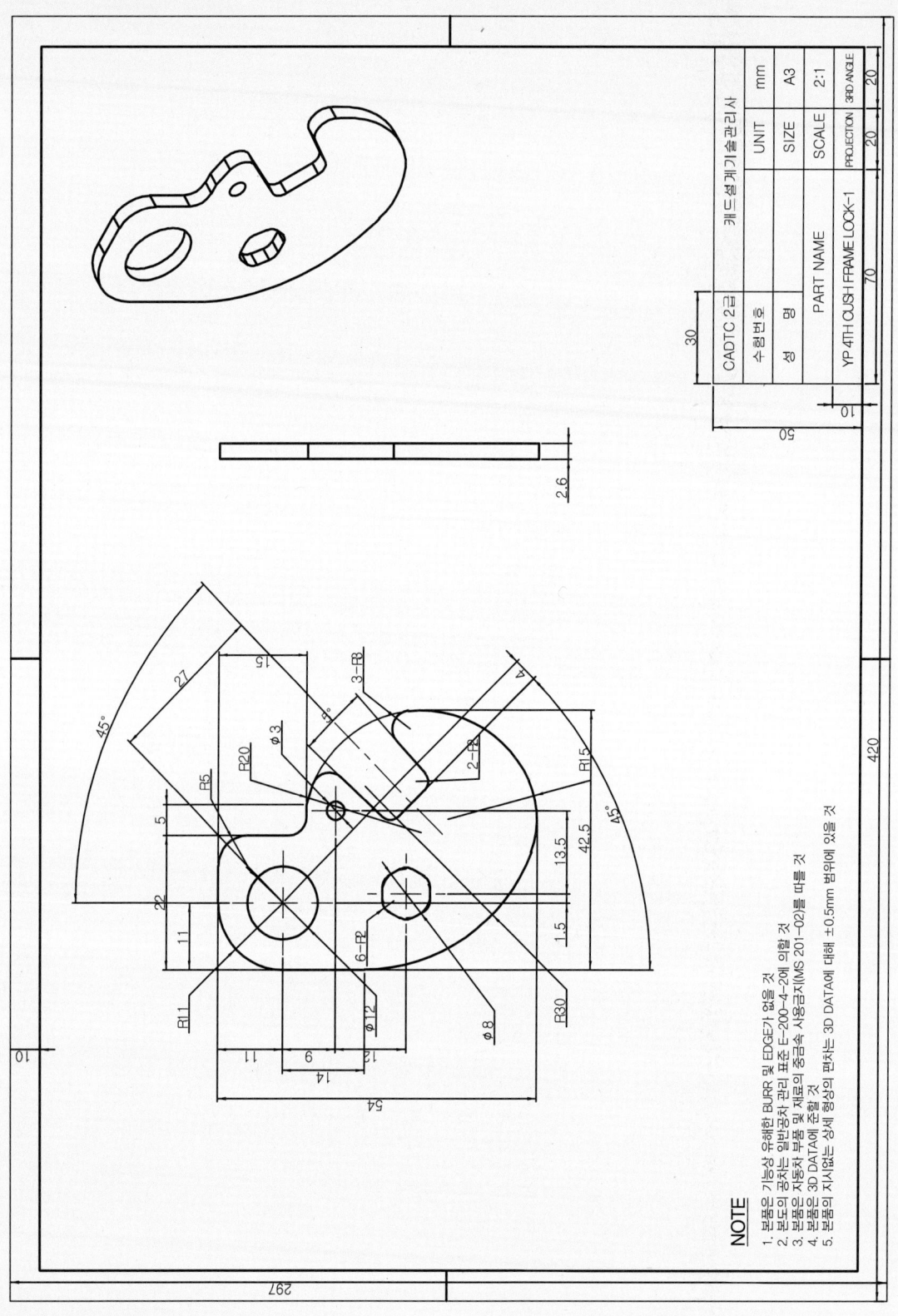

2급 기출문제 17

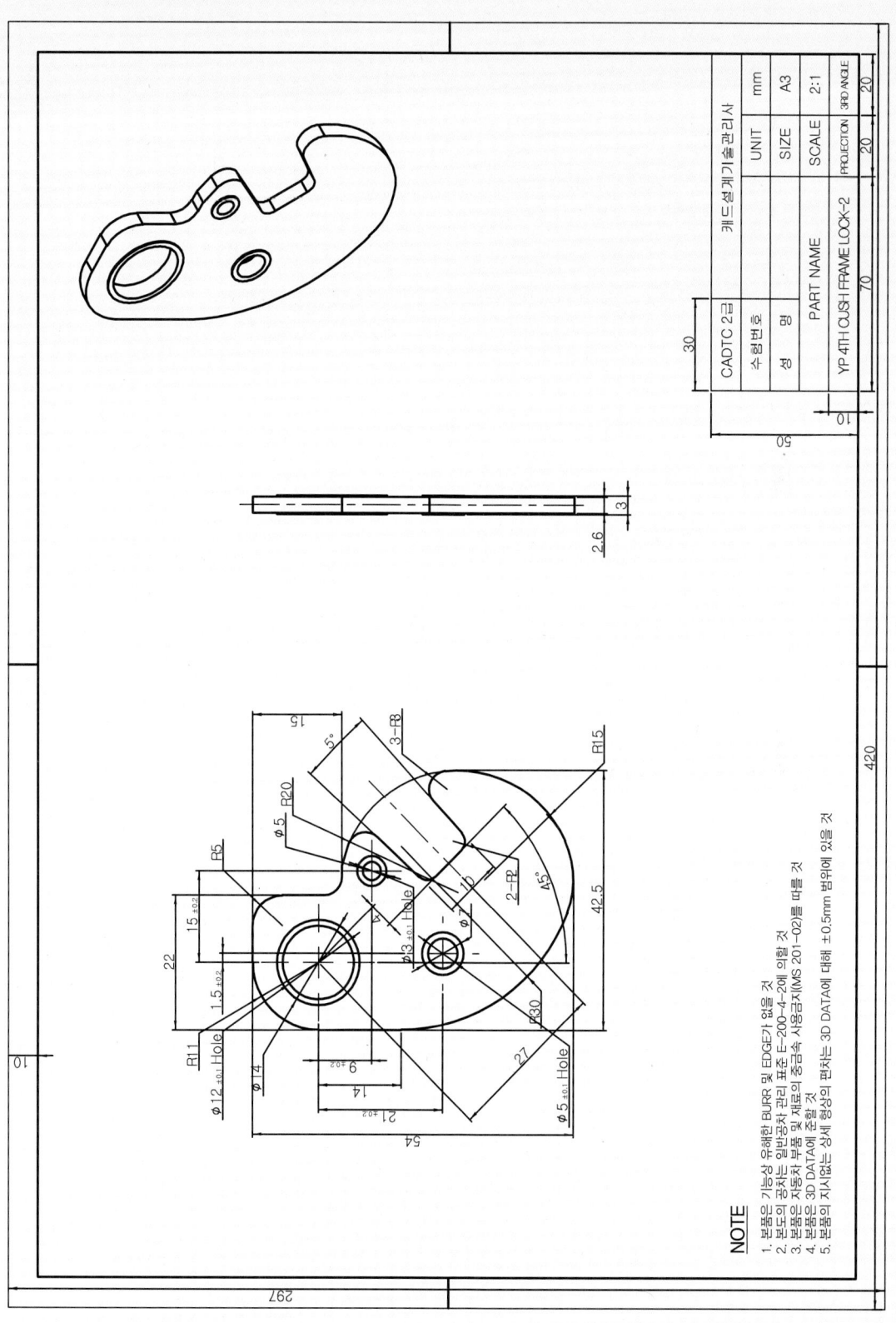

2급 기출문제 18

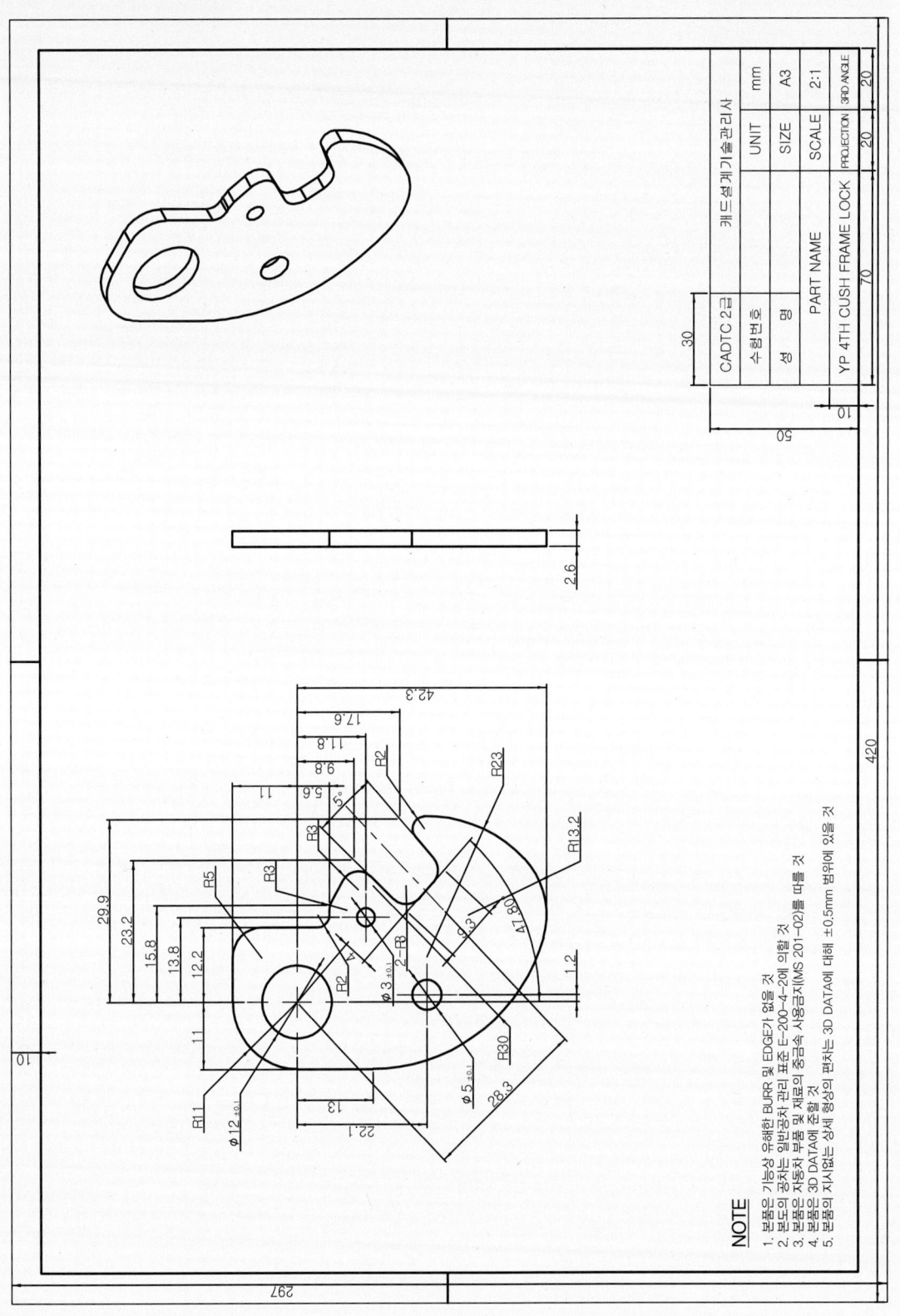

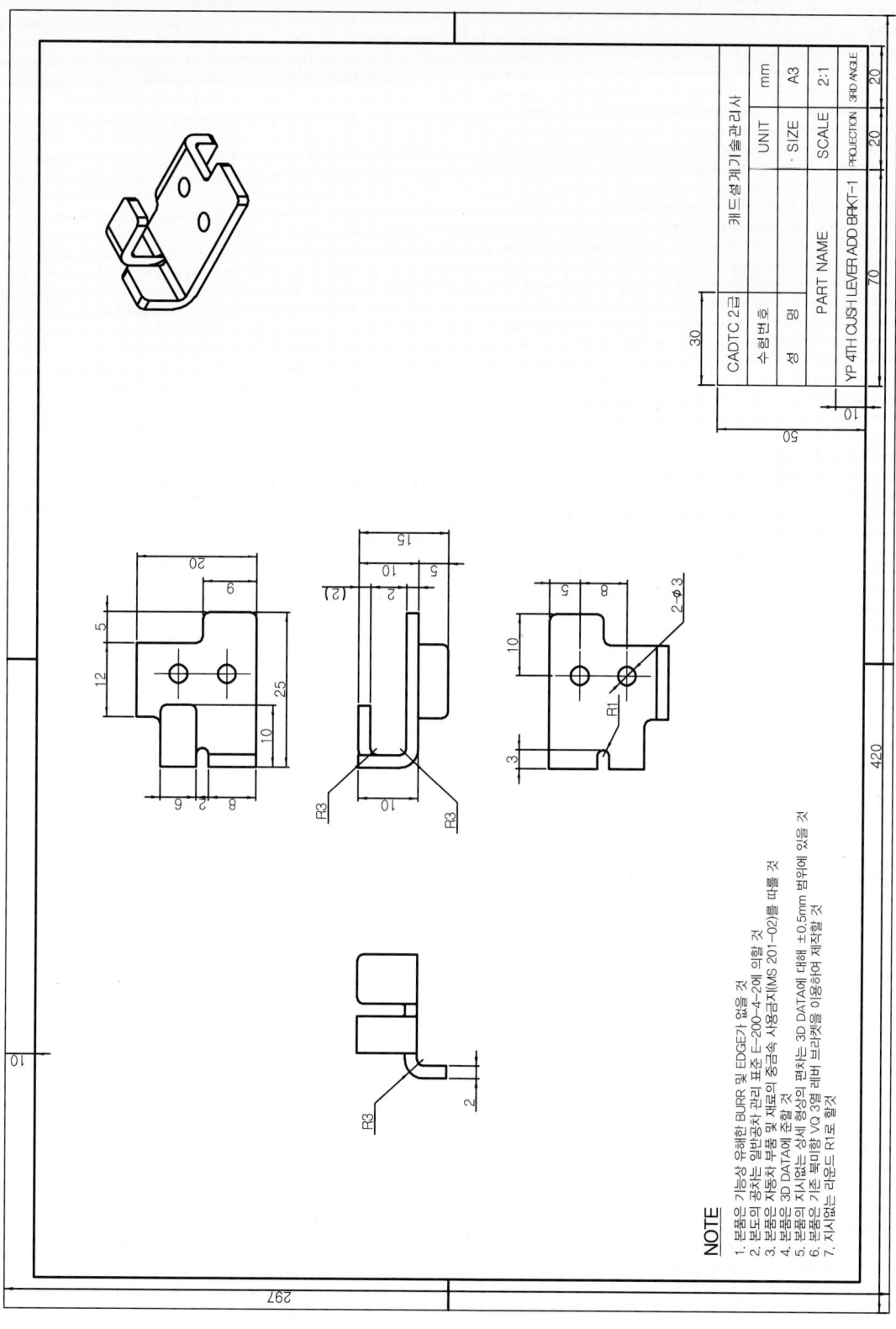

2급 기출문제 20

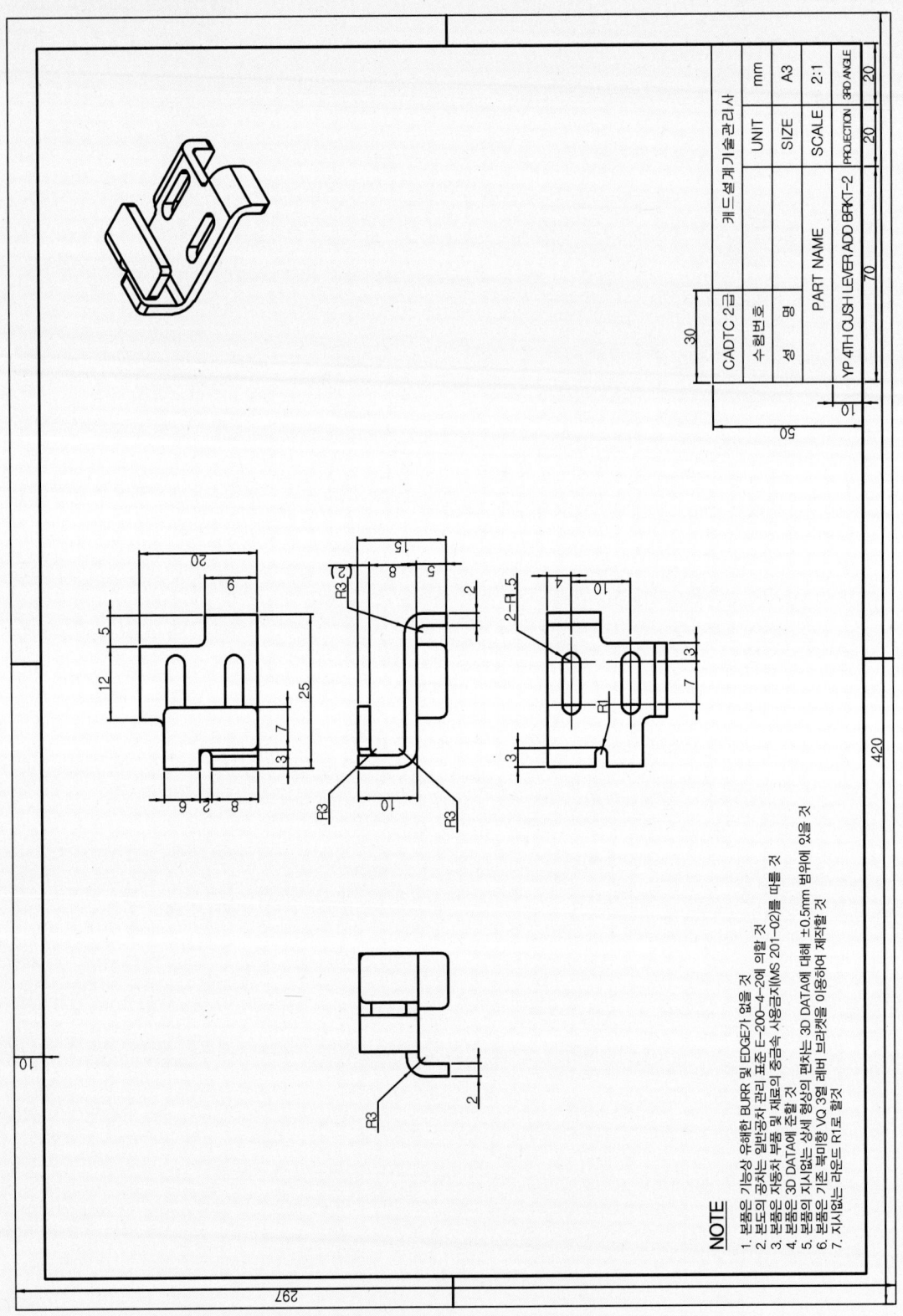

2급 기출문제 21

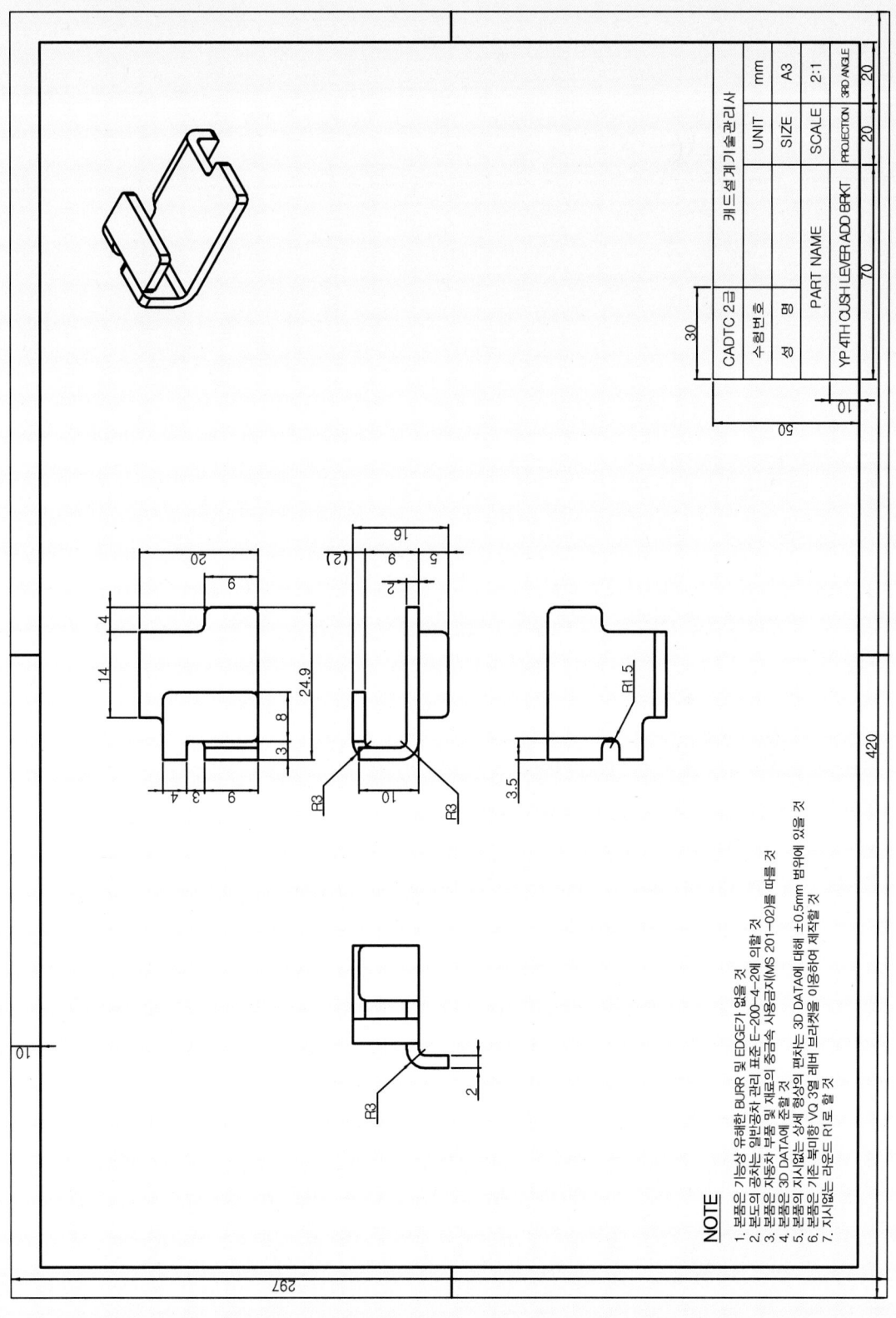

2급 기출문제 22

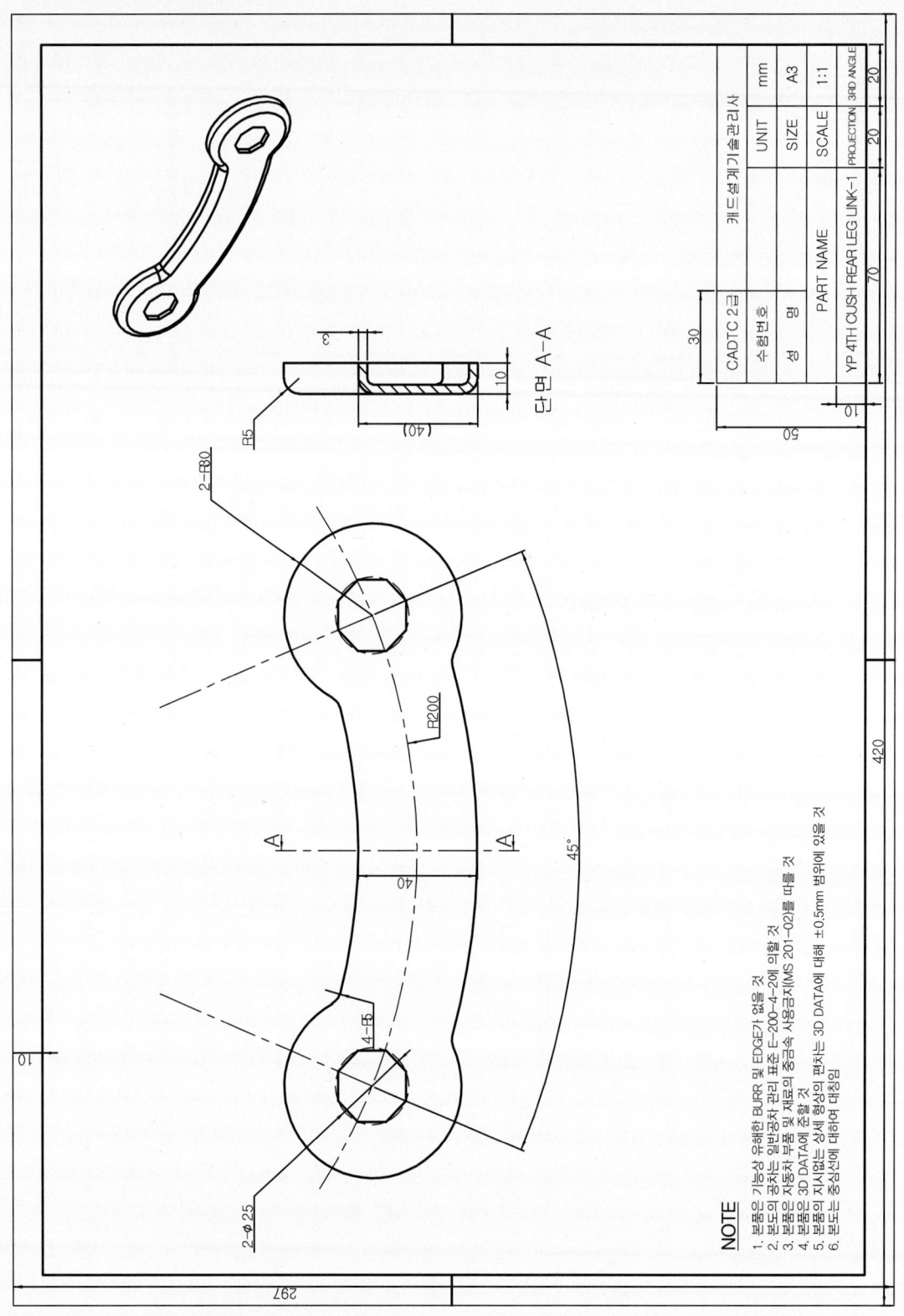

2급 기출문제 23

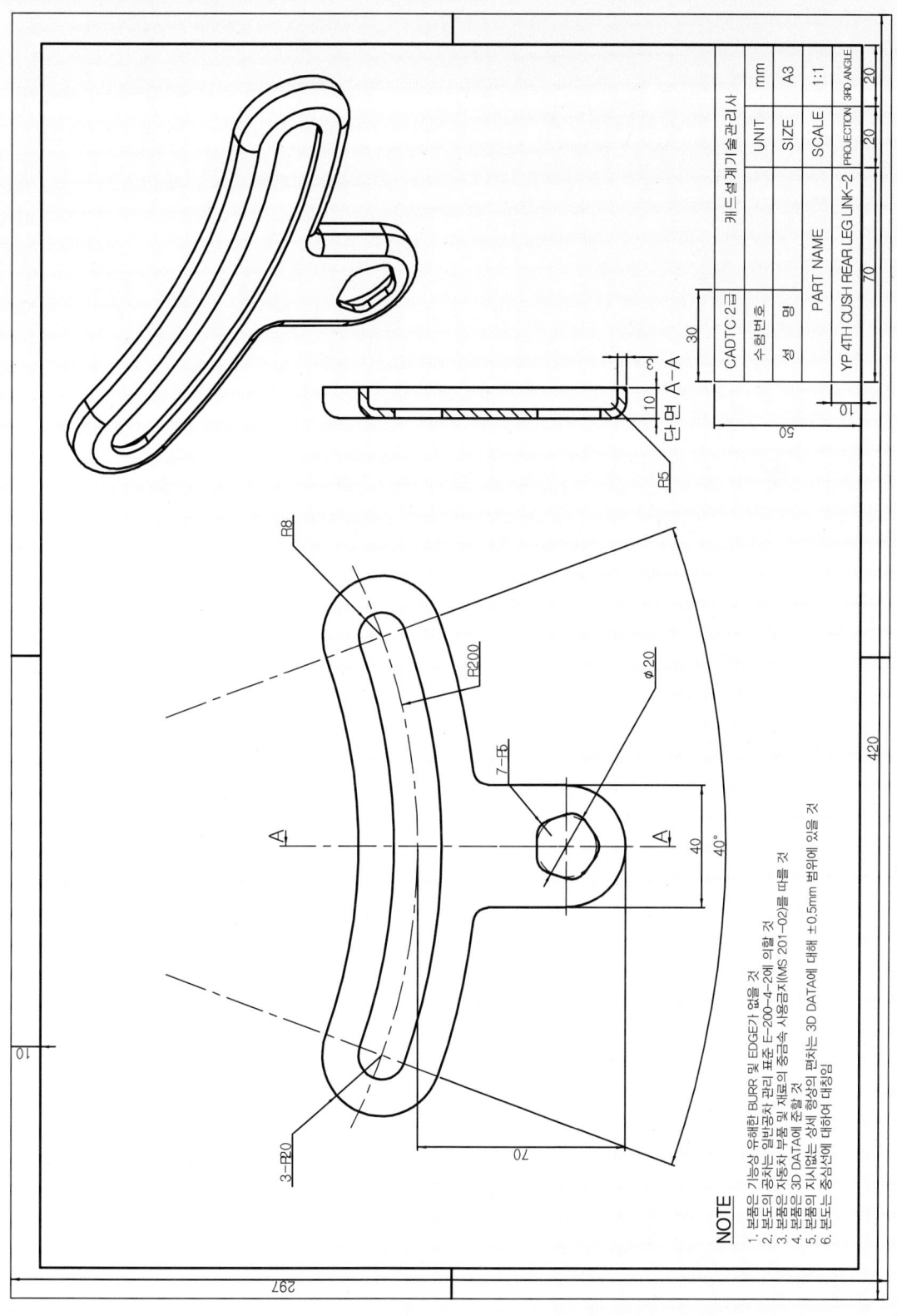

2급 기출문제 24

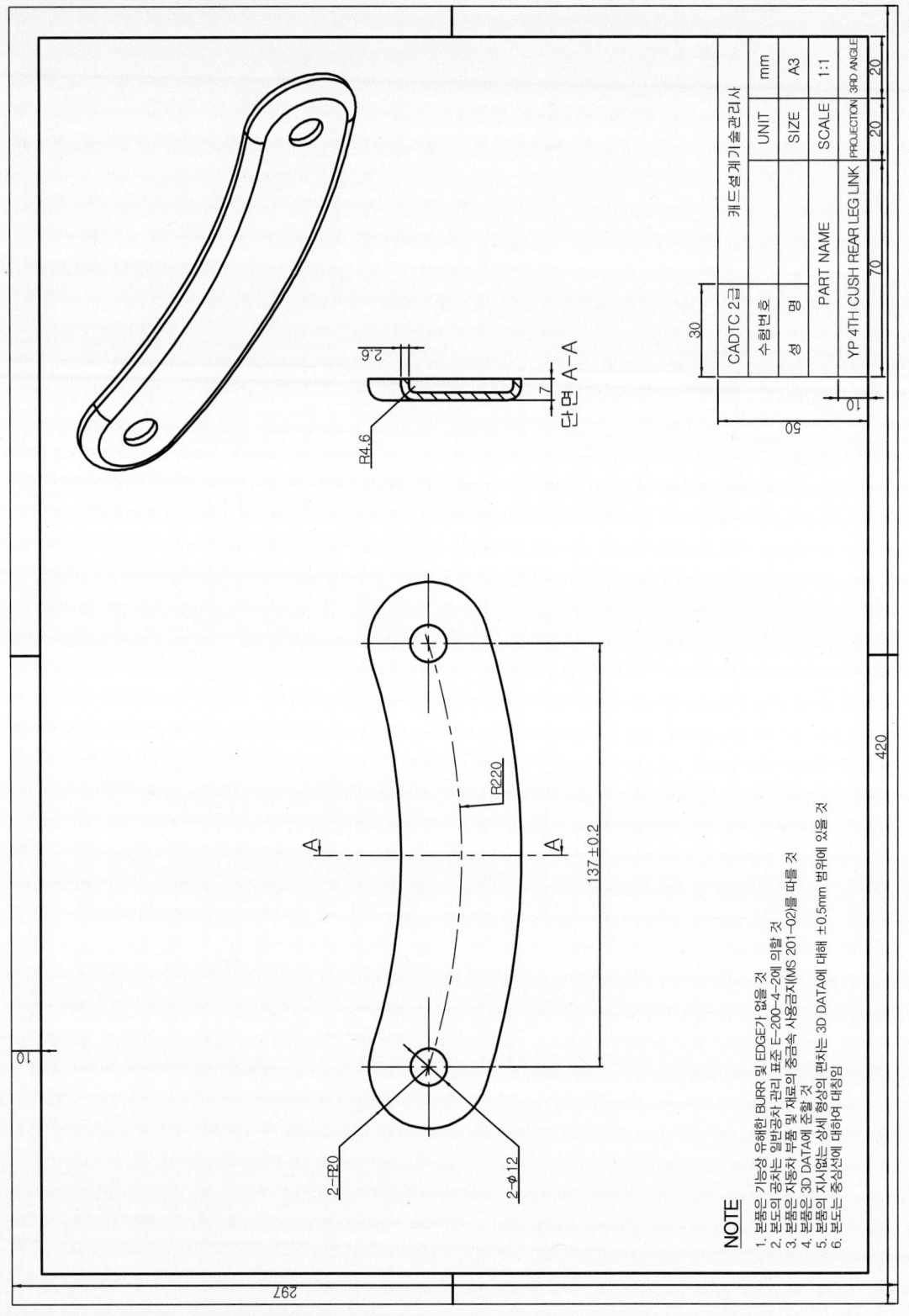

2급 기출문제 25

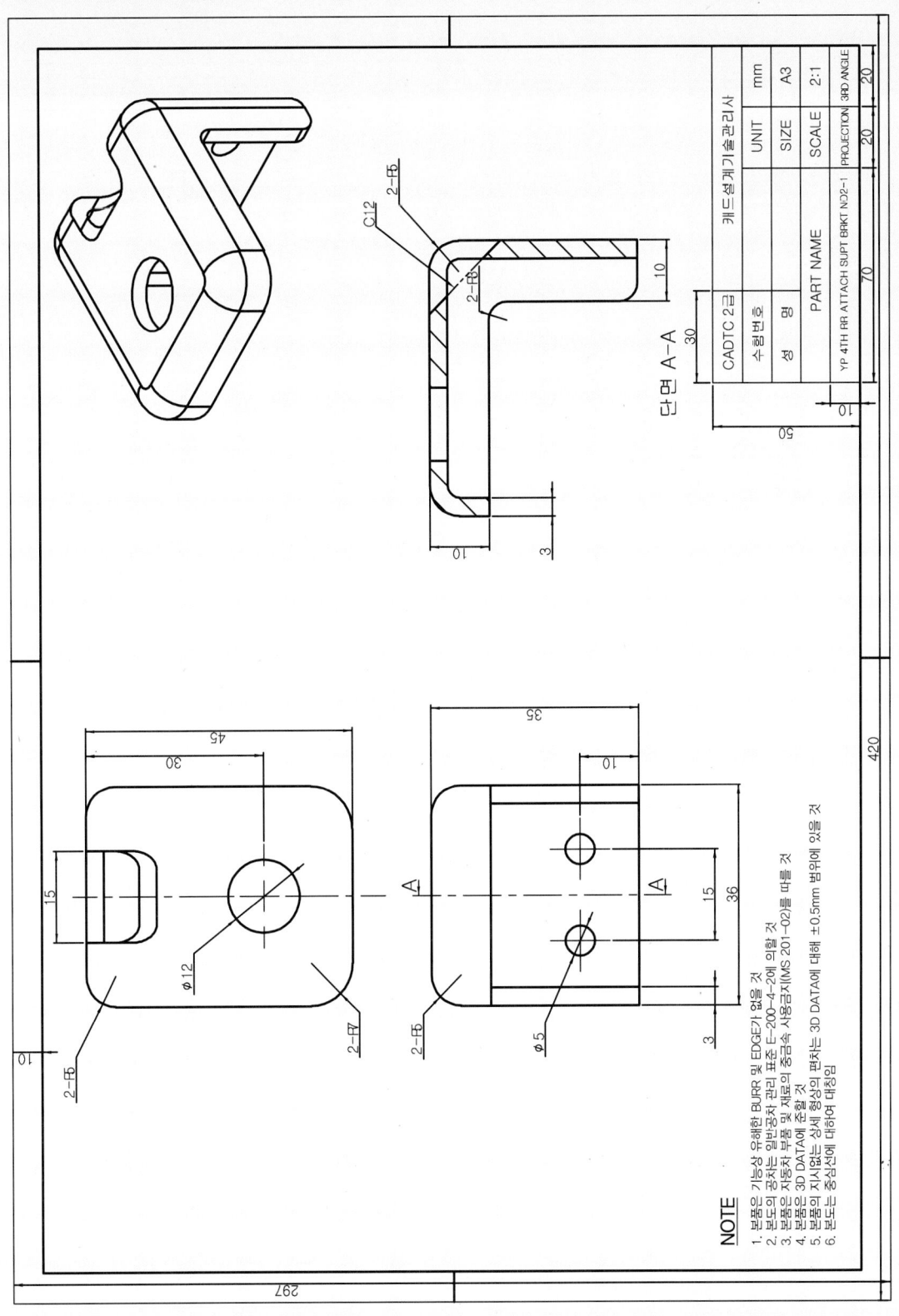

2급 기출문제 26

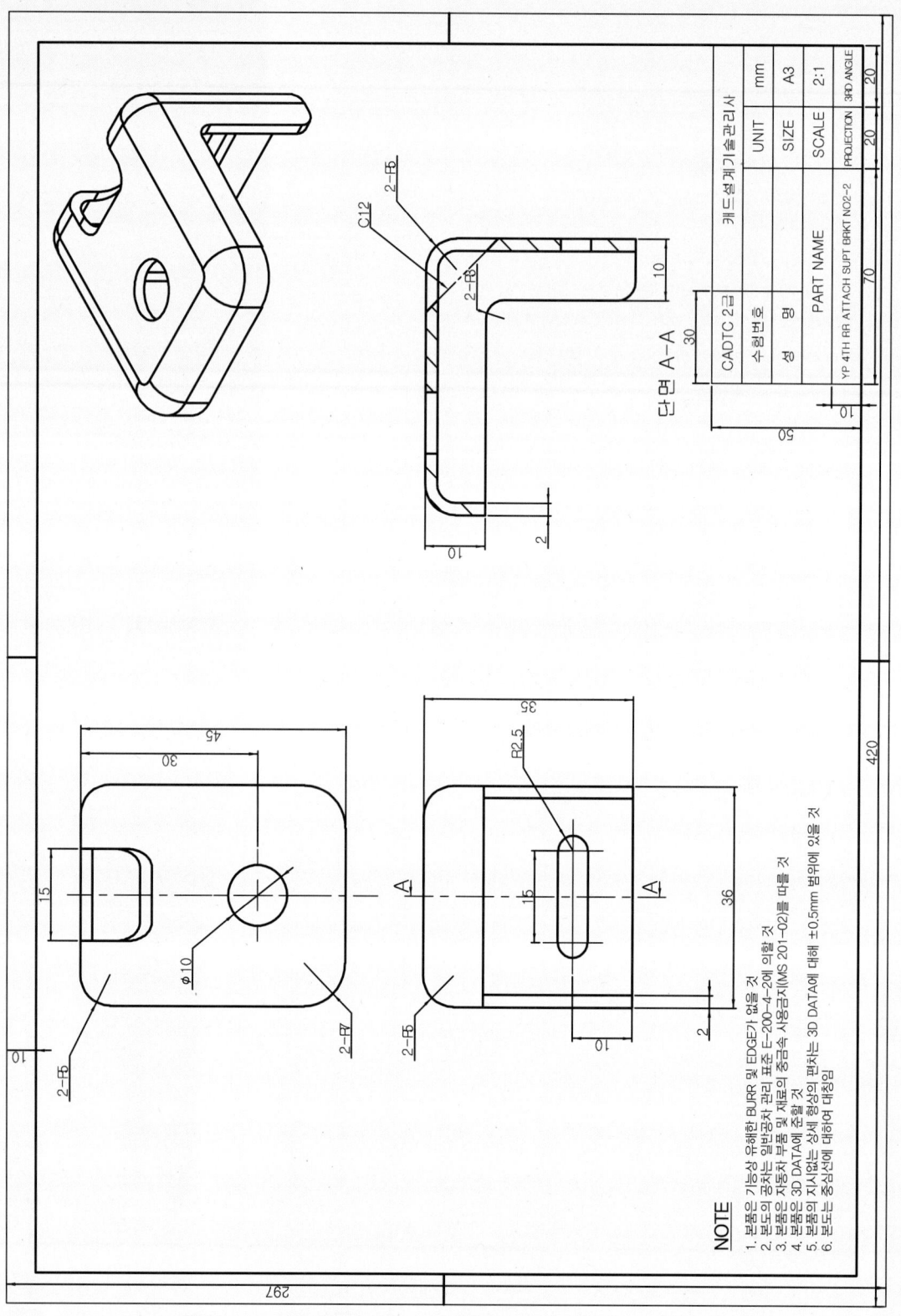

2급 기출문제 27

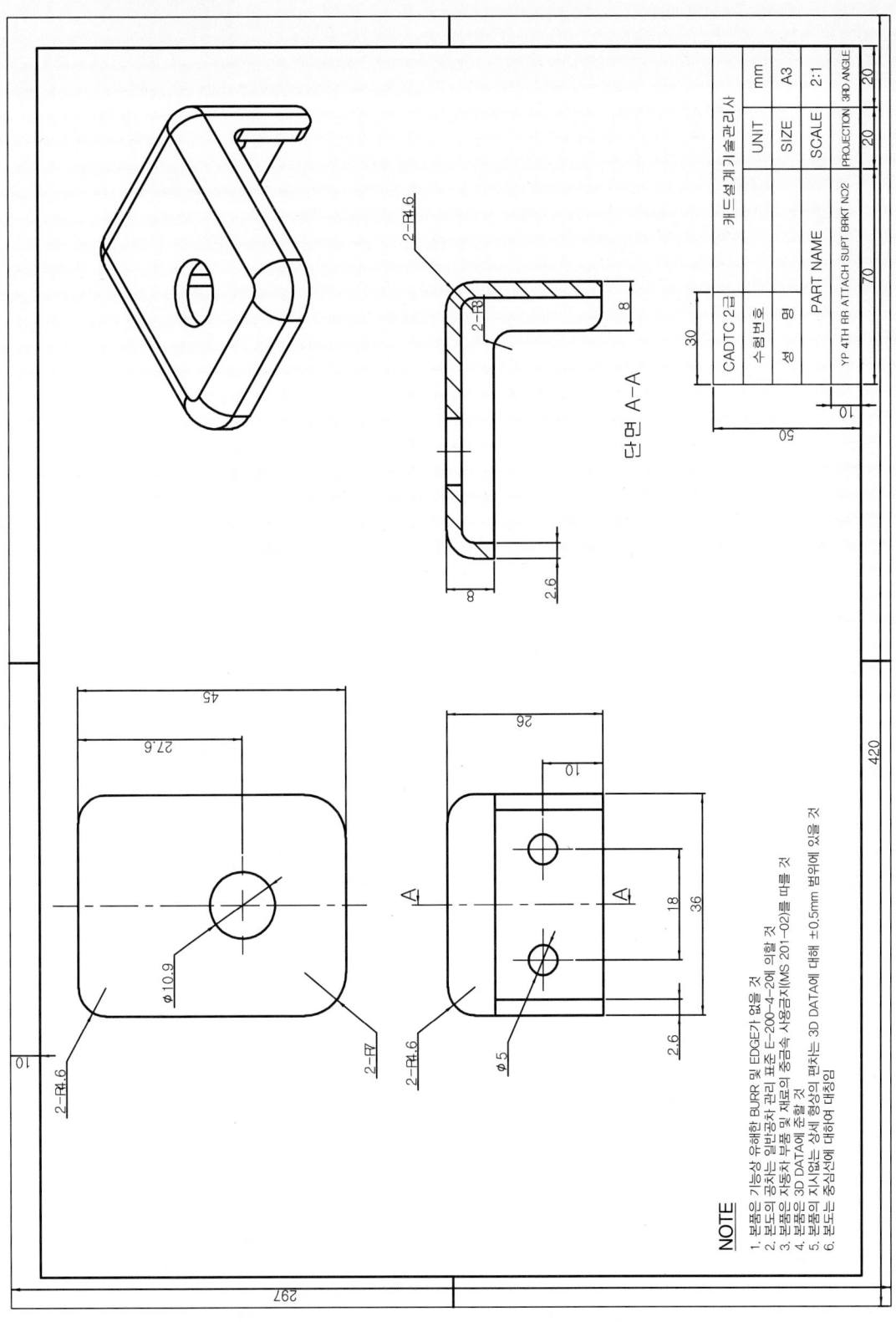

1급 기출문제 01

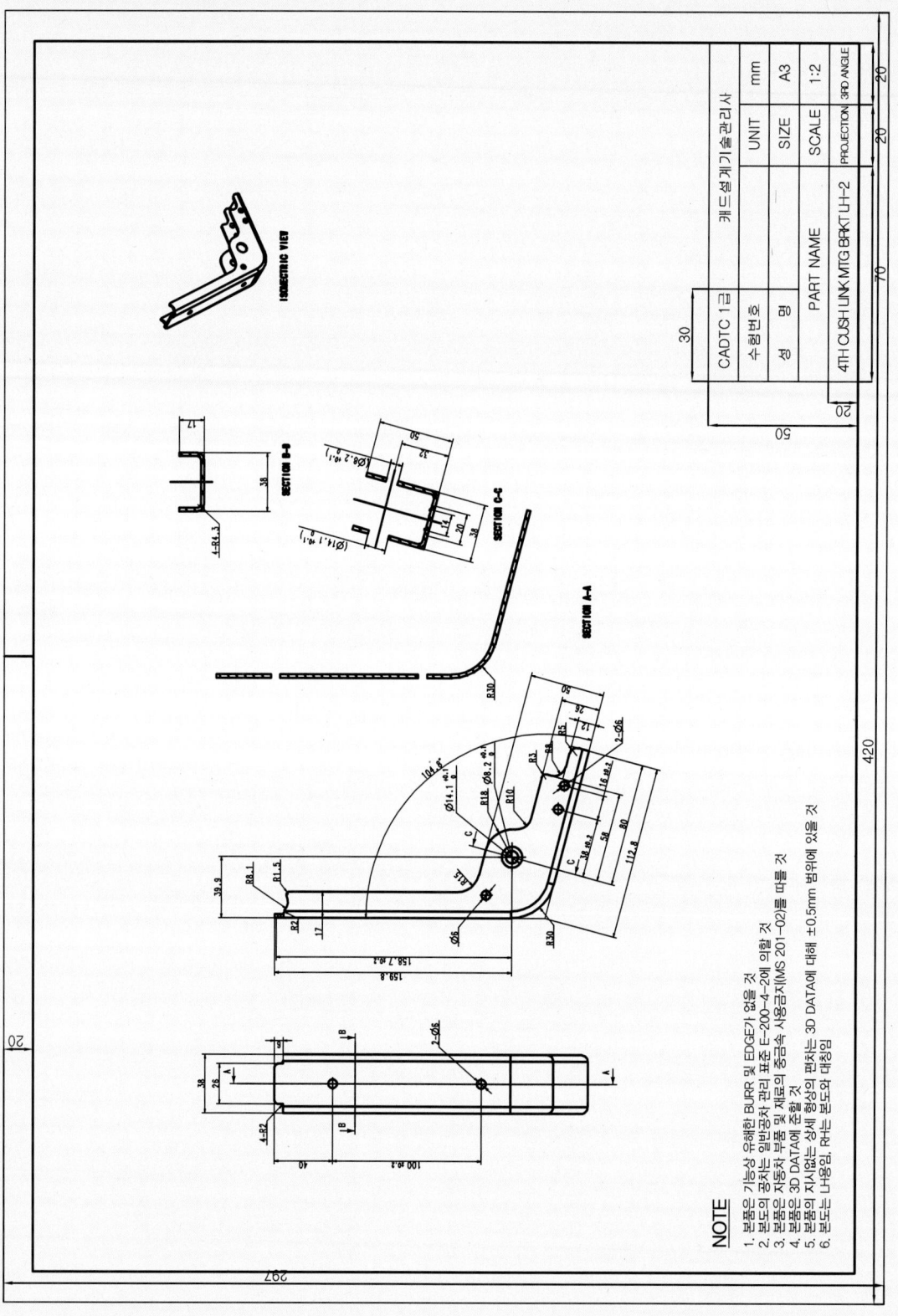

1급 기출문제 02

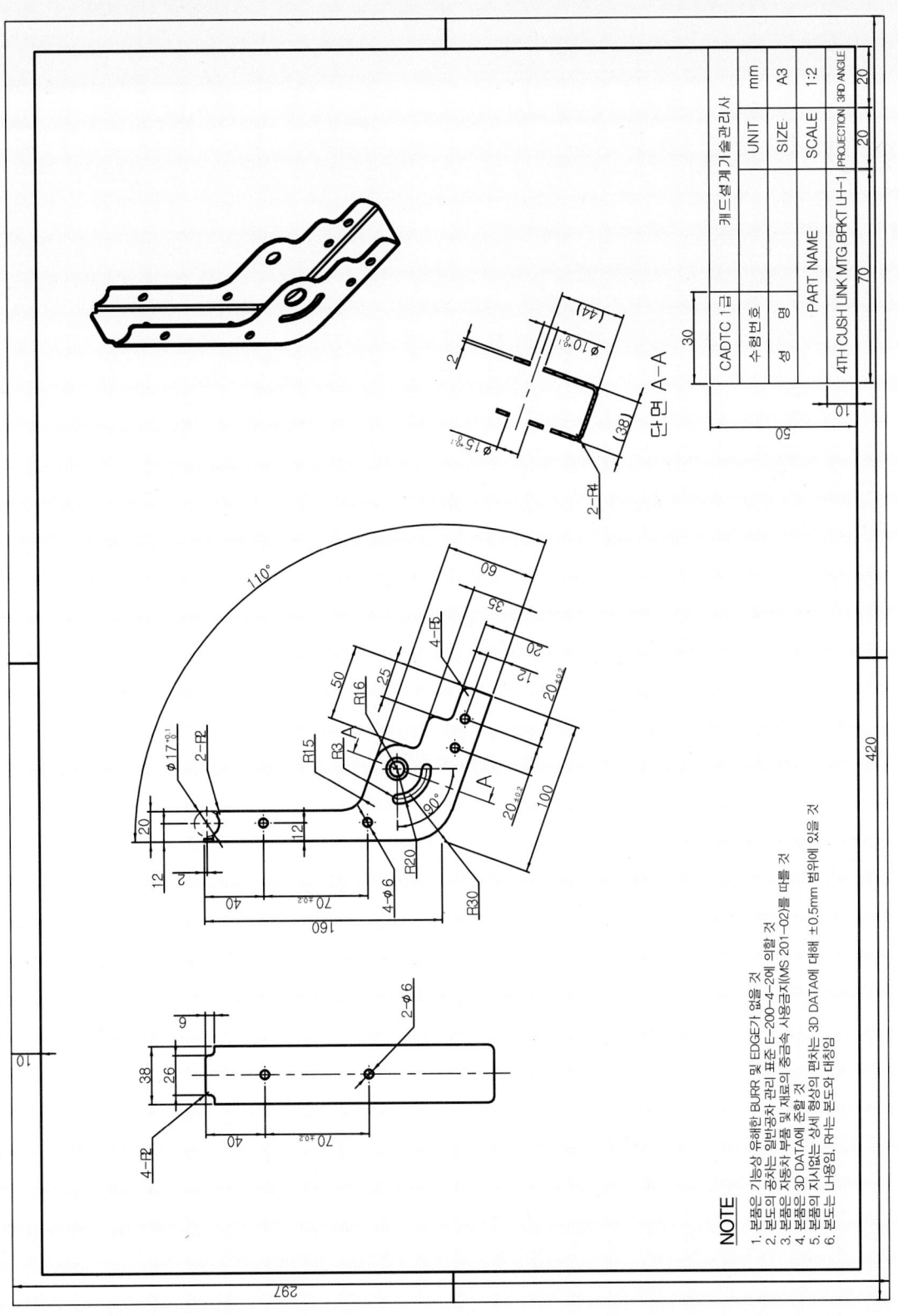

1급 기출문제 03

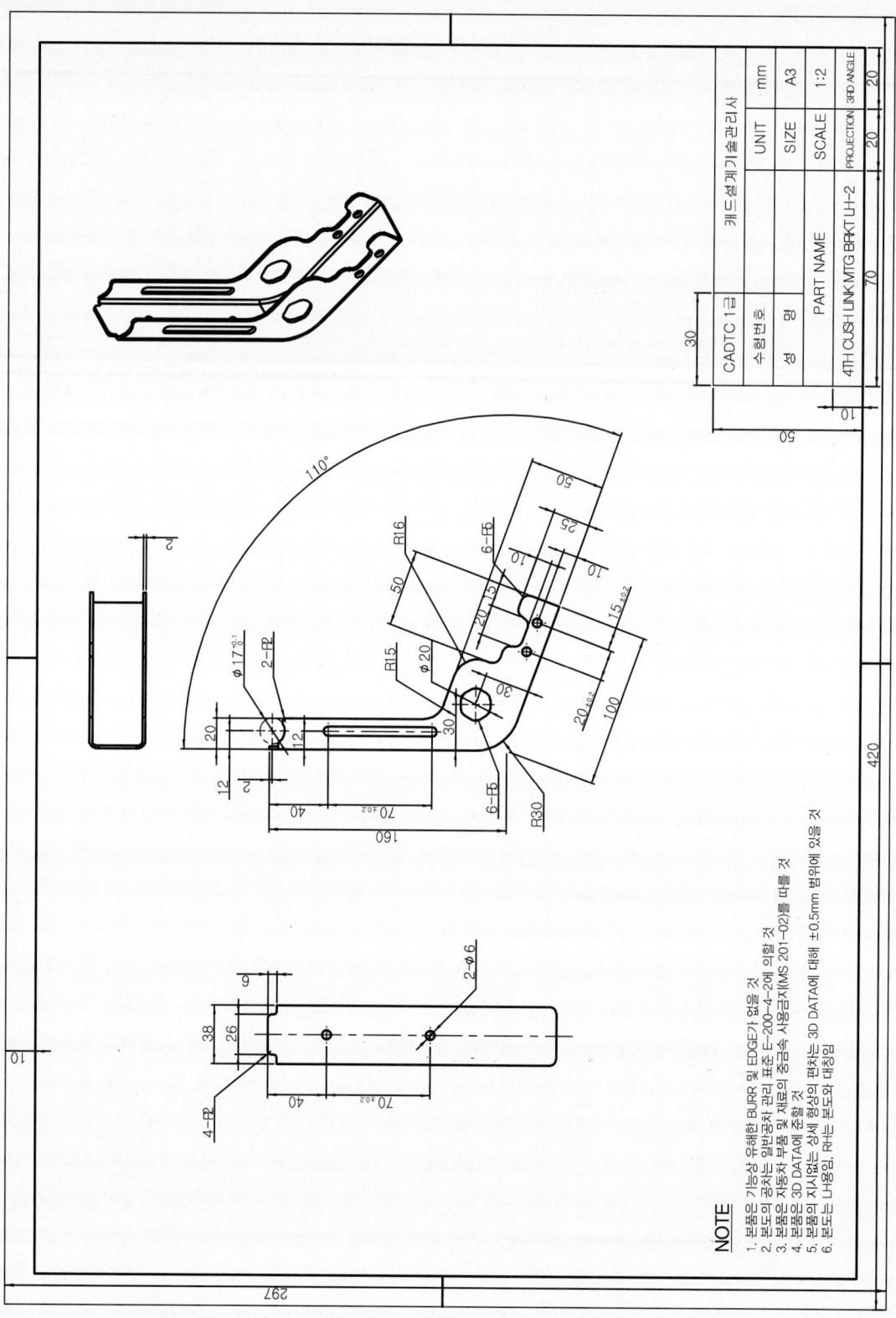

1급 기출문제 04

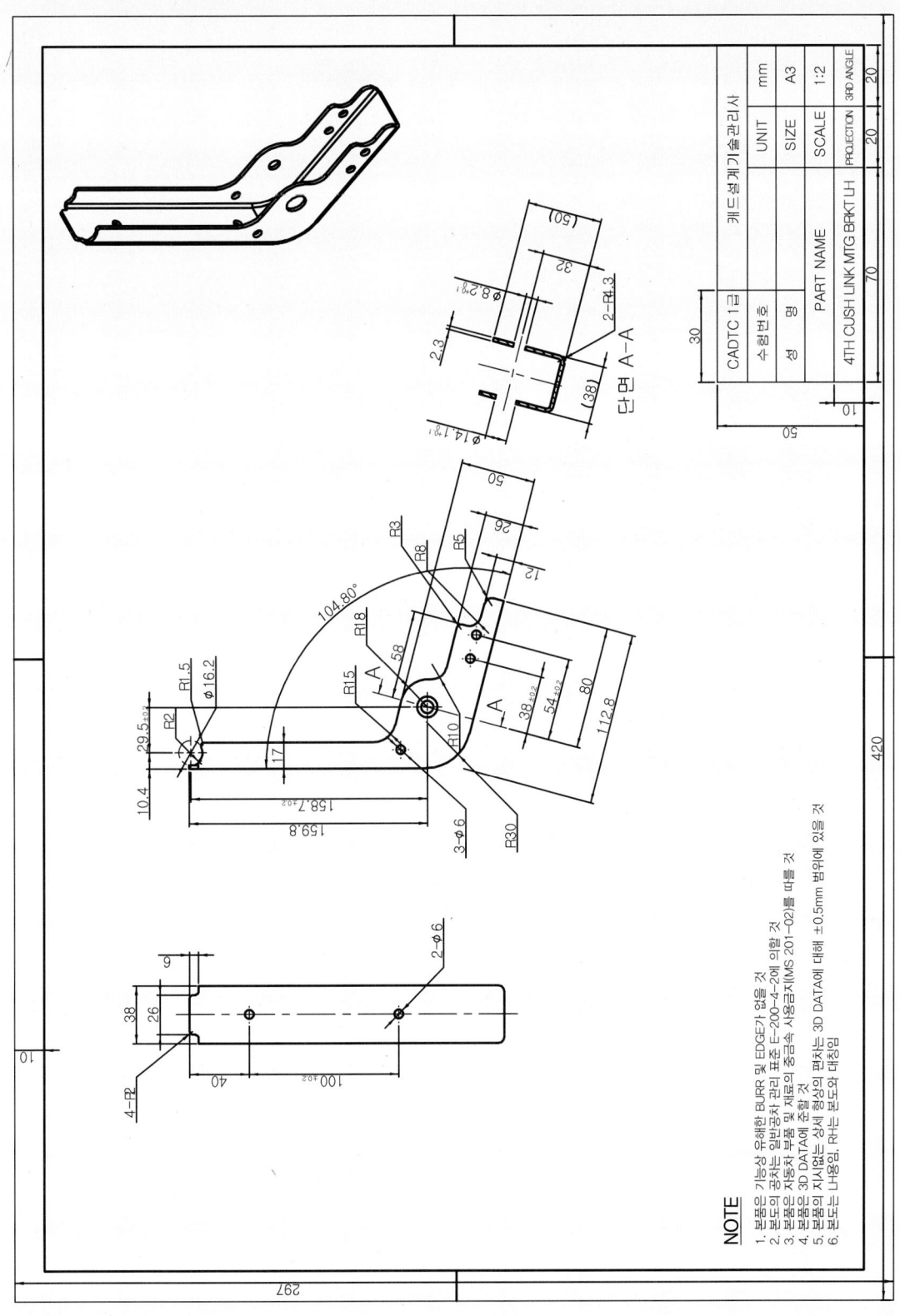

1급 기출문제 05

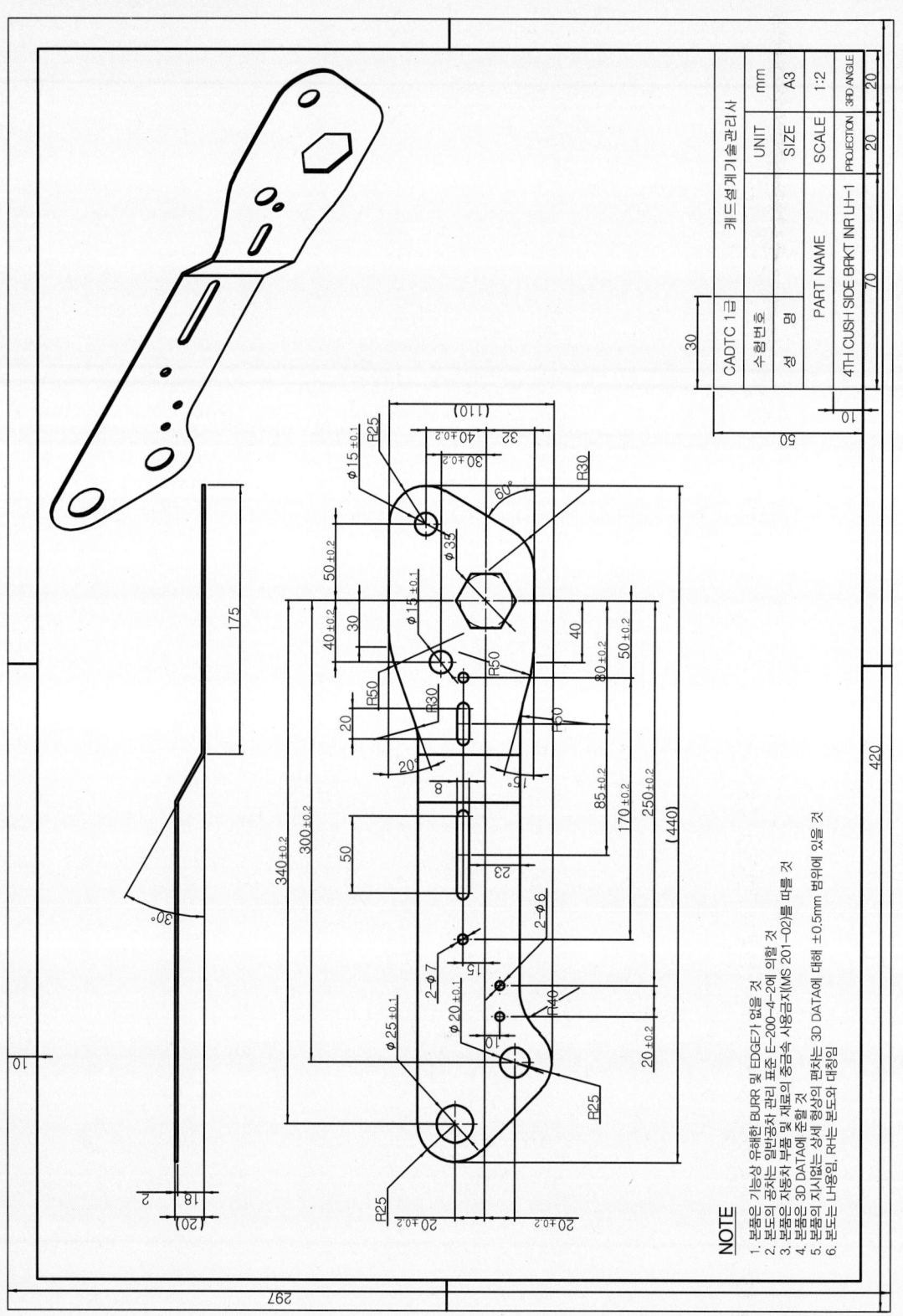

1급 기출문제 06

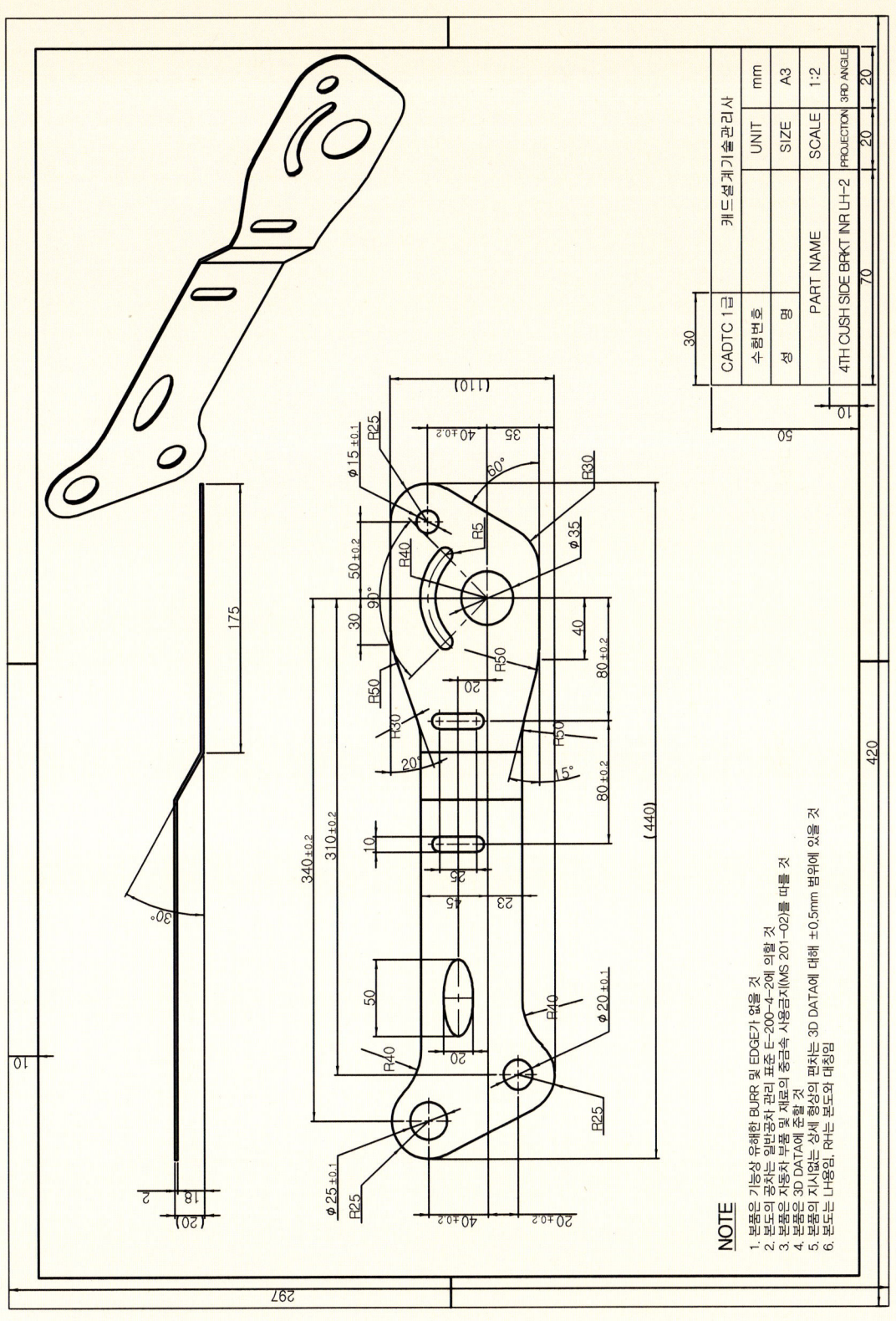

1급 기출문제 07

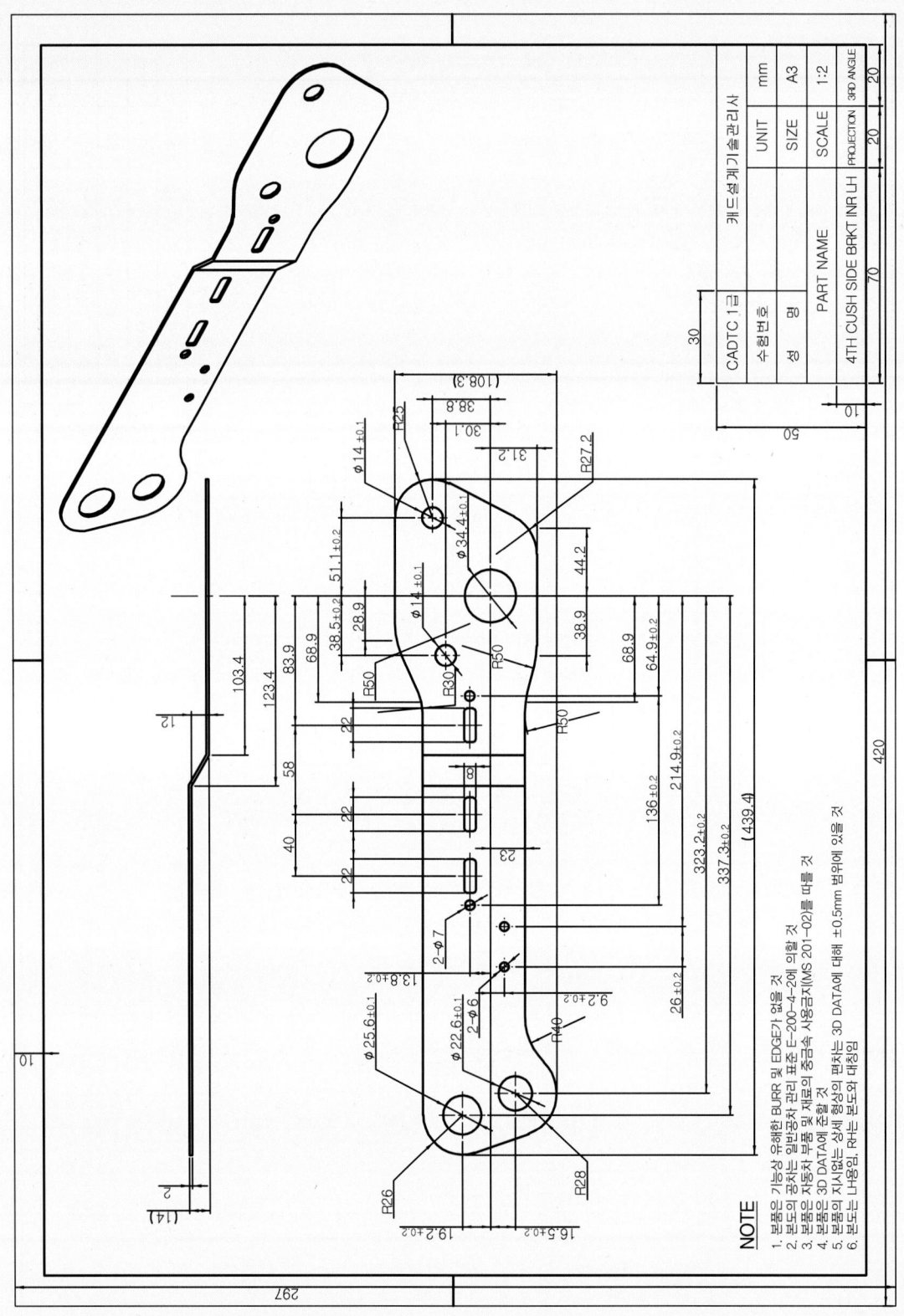

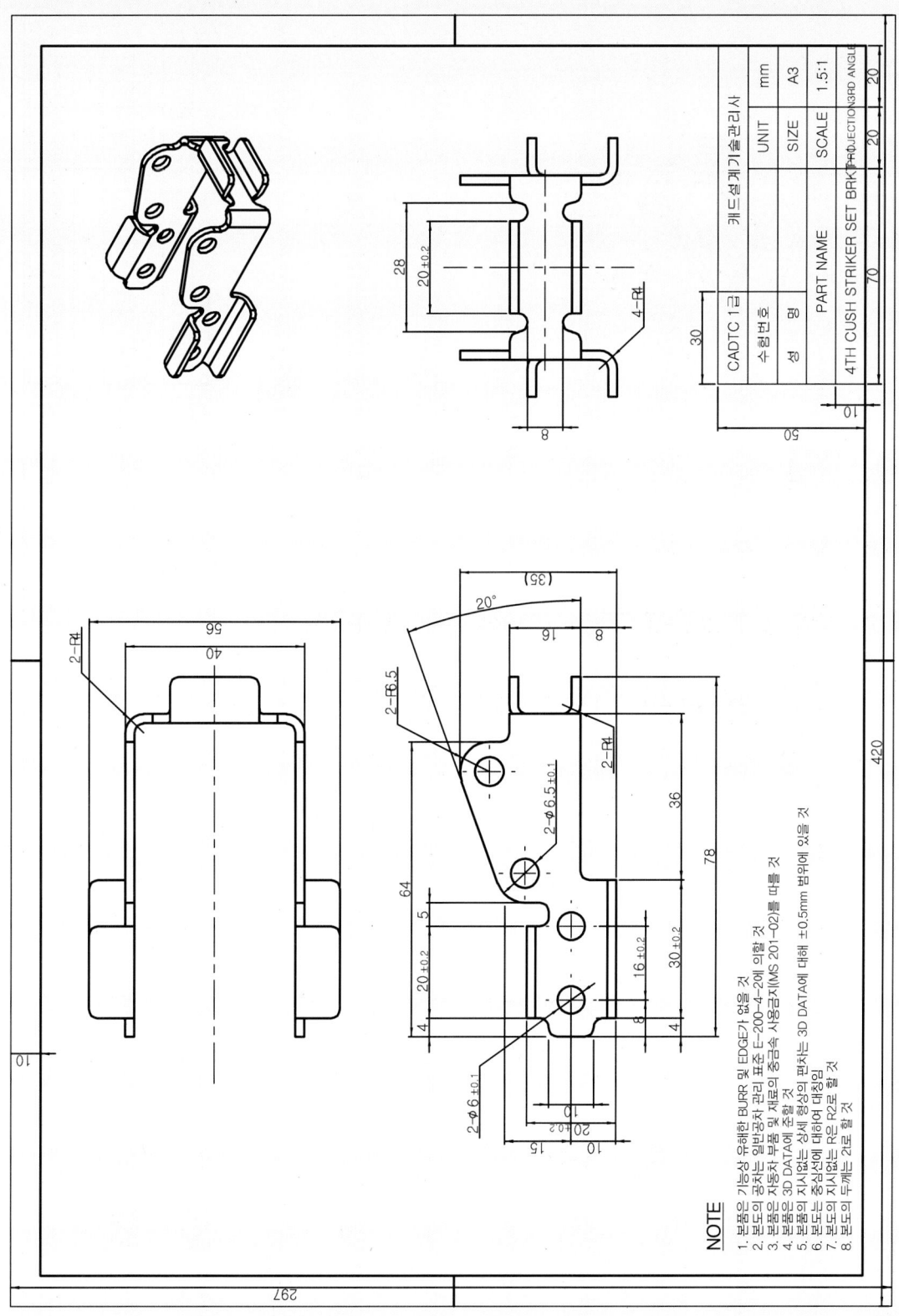

1급 기출문제 09

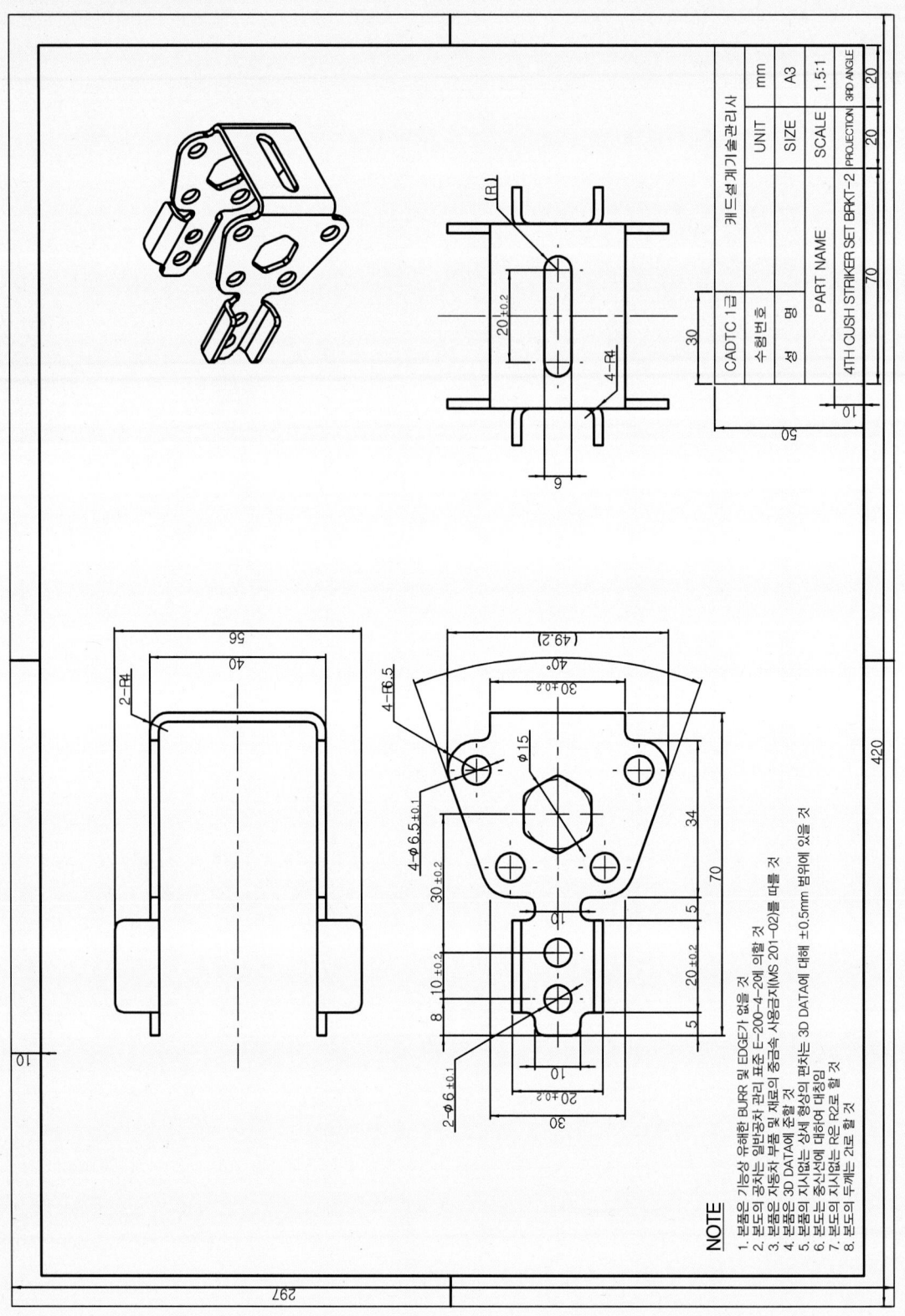

1급 기출문제 10

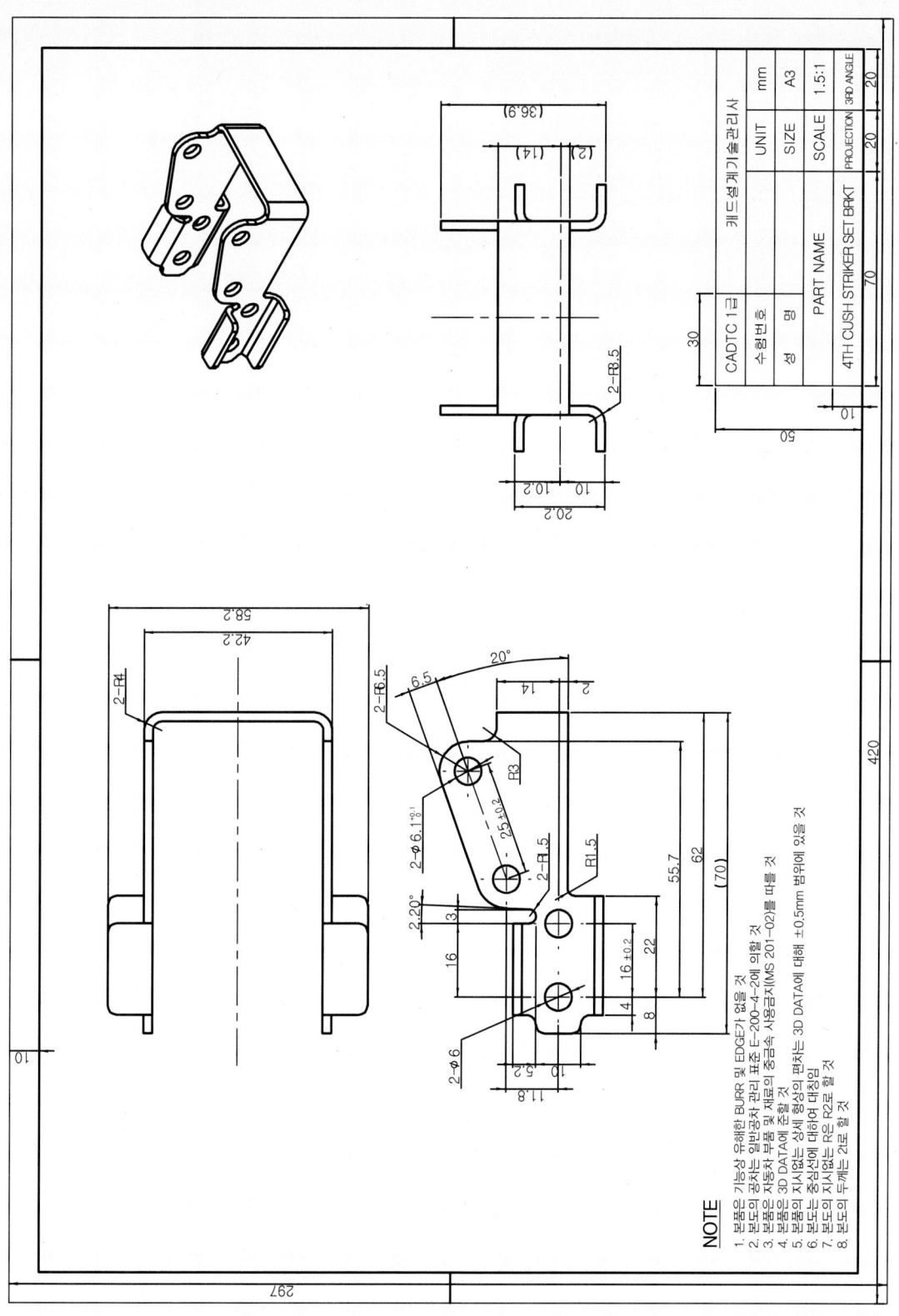

국제기술자격증
CADTC 가이드북
캐드설계기술관리사

발행일 | 2017년 1월 15일 초판 발행
저　자 | 이명재 · 박종건
발행인 | 정용수
발행처 | 예문사
주　소 | 경기도 파주시 직지길 460(출판도시) 도서출판 예문사
T E L | 031) 955-0550
F A X | 031) 955-0660
등록번호 | 11-76호

정가 : 18,000원

• 이 책의 어느 부분도 저작권자나 발행인의 승인 없이 무단 복제하여 이용할 수 없습니다.
• 파본 및 낙장은 구입하신 서점에서 교환하여 드립니다.

예문사 홈페이지 http : //www.yeamoonsa.com

ISBN 978-89-274-2065-1   13550

이 도서의 국립중앙도서관 출판예정도서목록(CIP)은 서지정보유통지원시스템 홈페이지(http://seoji.nl.go.kr)와 국가자료공동목록시스템(http://www.nl.go.kr/kolisnet)에서 이용하실 수 있습니다.(CIP제어번호: CIP2016029221)